2016年全国农业地质应用研究学术研讨会论文集

龚日祥　褚先尧　主编

科学出版社

北京

内 容 简 介

本书以中国地质调查局农业地质应用研究中心为依托，全面展示了近几年来我国有关农业地质和土地质量地质调查工作的新方法、新技术，以及调查评价、基础研究和成果应用转化等方面的成果。

本书可为从事地球化学、土壤学、农学、环境学、医学等多学科和土地管护等专业人员提供教学、科研、管理等方面的参考。

图书在版编目（CIP）数据

2016年全国农业地质应用研究学术研讨会论文集/龚日祥，褚先尧主编. —北京：科学出版社，2017.8
ISBN 978-7-03-053755-3

Ⅰ.①2… Ⅱ.①龚… ②褚… Ⅲ.①农业用地-土地质量-土地评价-中国-2016-学术会议-文集 Ⅳ.①F321.1-53

中国版本图书馆CIP数据核字（2017）第138798号

责任编辑：王 运 姜德君/责任校对：高明虎
责任印制：徐晓晨/封面设计：铭轩堂

科 学 出 版 社 出版
北京东黄城根北街 16 号
邮政编码：100717
http://www.sciencep.com

北京东华虎彩印刷有限公司 印刷
科学出版社发行 各地新华书店经销

*

2017年8月第 一 版 开本：787×1092 1/16
2018年4月第二次印刷 印张：12 1/4
字数：300 000
定价：280.00元
（如有印装质量问题，我社负责调换）

本书编辑委员会

主　编　龚日祥　褚先尧

副主编　冯立新　简中华

编　委　范燕燕　陈国锋　黄春雷　徐明星

　　　　魏迎春　宋明义

前　言

2016 年 11 月 3 ～ 4 日，"2016 年全国农业地质应用研究学术研讨会"在浙江省嘉兴市召开。会议由中国地质调查局农业地质应用研究中心（以下简称"农地中心"）与中国地质学会农业地学专业委员会主办。中国地质调查局、中国地质环境监测院、中国地质调查局南京地质调查中心、中国地质科学院地球物理地球化学勘查研究所、中国地质大学、南京大学、浙江大学、江西应用技术职业学院等科研院校共 180 余人参加了会议。

此次"2016 年全国农业地质应用研究学术研讨会"是农地中心成立以来召开的首次学术研讨会。会议主题是"聚焦土地质量·服务土地管理"，旨在通过学术交流，探索农业地质应用研究新进展，土地质量地质调查评价新方法、新技术，以及成果转化应用新成果、新经验，进一步提升土地质量地质调查服务土地管理的研究水平，加快促进土地质量地质调查成果在土地管理中的实际应用。中国地质大学（武汉）王焰新校长、浙江大学喻景权教授、中国地质大学（北京）杨忠芳教授三位特邀专家在会议上做了精彩的学术报告，农地中心秘书长龚日祥介绍了浙江省土地质量地质调查服务土地管理的探索与经验。来自中国地质大学（北京）、南京大学、浙江大学、中国地质科学院地球物理地球化学勘查研究所、浙江省农业科学院、浙江省地质调查院、青海省第五地质矿产勘察院的专家、学者结合大会主题，分别进行了学术交流。

农地中心为了更好地展示全国农业地质调查成果、交流学术思想、探讨科学原理、破解农业地质工作难题、推动农业地质科技进步，从而创新技术方法研究、成果表达，为土地管理工作提供技术支撑，特把本次学术研讨会中优选的学术论文编订成册，以供从事相关专业的专家、学者参考。

目　录

方 法 技 术

基本农田质量档案建设的思路与方法 …………………………………… 3
土地质量地球化学评价图斑插值误差分析——以上海市张堰镇为例 ……… 14
浙江平原区村级耕地质量地球化学调查土壤采样密度研究
　　——以平湖市泗泾村为例 ……………………………………… 21
浙江省基本农田土壤 Cd 元素监测的关键参数研究 …………………… 27

调 查 评 价

福建省寿宁县富硒区土壤硒地球化学特征 ……………………………… 39
杭州市城北某区大气干湿沉降重金属元素通量分析 …………………… 50
河道（湖泊）底泥调查及资源可利用性评价——以海盐地区为例 ……… 56
湖州市主要水域底泥重金属特征分析 …………………………………… 61
浙江龙游黄铁矿区农田土壤重金属污染状况评价 ……………………… 69
湖州典型地区耕地土壤硒的分布特征及影响因素 ……………………… 79
万宁市富硒土壤与农产品调查 …………………………………………… 89
Selenium Fractionation and Speciation in Paddy Soils and Accumulation in
　　Rice under Field Conditions in Jinhua Zhejiang Province, China ………… 97

基 础 研 究

广东阳江—茂名地区土壤碳储量及其时空变化规律 ……………………111

基于农产品安全的浙江省稻田土壤 Cd 临界值研究 …………………………… 118

安徽省土壤固碳潜力及有机碳汇（源）研究 …………………………………… 130

成 果 应 用

吴忠市富硒土地资源开发建议初探 …………………………………………… 141

锗的地球化学特征及其生物有效性 …………………………………………… 146

典型水网平原区土壤重金属环境地球化学基线研究及其应用

　　　——以海盐地区为例 ……………………………………………………… 159

甘肃省土地质量地质调查现状与展望 ………………………………………… 167

作物富集系数在农业种植结构规划调整中的应用

　　　——以贵州威宁中部地区土地质量地球化学调查为例 ………………… 173

土地质量地质调查成果在土地资源环境承载力评价上的应用

　　　——以乌蒙山区威宁县迤那镇为例 …………………………………… 177

方 法 技 术

基本农田质量档案建设的思路与方法

黄春雷[1,2]，冯立新[1,2]，康占军[1,2]，魏迎春[1,2]，岑　静[1,2]，范燕燕[1,2]

（1. 浙江省地质调查院，杭州 311203；
2. 中国地质调查局农业地质应用研究中心，杭州 311203）

摘要：本文从土地质量地质调查成果切实服务土地管理角度入手，在总结浙江省近些年相关工作成果、经验的基础上，从内容、原则、流程等方面，提出了基本农田质量档案建设的基本思路和工作方法，并重点介绍了建档成果表达及应用方向，以引发讨论，加快推进土地质量地质调查成果转化应用。

关键词：基本农田；质量档案；土地利用；土壤地球化学调查

0　引　言

　　土地的数量与质量，是关乎国家土地安全、粮食安全的全局性、战略性、根本性的问题。随着我国经济社会发展和生态文明建设的推进，土地质量日益受到重视，2015 年，土地质量地质调查被列入中国地质调查局"九大地质调查计划"之中[1]。

　　自 2007 年以来，浙江省持续推进以县级为重点的土地质量地质调查，并在方法研究、成果应用方面进行了积极探索与实践，提出了基本农田质量建档的工作思路，初步构建了以调查—评价—建档为主线的技术服务支撑体系，在土地管理中发挥了地质调查的基础性、先行性作用。

　　建立基本农田质量档案，是进行土地质量管护的一项重要基础性工作。基本农田质量档案是基本农田质量信息动态变化的记录，是数量管护和质量、生态管护有机结合的载体。建立基本农田质量档案，不仅是一个成果表达方式问题，重要的是以"为基本农田质量建档"为切入点，可以较好地解决土地质量地球化学调查与应用"两张皮"的问题，可以通过成果的这种转化，为土地质量管理提供有效的技术支持，可以为基本农田

──────────
　　作者简介：黄春雷（1982—），男，硕士，高级工程师，主要从事土地质量地球化学调查工作。E-mail：583048412@qq.com。

质量保护的制度化建设提供依据和抓手。

本文从建档成果服务土地管理角度入手，在总结浙江省近些年来土地质量地质调查工作成果、经验的基础上，重点介绍了基于土地质量地球化学调查的基本农田质量档案建设的基本思路、工作方法和成果表达，以期抛砖引玉，与全国同行共同推进基本农田质量建档工作，加快土地质量地质调查成果转化应用。

1 建档工作原则

建立土地质量档案，是土地质量地质调查的重要内容，土地质量档案也是土地质量地质调查的核心成果。土地质量档案建设，为调查成果的应用提供了充分必要的前提 [2]。

1.1 应用原则

土地质量建档的目的是更好地为土地管理服务，因此，建档工作必须与当前的土地管理方式、管理内容相适应，满足应用需求是建档遵循的首要原则。

1.2 可测量原则

用以建档的土地质量主要指标，必须是可测量的，可以记录并进行动态监测的指标，这是建档的主要内容。

1.3 综合原则

土地质量档案，应尽可能收集反映质量特征的各类调查资料，如农用地分等成果、地力调查成果及其他专项调查成果，以更全面地记录土地质量状况。

1.4 多样化原则

不同的档案形式，往往对应于不同的应用目的，实现档案形式的多样化，将会更好地体现建档的价值。

2 建档的工作程序

基本农田质量档案建设，是土地质量调查者、土地管理者和土地使用者共同配合、参与的工作。调查是前提，建档是关键，用地有责任。没有土地管理部门的参加，就无法真正了解需求，就无法实现地质调查成果向应用性成果的转化。建档工作可分为五个阶段，即准备阶段、方案编制阶段、补充调查阶段、建档阶段和审定验收阶段。工作流程如图 1 所示。

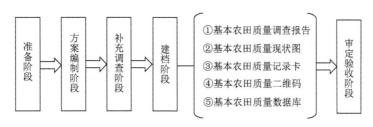

图 1　基本农田质量建档工作流程图

3　补　充　调　查

土壤地球化学调查是基本农田质量建档的重要基础，在县域土壤地球化学调查项目中已重点部署，本文不再详细讲述。为使土地质量档案尽可能全面地记录土地质量状况，尚需开展土地自然性状及农业生产环境调查工作，其调查资料是基本农田质量建档的重要依据。

3.1　调查单元划分与观测点布设

观测点的布设以单元为基础，要能有效地控制或反映区内土地（土壤）总体的自然性状特征。进行调查单元划分时，要综合考虑土壤类型、地质背景、土地利用、地形地貌、母质类型、行政权属、地类界线等因素，并遵循以下原则：

（1）区域性原则。原则上土地自然性状调查的工作范围为工作区全域，一般为农用地（或耕地）集中连片的区域，根据工作需要可拓展至整个工作背景区（一般为县级行政区全域）。

（2）一致性原则。单元划分的依据统一，综合考虑单元内土地权属（乡镇或行政村）、地形地貌、地质背景、成土母质、土壤类型、土地利用等因素的一致性。

（3）代表性原则。所建立的调查单元，在区域内要具有代表性，特殊情况下（如具有规模的设施农业基地、农业"两区"、永久基本农田示范区、特色农产品种植基地、地球化学异常区等）可以建立独立小单元，相应地增加土地自然性状观测点的个数。

3.2　调查内容

土地自然性状调查主要包括地貌、坡度、坡向、平整度、细碎化程度、土壤类型、母质类型、耕层厚度、土壤颜色、土体构型、土壤质地、侵蚀程度、障碍因素、土壤pH、Eh（氧化还原电位）等土地（土壤）基本特征和理化性状等内容。农业生产环境调查主要包含灌溉方式、灌溉水源、灌溉保障能力、排涝能力，农业基础设施建设情况、设施农业情况、农用化学品使用情况和周边可能的污染源情况等，以及与土地质量调查、研究相关的土地整治情况、农业"两区"建设情况等。主要调查内容见表1。

表 1 土地自然性状及农业生产环境调查记录表

地理位置：   县（市、区）   乡（镇、街道）   村   天气：

编号		横坐标		纵坐标	

<table>
<tr><td colspan="6" align="center">土地自然性状</td></tr>
<tr><td>土地利用现状</td><td></td><td>作物种类</td><td></td><td></td><td></td></tr>
<tr><td>坡度 /（°）</td><td></td><td>坡向 /（°）</td><td></td><td></td><td></td></tr>
<tr><td>海拔 /m</td><td></td><td>地貌特征</td><td></td><td></td><td></td></tr>
<tr><td>平整度</td><td></td><td>细碎化程度</td><td></td><td></td><td></td></tr>
<tr><td>耕层厚度 /cm</td><td></td><td>土壤颜色</td><td></td><td></td><td></td></tr>
<tr><td>土体构型</td><td></td><td>土壤结构</td><td></td><td></td><td></td></tr>
<tr><td>质地</td><td colspan="5">砂粒 %；粉粒 %；黏粒 %；判定：</td></tr>
<tr><td>侵蚀程度</td><td></td><td>障碍因素</td><td></td><td></td><td></td></tr>
<tr><td>pH</td><td></td><td>Eh/mV</td><td></td><td></td><td></td></tr>
<tr><td>潜水埋深 /m</td><td></td><td>常年积温 /℃</td><td></td><td></td><td></td></tr>
<tr><td>土壤类型</td><td></td><td>成土母质</td><td></td><td></td><td></td></tr>
<tr><td colspan="6" align="center">农业生产条件</td></tr>
<tr><td>灌溉方式</td><td></td><td>灌溉水源</td><td></td><td></td><td></td></tr>
<tr><td>灌溉保障</td><td></td><td>排涝能力</td><td></td><td></td><td></td></tr>
<tr><td>基础设施</td><td></td><td>设施农业</td><td></td><td></td><td></td></tr>
<tr><td>农用化学品使用情况</td><td colspan="5"></td></tr>
<tr><td>土地整治情况</td><td colspan="5"></td></tr>
<tr><td>农业"两区"建设情况</td><td colspan="5"></td></tr>
<tr><td>周边环境及可能污染源</td><td colspan="5"></td></tr>
<tr><td>样品类型及编号</td><td colspan="5"></td></tr>
<tr><td>备注</td><td colspan="5"></td></tr>
</table>

调查人：   记录人：   年 月 日

3.3 调查方法

调查采取资料收集、实地走访和现场测试、室内检测相结合的方式进行。其中，土壤质地需要野外取样后至室内用专用仪器测定，土壤 pH、Eh 需用专用仪器现场测试。农业生产环境调查有关内容一般通过现场访问、观察及资料收集的形式获取。

野外现场采用 GPS 定点，按要求保留航点航迹。用 2H 铅笔记录，观测内容尽可能记录齐全，应在备注中记录受访人姓名和单位（或村镇），若利用资料，应注明资料来源。

4 建档的内容与方法

基本农田质量档案是具有长期保存价值的资料，内容由基本农田质量调查报告、基本农田质量等级分布图、基本农田质量记录卡、基本农田质量数据库和基本农田质量二维识别码（以下简称二维码）组成，拟形成一个以图为基础、以卡为支撑、以库为中心、以码标身份的基本农田质量档案体系。

4.1 基本农田质量调查报告

基本农田质量调查报告是一份全面反映基本农田质量调查的方法技术、评价过程及质量等级划定结果的系统技术成果资料，是有关一个县级行政区（市、县、区）基本农田质量情况的重要技术文献。

4.2 基本农田质量等级分布图

基本农田质量等级分布图指的是表达一个地区耕地质量各要素、各指标质量等级的系列性图件。包括各评价单元（土地利用图斑）的土壤养分丰缺图、土壤环境质量分级图、土壤重金属污染程度图和耕地质量综合等级图等。该图可以快速直观地了解区内耕地质量等级分布特点及规律，为土地利用规划编制、永久基本农田划定等提供依据。

4.3 基本农田质量记录卡

基本农田质量记录卡反映的是按评价单元（土地利用图斑或自然田块）逐一登记的土地质量情况。卡的内容主要由土地的地理位置及权属、土地利用现状、土地自然性状、农业生产条件及周边环境、农用分等（自然等、利用等、综合等）、土壤养分、土壤环境质量、土壤健康质量及质量评述、建议等内容组成，并附图。记录卡如同土地的一个"身份证"，可以十分方便地用于耕地"占补平衡"、基本农田保护补偿、土地质量监测、建设占用耕地表土剥离再利用工程等方面。为满足不同的应用方向，从耕地保护和利用的需要考虑，土地质量档案卡片可以分为基本记录卡和功能记录卡两类。

4.3.1 基本记录卡

基本记录卡是以行政单位（市、县、区）为对象，对区内基本农田按自然田块（图斑）建立的质量记录卡，这种记录卡落地到户，有利于基本农田保护责任制度的落实，有利于动态变化的监测。

基本记录卡片主要涵盖土地地理位置、行政权属、土地利用现状、土地自然性状、农业生产条件、土壤质量安全状况、平面位置图、总体评述及结论建议等方面（表2）。以调查、实测数据为基础，形式上按地方政府日常工作需要逐步完善。

其中，土地自然性状包括农业种植相关的耕层厚度、质地、土壤类型、坡向、平整度等；土壤质量安全状况包括土壤环境指标（pH及镉、汞、砷、铅、铬、镍、铜、锌等重金属元素或六六六、滴滴涕、多氯联苯等有机污染物）和土壤养分指标（与农业生产密切相关的有机质、全氮、有效磷、速效钾、有效硼、有效钼等）两大类；平面位置图则含有土壤测量点、农产品测量点等各类采样点位信息，以及目标地块的位置和土地利用情况等信息。

表 2　基本农田质量记录卡

档案编号：（　一　）

省	市	县（市，区）	乡（镇，街道）	村

地理位置及权属

- 行政权属
- 土地面积（亩）：　　基本农田面积（亩）：　　图斑编码：
- 采样点坐标　X：　　Y：

土地利用现状

- 利用情况：□水田 □旱地 □园地 □林地 □牧草地 □其他农用地 □建设用地 □未利用地
- 作物种类：□水稻 □油菜 □麦类 □蔬菜 □其他（　　）
- 海拔 /m
- 潜水埋深 /m
- 坡度 /（°）　坡向 /（°）　/
- 常年积温 /℃ / 极端最低温度 /℃
- 耕层厚度 /cm

土地自然性状

- 地貌特征：□平原 □丘陵 □盆地 □山地 □谷地 □岗地
- 平整度：□平整（<3°）□基本平整（3°~5°）□不平整（>5°）
- 细碎化程度：□高 □中 □低
- 土壤颜色：□红色 □黄色 □棕色 □褐色 □灰色 □黑色
- 土壤结构：□团粒 □团块 □块状 □核块状 □柱状 □片状
- 质地：□砂土 □砂壤土 □轻壤土 □中壤土 □重壤土 □黏土
- 土壤类型：□水稻土 □潮土 □滨海盐土 □红壤 □黄壤 □紫色土 □粗骨土 □石灰岩土 □其他

土壤养分

指标号	有效钼 mg/kg	硒 mg/kg	碘 mg/kg	砷 mg/kg	铝 mg/kg	铬 mg/kg	镍 mg/kg	铜 mg/kg	锌 mg/kg	锰 mg/kg
样号										
评价标准										
评价结果										

土壤环境

指标号	pH /	镉 mg/kg	汞 mg/kg	氟 mg/kg
样号		含盐量 mg/kg		
评价标准				
评价结果				

指标号	钴 mg/kg	钒 mg/kg
样号		
评价标准		
评价结果		

农业生产条件及周边环境条件

- 成土母质：□第四纪沉积物 □碎屑岩类风化物 □碳酸盐岩类风化物 □变质岩类风化物 □火山岩类风化物 □侵入岩类风化物
- 侵蚀程度：□无明显侵蚀 □轻度侵蚀 □中度侵蚀 □强度侵蚀 □剧烈侵蚀
- 障碍因素：□盐磐层 □卵石层 □白浆层 □潜育层 □砂姜层
- 灌溉水源：□河流 □湖泊 □水年 □地下水 □污水 □泉水
- 灌溉方式：□漫灌 □沟灌 □淋灌 □喷灌 □滴灌
- 灌溉保证率：□充分满足 □基本满足 □一般满足 □无灌溉条件
- 排涝能力：□强 □中 □弱
- 基础设施：□齐全 □基本齐全 □不齐全

总体评述及土地利用建议

地理位置图

续表

农业生产条件及周边环境条件	农用化学品使用情况									
	周边环境及可能污染源									
农用地分等结果	自然等					利用等			综合等	
土壤养分	指标\样号	全氮 mg/kg	碱解氮 mg/kg	全磷 mg/kg	有效磷 mg/kg	全钾 mg/kg	速效钾 mg/kg	有机质 %	有效铜 mg/kg	有效锌 mg/kg	有效硼 mg/kg
	评价标准										
	评价结果										

填制单位： 填卡人： 审核人： 填卡日期： 年 月 日

注：1亩≈666.7m²

4.3.2 功能记录卡

功能记录卡是对具有特定用途或特殊意义土地所建的质量记录卡。包括粮食生产功能区土地质量记录卡、现代农业园区土地质量记录卡、污染土地记录卡、富硒土地记录卡、土地整理质量记录卡等。记录卡的设计根据土地功能的不同各有侧重。

粮食生产功能区、现代农业园区建设是保障粮食安全所采取的措施，建立"两区"土地质量记录卡，实现"两区"土地质量建档，对于科学管理土地资源，提升土地质量具有重要意义。

富硒土地是一种宝贵的地质资源，依据调查资料，圈定富硒土地，并对每片富硒土地建立详细档案，对于合理开发和保护富硒土地资源十分必要。

污染土地是指受人类活动影响或地质作用造成的质量下降进而造成耕地功能丧失的土地。对污染土地逐一登记建档，全面掌握土地污染现状，对土地利用规划编制、永久基本农田划定和耕地污染防治具有重要的现实意义。

4.4　基本农田质量数据库

基本农田质量数据库是一个以基本农田质量建档资料为主体，由资料子库、图形子库、分析数据子库等构成的数据库系统。该数据库拟与省、市、县国土资源数据管理系统相链接，实现土地质量信息化管理。

4.5　基本农田质量二维识别码

基本农田质量二维码是反映基本农田质量档案主要信息的载体，是农产品产地标识的重要手段之一，它的出现使从源头上建立食品安全可追溯体系成为可能。二维码重点反映产地土壤环境质量信息，大致包括建档区块基本信息、土壤样品基本信息（采样位置、养分元素及重金属元素检测结果）、图斑位置图等内容。

5　建档成果的应用

基本农田质量建档成果可重点服务于土地利用规划、永久基本农田划定、表土剥离再利用等方面，浙江省嘉兴市、金华市等地已进行了大胆尝试，取得了显著效果。

5.1　在土地利用规划中应用

利用土地质量地质调查评价成果，可以更加科学地进行规划编制、调整。一是建档成果服务土地利用总体规划编制前期研究工作。以县域或乡域行政区划为单位，编制《土地质量地球化学评价等级图及说明书》，依据土地质量适宜性评价结果，提出土地合理利用和保护建议。二是建档成果应用于土地利用规划成果审查，重点核查试点区优质土地和重度污染土地的规划用途是否符合用途管制规则情况，确保划入永久基本农田示范区的土地质量。三是研究建档成果服务试点区下一轮土地利用规划的技术方法。

浙江省嘉善县已在2013年土地利用规划调整完善工作中，将耕地、基本农田的布局优化与嘉善县土地质量地质调查成果进行衔接。龙游县国土资源管理部门充分利用调查评价成果，重点对城镇周边已规划的建设用地进行了重新布局，集中连片的优质耕地得到了保护，建设用地的总量也得到了保证[3]。金华市婺城区在2015年土地利用总体规划调整完善工作中，充分应用金华市婺城区土地质量地质调查成果，将富硒等优质耕地优先划为永久基本农田，将严重污染土地调出永久基本农田。

5.2 在永久基本农田划定中的应用

永久基本农田划定，是当前国土资源的一项重点工作。浙江省政府在《关于进一步做好永久基本农田划定和保护工作的通知》（浙政办发〔2015〕54号）中，明确将土地质量地质调查成果作为划定的依据之一。海盐县在澉浦镇开展了划定试点工作，地方国土部门以土地质量建档资料为依据，对永久基本农田进行了科学划定，经调进调出，最终划定永久基本农田1855hm²，比原基本农田多出36hm²，数量、质量都有了提升（图2）。

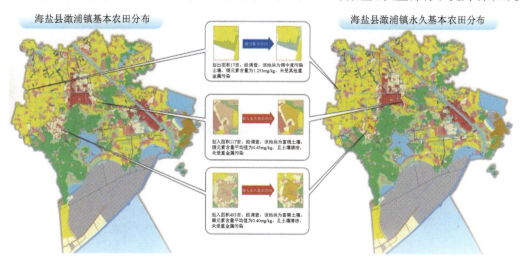

图2 海盐县澉浦镇永久基本农田划定前后对比图

5.3 在表土剥离再利用中的应用

耕作层土壤是耕地资源最宝贵的组成部分，建设占用耕地表层土剥离再利用是实施耕地质量保护的重要手段。查明剥离区耕地土壤质量，是进行剥离施工及再利用必不可缺的工作。建立剥离区土壤质量档案，是表土剥离再利用工程的重要环节，对于完善表土剥离再利用工作流程，提高规范化具有实际意义。

海盐县根据实际需求，开展了建档成果服务表土剥离再利用的试点工作，对拟进行表土剥离的"海盐经济开发区2013-25地块"（面积78255m²）的土地质量进行了调查评估。

经评估，认定该地块土壤养分含量丰富，土壤清洁无污染，确定该地块可剥离耕作层土方量约 2.74 万 m³，深度 30cm（图 3）。根据评估意见，海盐县结合正在开展的"滩涂围垦垦造耕地"项目，直接将剥离表土用于垦造耕地覆土，"剥与用"的有机结合，既保护了有限的土地资源，又极大地减少了围垦区土壤熟化时间和经济成本。

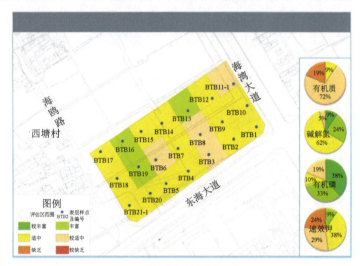

(a) 土壤养分丰缺综合评价

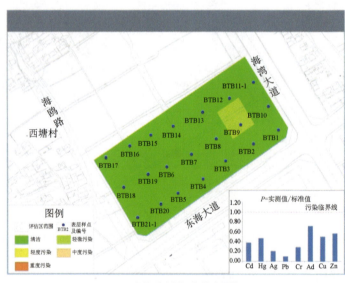

(b) 土壤重金属污染综合评价

图 3　土地质量地质调查评价结果

6　结　　语

基本农田质量建档是一项创新性的工作，没有经验可以借鉴，在建档的单元、内容与成果表达方面尚存在争议，我们将不断尝试，持续完善。此外，建档成果除应用在土地利用规划、永久基本农田划定及表土剥离再利用等方面外，还可广泛应用在土地"占补平衡""耕地保护补偿机制建设"、基本农田质量监测、土地整治、富硒土壤开发利用与保护、土壤污染防治等方面，对此我们将持续探索。

参 考 文 献

[1] 王少勇 . 2015 年地调工作重点实施九大计划 [J]. 中国国土资源报 , 2015-1-27.

[2] 冯立新 , 黄春雷 , 郑文 , 等 . 关于浙江省基本农田质量调查工作的探讨 [J]. 浙江国土资源 , 2015, (4): 21-22.

[3] 岑静 , 潘卫丰 , 宋明义 . 浙江省龙游县土地质量地球化学评估主要进展及成果 [J]. 中国地质调查 , 2015, (2): 19-23.

土地质量地球化学评价图斑插值误差分析
——以上海市张堰镇为例

奚仲伟，杨忠芳

（中国地质大学（北京）地球科学与资源学院，北京 100083）

摘要： 土地质量地球化学评价是实现土地资源质量与生态管护的一项重要工作，该项工作依据影响土地质量的营养有益元素、重金属元素、有机污染物、土壤理化性质等地球化学指标，以及其对土地基本功能的影响程度而进行土地质量地球化学等级评定。进行土地质量地球化学等级划分，首先要解决评价图斑赋值与误差分析等问题。本文选取上海市张堰镇 1∶10000、1∶50000 和 1∶250000 不同调查精度数据进行图斑插值误差分析，并给出误差判别方法与误差范围建议。结果显示，考虑到采样过程与人类活动的影响，1∶50000 和 1∶10000 的调查精度基本能满足土地质量地球化学评价要求，用反距离权重插值进行土地质量地球化学评价较为合理。

关键词： 土地质量评价；地球化学；插值误差；图斑

0 引　言

　　土地是农业、林业和牧业最基本的生产资料，也是人类生产和生活的基本场所[1]。土地质量地球化学评价是实现土地资源质量与生态管护的一项重要工作，该项工作依据影响土地质量的营养有益元素、重金属元素及化合物、有机污染物、土壤理化性质等地球化学指标，以及其对土地基本功能的影响程度而进行土地质量地球化学等级评定[2]。国外通常的土地质量评价工作方法是通过确定最小数据集 MDS、隶属函数模型和评价指标权重，从而划分土壤质量等级 SQI[3-9]。与之有所不同的是，我国目前进行的土地质量地球化学评价规定了评价指标种类、等级划分方法与表达方式等[2]，实现了全国范围内土地质量地球化学等级的可比性，为土地资源数量管控、质量管理和生态管护奠定了基础。

　　作者简介：奚仲伟（1992—），男，硕士，主要从事环境地球化学方面的研究。E-mail：121100028@qq.com。
　　通信作者：杨忠芳（1961—），女，教授，博士生导师，主要从事环境地球化学、生态地球化学、勘查地球化学和土地质量地球化学评估等方面的研究与教学工作。E-mail：zfyang01@126.com。

由于我国人均耕地较少，且农耕区中丘陵山区所占比例较大，因此除华北、东北等平原区外，多数地区土地图斑面积很小，非常细碎。按照《土地质量地球化学评价规范》（DZ/T 0295—2016）[2]，即使调查比例尺为 1∶2000，采样密度为 64 个 /km²，也无法做到每个土地图斑有实测数据。这就意味着无法按照第二次全国土地调查图斑进行土地质量地球化学等级划分，从而影响了该项评价成果在土地资源规划利用、特色土地资源开发等方面的应用。因此，随着评价工作的不断深入和成果应用领域的逐步扩展 [10, 11]，如何将不同调查精度的地球化学数据赋值于评价图斑中，怎样判别赋值误差，并给出合理的评定方法是一个亟待解决的难题。

本文通过上海市张堰镇土地质量地球化学评价工作，根据《土地质量地球化学评价规范》（DZ/T 0295—2016）[2]研究的评价指标主要为土壤养分指标、土壤环境指标 [12, 13]。对研究区 1∶250000、1∶50000 和 1∶10000 不同调查精度数据进行了图斑赋值误差分析，据此给出了赋值误差合理性判别标准与方法，以便日后得到经济可靠的评价方案。

1 研究区概况

上海市金山区张堰镇位于长江三角洲东南端，地处上海市南部（图 1）。区域面积为 35.15km²，人口 5 万，辖 9 个村、4 个社区。全境地势低平，地面高程自北西至东南略有升高，河渠交织成网。县境地貌经历了燕山晚期地质运动、新生代古气候冷热交替变化，以及 300 万年来地壳的缓慢沉降，从而在前第四纪地层的基底上堆积了厚度不等的松散岩层，造就了现今的地貌形态。根据地貌形成的外动力过程、成因及其形态，

图 1　上海市张堰镇交通图

可分为湖沼洼地、湖积平原、潟湖平原、滨海平原、潮坪及剥蚀残丘 6 个地貌单元。本次采用的底图为第二次全国土地调查张堰镇图斑底图，图斑数 1341 块。

2 样品采集、分析测试质量

2.1 样品采集

采样过程中采用常规的土壤采集方法，面积性土壤样品的采集深度为 0～20cm。1∶10000 采样精度采集土壤样品 920 个，1∶50000 采样精度样品 118 个，1∶250000 采样精度样品 10 个。在每个预先布设好的采样点位上，根据实地观察情况，选择每个采样单元的中心部分，样点采集点远离明显污染源，每个样点均由三个子样混合而成，样品重量均大于 1kg。

2.2 样品测试

分析方法涉及原子荧光光谱分析法（AFS）、电感耦合等离子体原子发射光谱法（ICP-AES）、X 射线荧光光谱法（XRF）、滴定法（VOL）、离子选择性电极法（ISE）、电感耦合等离子体质谱法（ICP-MS）等。

2.3 质量控制

样品分析测试过程中用一级标准物质和样品重复样分析来控制分析质量。土壤全量元素测定过程中采用国家标准物质 GSS-9、GSS-10、GSS-17、GSS-19、GSS-22、GSS-24、GSS-25、GSS-27、GSS-28 及重复样全程监控分析质量。以密码重复样分析结果评定分析精密度（RD），以密码插入的同类国家一级标准物质测试结果检验分析的准确度（RE）：

$$RD = 1/n \sum |C_1 - C_2| / [(C_1 + C_2)/2] \times 100\%$$

$$RE = 1/n \sum (C_i - C_r)/C_r \times 100\%$$

式中，C_1、C_2 分别为基本分析样和重复样的测试结果；C_i 为某标准样的某次测试结果，C_r 为该标准样的标准值。各元素的精密度和准确度计算见表 1。

表 1 土壤中各元素分析测试的精密度和准确度质量监控表

元素	RE		RD		元素	RE		RD	
	n	RE/%	n	RD/%		n	RE/%	n	RD/%
Cl	133	-3.19	147	0.59	Cu	133	4.67	147	0.10
S	119	-3.92	124	0.12	I	119	1.83	124	2.12
B	137	-1.12	157	1.97	Ni	133	-0.10	147	0.10
MgO	115	1.67	114	0.32	Cd	137	0.92	157	3.44
SiO$_2$	115	-0.73	114	0.02	N	137	-2.19	157	0.78
P	137	3.62	157	0.04	As	137	0.63	157	2.25
K$_2$O	137	1.33	157	0.09	Hg	137	-0.21	157	1.55

续表

元素	RE		RD		元素	RE		RD	
	n	RE/%	n	RD/%		n	RE/%	n	RD/%
CaO	115	3.46	114	0.04	Zn	133	0.22	147	0.05
Cr	137	1.45	157	0.05	F	137	3.04	157	0.56
Pb	137	3.64	157	0.24	Se	137	0.44	157	0.07

3 插值方法与误差指标选择

按照《土地质量地球化学评价规范》（DZ/T 0295—2016），中国地质调查局发展研究中心刘荣梅等编制了利用面积性土壤地球化学调查数据进行土壤养分、环境、综合地球化学等级划分的计算机程序。具体方法简述如下：

（1）评价预处理。首先对指标单位进行处理，并将土地质量地球化学评价标准导入软件。通过对数据进行极值处理，执行土地评价模块中的分区编码、图斑插值（反距离权重插值法，搜索半径为 2.5 倍采样间距）、插值合并和图斑赋值等步骤，从而完成图斑属性挂接过程。

（2）土地评价。土地评价是在属性挂接过后图斑的基础上结合评价标准逐级进行土地评价，依次进行单指标评价、多指标综合评价和土壤质量地球化学综合评价，张堰镇 1 : 10000 土壤质量地球化学评价结果如图 2 所示。

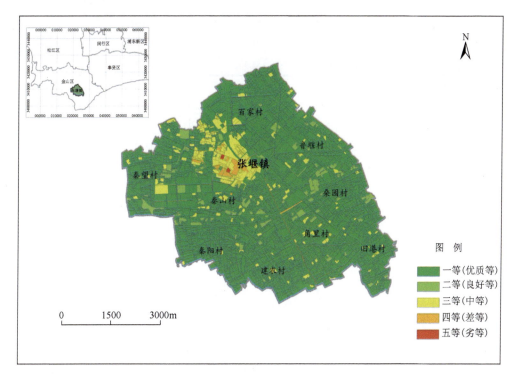

图 2　上海市张堰镇土壤质量地球化学等级图

　　土壤中元素含量具有明显的空间变异性，元素含量的这种变异性既与元素本身的化学性质、克拉克值有关，同时也与人类生产生活对其影响的程度有关。表 2 中列出了 1 ： 10000 调查精度的研究区土壤元素含量统计值（最大值、最小值、平均值、中位值、标准离差）。从中可见土壤 N、P、Cu、Hg 等元素在土壤中的含量变化范围较大，空间变异性较大。

　　对于用于土地质量地球化学评价各项指标而言，空间变异性较大的元素在进行插值时，其插值误差也较大。如果含量空间变异性较大元素插值误差能够满足评价工作需要，其他指标插值结果自然能够满足要求。鉴于此，本文选择 N、P 等作为土壤营养有益元素代表，Cd、Hg 等重金属作为有害元素代表讨论插值误差问题。

表 2　1 ： 10000 调查精度土壤元素含量统计值 *

统计参数	氧化钾	全氮	全磷	有机碳	硒	氟	碘	硫
最大值	3.3	4273.22	5229.2	5.25	2.27	950	10.61	1491.7
最小值	1.57	260.96	538	0.31	0.08	320	0.52	102.6
平均值	2.63	1775.54	915.08	2.02	0.32	657.56	2.79	369.61
中位值	2.64	1777.79	857.85	2.06	0.32	659	2.46	367.8
标准离差	0.15	613.7	288.44	0.69	0.12	76.8	1.2	123.51
统计参数	氧化钙	氧化镁	铁	锰	硼	钼	氮	锌
最大值	18.62	2.54	20.67	1522.5	158.5	20.88	668.3	1400.3
最小值	0.94	0.72	3.09	335.1	28.4	0.35	42.33	57.7
平均值	1.31	1.83	5.46	621.56	72.2	0.62	102.2	109.84
中位值	1.15	1.81	5.46	571.6	70.6	0.56	96.5	103.6
标准离差	0.8	0.13	0.63	186.9	14.95	0.71	46.72	54.98
统计参数	砷	镉	铬	铜	汞	镍	铅	pH
最大值	42.88	808.4	834.6	914	2368	139.9	423.3	8.37
最小值	3.52	63	51.4	14	22.9	19.1	17.5	4.54
平均值	8.81	174	85.84	47.18	210.9	37.49	36.05	6.73
中位值	8.54	168.4	84.6	39	197.6	37.4	33.6	6.66
标准离差	2.31	56.1	27.87	54.91	130.7	4.78	20.52	0.68

　　* 氧化物和有机碳单位为 %；Cd 和 Hg 单位为 μg/kg；pH 无量纲；其他单位为 mg/kg

4　插值误差分析

　　通过软件程序得到每个图斑的元素含量数据和评价等级后，进行图斑插值误差分析。在所有原始采样点图斑里随机抽取约 10% 的图斑，将抽取图斑原始数据记为 A_1；将所有原始采样图斑样本剔除抽取图斑样本后，重新进行反距离权重插值（搜索半径为 2.5 倍采样间距）得到元素含量数据，抽取图斑样本的插值数据记为 A_2。随机抽取的样本点数据被剔除不参与用于插值的数据运算。

1∶250000调查精度的土壤样品对应图斑数为10个，随机抽取图斑数为3个；1∶50000调查精度的表层土壤采集样品对应图斑数为114个，随机抽取的图斑数为10个；1∶10000调查精度的表层土壤样品对应图斑数为876个，随机抽取的图斑数为82个，详见表3。

表3　不同比例尺样本图斑数与随机抽取样本图斑数

调查比例尺	采样密度	原始样本图斑数	抽取样本图斑数	搜索半径
1∶250000	2000m×2000m	10	3	5000m
1∶50000	500m×500m	114	10	1250m
1∶10000	200m×200m	876	82	500m

通过计算抽取的图斑原始数据 A_1 与图斑插值数据 A_2 之间相对误差 RE 来确定合格率。合格率需要满足以下两点：图斑各元素相对误差小于等于30%的样本数占总样本数的比例（合格率）大于等于85%，视为插值结果满足土地质量地球化学评价工作需求；受人为因素影响较大的元素，如N、Hg、Cr元素相对误差小于等于30%的样品数占总样本数的比例（合格率）大于等于70%，视为插值结果满足土地质量地球化学评价工作需求。

不同元素原始数据与插值数据的相对误差和合格率见表4。

表4　不同比例尺原始数据与插值数据相对误差

指标	1∶250000（n=3）		1∶50000（n=10）		1∶10000（n=82）	
	RE*/%	合格率/%	RE*/%	合格率/%	RE*/%	合格率/%
N	0.71～22.79/11.24	100	0.32～170.46/32.49	90	0.40～618.11/39.2	62.20
P	3.75～36.20/23.42	33.33	0.37～35.11/14.42	90	0.02～80.26/15.4	90.24
K	3.48～7.22/5.03	100	0.22～13.78/3.58	100	0.11～19.37/3.50	100
As	13.60～14.17/13.86	100	3.35～28.67/12.20	100	1.08～71.12/16.09	90.24
Cd	7.85～53.14/35.77	33.33	1.03～31.44/14.33	80	0.07～7.45/16.10	87.80
Cr	0.59～2.37/1.54	100	0.53～16.32/4.39	100	0.02～26.4/4.35	100
Cu	13.48～22.14/17.89	100	0.52～25.62/7.49	100	0.25～59.70/12.13	96.34
Hg	9.86～22.47/16.75	100	7.83～175.58/43.41	40	0.02～227.03/37.71	62.20
Pb	2.13～15.4/7.98	100	0.51～26.85/9.18	100	0.21～49.58/8.34	97.56
Zn	0.80～12.52/7.30	100	0.22～24.97/6.30	100	0.12～38.28/7.30	98.78
Ni	2.15～7.35/4.16	100	3.37～11.43/6.60	100	0.23～21.57/5.15	100
SOM	0.15～24.00/10.98	100	13.29～129.68/36.67	80	0.70～160.92/30.69	65.85

＊最小值～最大值/平均值

1∶250000调查精度下，P和Cd有2/3的采样点是不合格的。考虑到该调查尺度下抽取图斑只有3块，在统计意义上其代表性远不够。因此在该调查比例尺精度下，反距离权重插值难以满足土地质量地球化学评价工作的需要。

1∶50000调查精度下，除了Hg元素外土壤各元素均满足合格标准。1∶10000调查精度下，除了N、Hg、SOM以外其他指标均满足合格标准。N、Hg等元素与土壤有机质含量相关，是一类最受人类活动影响的指标。与 1∶50000 调查精度相比，1∶10000 调查精度总体的合格率下降了。对于受局部人类活动（如施肥、生物残体）影响较大的元素，空间上元素含量变化的偶然性增加，空间变异大，样品采集密度增加反而会增加插值误差。考虑到采样过程与人类活动的影响，1∶50000 和 1∶10000 的调查精度基本能满足土地质量地球化学评价要求。

5 结果与讨论

通过开展上海市张堰镇土地质量地球化学评价，选取了 1∶250000、1∶50000 和 1∶10000 三种调查精度，针对土地质量地球化学调查方法的元素含量插值误差进行讨论。结果发现：考虑到采样过程与人类活动的影响，1∶50000 和 1∶10000 的调查精度基本能满足土地质量地球化学评价要求，用反距离权重插值进行土地质量地球化学评价较为合理。

参 考 文 献

[1] 黄勇，杨忠芳. 中国土地质量评价的研究现状及展望 [J]. 地质通报，2008, 27(2):207-211.

[2] 中国地质调查局. 土地质量地球化学评价规范 (DZ/T 0295—2016)[S]. 北京：中国标准出版社，2016.

[3] Ngo-Mbogba M, Yemefack M, Nyeck B. Assessing soil quality under different land cover types within shifting agriculture in South Cameroon[J]. Soil and Tillage Research, 2015, 150: 124-131.

[4] Gong L, Ran Q, He G, et al. A soil quality assessment under different land use types in Keriya river basin, Southern Xinjiang, China[J]. Soil and Tillage Research, 2015, 146(B): 223-229.

[5] Zhang G, Bai J, Xi M, et al. Soil quality assessment of coastal wetlands in the Yellow River Delta of China based on the minimum data set[J]. Ecological Indicators, 2016, 66: 458-466.

[6] 黄勇，杨忠芳. 土壤质量评价国外研究进展 [J]. 地质通报，2009, 28(1): 130-136.

[7] Paz-Kagan T, Shachak M, Zaady E, et al. A spectral soil quality index (SSQI) for characterizing soil function in areas of changed land use[J]. Geoderma, 2014, 230-231: 171-184.

[8] Paz-Kagan T, Shachak M, Zaady E, et al. Evaluation of ecosystem responses to land-use change using soil quality and primary productivity in a semi-arid area, Israel[J]. Agriculture, Ecosystems & Environment, 2014, 193: 9-24.

[9] Cheng J, Ding C, Li X, et al. Soil quality evaluation for navel orange production systems in central subtropical China[J]. Soil and Tillage Research, 2016, 155: 225-232.

[10] 王丹妮，温晓华，李金柱，等. 土地质量地球化学调查评价成果转化应用研究——以上海市金山区廊下镇为例 [J]. 上海国土资源，2015, (2): 83-86.

[11] 温晓华. 省级、市县级、乡镇级土地质量地球化学评估方法及典型地区成果分析 [J]. 上海国土资源，2013, (4):71-76.

[12] 刘希瑶. 土地质量地球化学评估在土地规划和管理中的作用 [J]. 地质与资源，2012, (6): 557-562.

[13] Yang Z, Yu T, Hou Q, et al. Geochemical evaluation of land quality in China and its applications[J]. Journal of Geochemical Exploration, 2014, 139: 122-135.

浙江平原区村级耕地质量地球化学调查土壤
采样密度研究——以平湖市泗泾村为例

岑　静，傅野思，魏迎春，冯立新，潘卫丰

（浙江省地质调查院，杭州311203）

摘要：本文通过研究不同土壤采样密度对调查区最终土壤环境地球化学质量的影响，探索浙江平原区村级耕地质量地球化学调查最适宜的土壤采样密度。采用土壤环境质量评价方法对基本农田图斑和栅格图斑进行评价，对不同采样密度的评价结果进行对比，认为 48 个 /km^2 可以满足调查与评价的要求。

关键词：村级耕地质量；地球化学；调查采样密度；质量等级

0 引　　言

　　"浙江省土地质量地质调查行动计划（2016～2020年）"现已全面启动，这是浙江省一项重要的基础性调查工程，调查工作以土壤地球化学测量为主要技术手段，以县市级为单位，实现对耕地的全覆盖。村级土地质量地球化学调查是其中具有探索性的工作。

　　土壤采样密度，是单位面积上所采集样品的数量。采样数量的多少，与调查精度有关，也与土地的自然类型有关。中国地质调查局在《土地质量地球化学评价规范》（DZ/T 0295—2016）[1] 中，对村级调查给出的要求是 32～64 个 /km^2。在浙江水网平原区，这个密度水平是否既能保证评价成果的落地，又能满足土地质量建档的需要，开展密度试验是不可或缺的研究工作。

　　在中国地质调查局"浙江省嘉兴地区多目标地球化学调查及基本农田质量档案建设试点"（2015～2016年）项目实施中，选择平湖市广陈镇泗泾村开展试验研究。研究区面积 4.75km^2，耕地面积 5247 亩，区内地势平坦、水网发育，自然田块细碎，土地以种植水稻为主。

作者简介：岑静（1983—），女，硕士，工程师，主要从事土地质量地质调查、环境地球化学调查工作。E-mail: hesperus1010@163.com。

1 技术与方法

1.1 样品采集

在平湖市泗泾村基本农田范围内，采集表层 0 ～ 20cm 土壤样品，进行 Cd、Hg、As、Pb、Cu、Zn、Cr、Ni 8 个重金属元素，以及酸碱度 pH 的分析测试。采样密度为 150 个 /km²，共采集表层土壤样品 540 件。所有样品由浙江省地质矿产研究所（国土资源部杭州矿产资源监督检测中心）检测分析（图 1）。

图 1 平湖市泗泾村表层土壤样品采样位置图

1.2 测试方法及质量评述

所有样品由浙江省地质矿产研究所（国土资源部杭州矿产资源监督检测中心）检测分析。分析配套方法见表 1。

表 1 土壤元素（项目）全量分析配套方法

序号	处理方法		测定方法	测试指标	指标数
1	5.0g 样品	粉末压饼法	X 射线荧光光谱法（XRF）	Cr、Cu、Pb、Zn	4
2	0.0500g 样品 硝酸、盐酸、氢氟酸、高氯酸四酸溶样	直接测定	电感耦合等离子体质谱法（ICP-MS）	Cu、Ni、Cd	3
3	0.5000g 样品 王水溶样	KBH₄ 还原、氢化法	原子荧光光谱法（AFS）	As、Hg	2
4	10.0g 样品 水浸取	直接测定	pH 计电极法（ISE）	pH	1

实验室对样品加工处理和分析测试严格执行《多目标区域地球化学调查规范（1：250000）》（DD2005-01）等相关规范，采用内部监控、密码抽样、重复样检查、标准样监控、外检等，检验结果可靠。

1.3 评价方法

1.3.1 评估单元

评估单元分两种，第一种为基本农田图斑，共有 569 个。第二种为栅格图斑，采样范围内一共有栅格图斑 72664 个。

1.3.2 密度抽稀方法

以 150 个 /km² 为最高密度，随机抽稀成 120 个 /km²、90 个 /km²、75 个 /km²、64 个 /km²、32 个 /km²。

1.3.3 单元赋值方法

评价单元中有一个采样点时，单元值为该采样点的分析测试数据。当单元中没有采样点时，采用反距离加权平均插值法赋值，获得每个评价单元相应的评价数据。当一个单元中有 2 个以上数据时，采用单元内所有数据的平均值进行评价单元的指标赋值。

1.3.4 评价方法

按照式（1），计算土壤污染物 i 的单项污染指数 P_i：

$$P_i = \frac{C_i}{S_i} \qquad (1)$$

式中，C_i 为土壤中 i 指标的实测浓度；S_i 为污染物 i 在《土壤环境质量标准》（GB 15618—1995）中给出的二级标准值。

按照表 2 所示的土壤单项污染指数环境地球化学等级划分界限值。

表 2　土壤环境地球化学等级划分界限

等级	一等	二等	三等	四等	五等
土壤环境	$P \leqslant 1$	$1 < P \leqslant 2$	$2 < P \leqslant 3$	$3 < P \leqslant 5$	$P > 5$
	清洁	轻微污染	轻度污染	中度污染	重度污染

每个评价单元的土壤环境地球化学综合等级等同于单指标划分出的环境等级最差的等级。例如，As、Cr、Cd、Cu、Hg、Pb、Ni、Zn 划分出的环境地球化学等级分别为 4 级、2 级、3 级、2 级、2 级、3 级、2 级和 2 级，该评价单元的土壤环境地球化学综合等级为四等。

2　结果与讨论

基本农田图斑插值评价结果及对比见表 3 和表 4。

表 3　不同密度基本农田土壤环境地球化学等级评价结果表

采样密度	环境等级	无污染	轻微污染	轻度污染	中度污染	重度污染
150 个 /km²	图斑数 / 个	370	187	2	10	0
	比例 /%	65.03	32.86	0.35	1.76	0.00
120 个 /km²	图斑数 / 个	373	190	0	6	0
	比例 /%	65.55	33.40	0.00	1.05	0.00
90 个 /km²	图斑数 / 个	384	179	0	6	0
	比例 /%	67.49	31.46	0.00	1.05	0.00
75 个 /km²	图斑数 / 个	341	209	5	14	0
	比例 /%	59.93	36.73	0.88	2.46	0.00
64 个 /km²	图斑数 / 个	374	173	7	15	0
	比例 /%	65.73	30.40	1.23	2.64	0.00
48 个 /km²	图斑数 / 个	368	171	5	25	0
	比例 /%	64.67	30.05	0.88	4.40	0.00
32 个 /km²	图斑数 / 个	364	175	6	24	0
	比例 /%	63.97	30.76	1.05	4.22	0.00

表 4　不同高密度抽稀基本农田土壤环境地球化学等级评价结果对比表

采样密度	等级变化	一样	降一级	升一级	降两级	升两级	降三级	升三级
150∶120	图斑数 / 个	496	33	32	7	1	0	0
	比例 /%	87.17	5.80	5.62	1.23	0.18	0.00	0.00
150∶90	图斑数 / 个	445	61	51	6	2	3	1
	比例 /%	78.21	10.72	8.96	1.05	0.35	0.53	0.18
150∶75	图斑数 / 个	419	56	77	4	6	1	6
	比例 /%	73.65	9.84	13.53	0.70	1.05	0.18	1.05
150∶64	图斑数 / 个	420	69	63	0	10	4	3
	比例 /%	73.81	12.13	11.07	0.00	1.76	0.70	0.53
150∶48	图斑数 / 个	406	74	65	0	10	3	11
	比例 /%	71.35	13.01	11.42	0.00	1.76	0.53	1.93
150∶32	图斑数 / 个	372	87	78	3	10	4	15
	比例 /%	65.38	15.29	13.71	0.53	1.76	0.70	2.63

从表中可以发现，泗泾村土壤主要环境等级为无污染及轻微污染，中度污染的图斑数较少，最少的为轻度污染和重度污染。说明调查区的土壤环境质量较好，在此情况下，采样密度减少到 32 个 /km² 时，不会对土壤环境质量等级的结构产生较大影响。

表 4 为各抽稀后的采样密度调查结果与原 150 个 /km² 调查结果在基本农田图斑之间

土壤环境地球化学评价等级变化的对比表。从表中可以发现，当抽稀密度为 48 个 /km² 时，与原图斑结果一致的图斑仍有 70% 以上。我们可以认为，48 个 /km² 的采样密度可以代表 150 个 /km²。

栅格图斑插值评价结果及对比见表 5 和表 6。

栅格图斑相较基本农田图斑数量更多，区块划分更细小，对比差异的意义更显著。

从表 5 中可看出，用栅格图斑做出的土壤环境地球化学等级结构与基本农田图斑结果一致。可以认为，当调查区的采样品密度降低到 32 个 /km² 时，也不会对土壤环境地球化学结果造成影响。

表 5 不同密度栅格图斑土壤环境地球化学等级评价结果表

采样密度	环境等级	无污染	轻微污染	轻度污染	中度污染	重度污染
150 个 /km²	图斑数 / 个	45691	25918	183	862	10
	比例 /%	62.89	35.67	0.25	1.18	0.01
120 个 /km²	图斑数 / 个	48238	23773	3	650	0
	比例 /%	66.39	32.72	0.00	0.89	0.00
90 个 /km²	图斑数 / 个	49120	22918	26	600	0
	比例 /%	67.60	31.54	0.04	0.82	0.00
75 个 /km²	图斑数 / 个	42220	28982	390	1072	0
	比例 /%	58.10	39.88	0.54	1.48	0.00
64 个 /km²	图斑数 / 个	47184	23749	191	1540	0
	比例 /%	64.94	32.68	0.26	2.12	0.00
48 个 /km²	图斑数 / 个	45162	25151	168	2183	0
	比例 /%	62.16	34.61	0.23	3.00	0.00
32 个 /km²	图斑数 / 个	45212	24862	573	2017	0
	比例 /%	62.22	34.22	0.79	2.77	0.00

表 6 为各抽稀后的采样密度调查结果与原 150 个 /km² 调查结果在栅格图斑之间土壤环境地球化学评价等级变化的对比表。从表中可以看出，当抽稀至 48 个 /km² 时，与未抽稀之前所得结果有 73.63% 的一致。约有 25% 的图斑，升一级或降一级。由原评价结果可知，调查区最主要的土壤环境地球化学等级为无污染及轻微污染，升一级或降一级并不会对评价结果造成太大影响。因此，我们可以认为，调查区 48 个 /km² 可以较好地替代 150 个 /km² 的评价结果。

表 6 不同密度抽稀栅格图斑土壤环境地球化学等级评价结果表

采样密度	等级变化	一样	降一级	升一级	降两级	升两级	降三级	升三级
150：120	图斑数 / 个	64946	2335	4693	144	527	0	19
	比例 /%	89.38	3.21	6.46	0.20	0.73	0.00	0.03
150：90	图斑数 / 个	57823	5334	8472	267	618	25	125
	比例 /%	79.58	7.34	11.66	0.37	0.85	0.03	0.17

续表

采样密度	等级变化	一样	降一级	升一级	降两级	升两级	降三级	升三级
150 ∶ 75	图斑数 / 个	55949	9491	6050	640	409	90	35
	比例 /%	77.00	13.06	8.33	0.88	0.56	0.12	0.05
150 ∶ 64	图斑数 / 个	56767	6795	7983	796	166	40	117
	比例 /%	78.12	9.35	10.99	1.10	0.23	0.06	0.16
150 ∶ 48	图斑数 / 个	53497	8903	8522	1003	184	462	93
	比例 /%	73.62	12.25	11.73	1.38	0.25	0.64	0.13
150 ∶ 32	图斑数 / 个	46468	12103	11700	1330	455	470	138
	比例 /%	63.95	16.66	16.10	1.83	0.63	0.65	0.19

注：由于四舍五入的影响，数据有所偏差

3 结 论

在土地质量地球化学评价中，土壤环境地球化学质量对土地质量地球化学等级的结果影响是决定性的。本文通过研究不同土壤采样密度对调查区最终土壤环境地球化学质量的影响，认为在浙北平原区土壤环境质量较好的情况下，48 个 /km² 可以满足调查与评价的要求。

参 考 文 献

[1] 中国地质调查局 . 土地质量地球化学评价规范 (DZ/T 0295—2016)[S]. 北京 : 中国标准出版社 , 2016.

浙江省基本农田土壤 Cd 元素监测的关键参数研究

褚先尧，傅野思，范燕燕

（浙江省地质调查院，杭州 311203）

摘要： 本文以浙江省农业地质环境调查中土壤 Cd 元素含量为基础，估算浙江省基本农田土壤 Cd 元素监测中的相关参数。结果显示浙江省全省 Cd 元素的最小可监测变化量为 0.0064mg/kg。其中，丽水市最高，金华市最低。估算当需监测变化量为 0.03mg/kg 时，浙江省所需监测点位数量为 444 个。而各地市所需监测点数差别较大，绍兴市最高为 1338 个，嘉兴市最低为 22 个。同时，根据公式估算在 Cd 元素 0.003mg/（kg·a）、0.007mg/（kg·a）、0.010mg/（kg·a）和 0.015mg/（kg·a）的变化速率下，浙江省监测所需的时间间隔分别为 10 年、4 年、3 年和 2 年。

关键词： Cd；土壤；监测；浙江省

0 引 言

浙江省人均耕地仅为全国平均水平的 1/3，且耕地后备资源严重不足、耕地占补平衡矛盾尖锐，因此保障耕地质量得到了社会各界的高度重视，其中保障基本农田质量更是直接关系到浙江的国计民生。对基本农田环境进行监测，是保护和提高基本农田质量，促进浙江农业可持续发展和国土资源生态管护的基础工作。因此，建立浙江省基本农田土壤监测网络，研究其监测点位布置数量、监测周期等关键参数设置，对掌握浙江省基本农田土壤质量变化有着重要意义。目前，美国国家资源清单（national resources inventory，NRI）建立了以政治或地理单元来确定的分层边界，依靠永久性地理框架结构，划分层级，在每个层级中划分基础抽样单元，并从中抽取 2%～4% 的样品，来对美国 50 个州及所属群岛实施监测抽样[1,2]。而欧盟采用网格法来确定监测点，确保每个土地利用类型、每个图斑内有监测点分布，并且实施监测点分级，其

作者简介：褚先尧（1977—），男，工程师，主要从事土地质量地球化学调查工作。E-mail：526905762@qq.com。

中一级监测网为每 300km² 一个点 [3]。加拿大则在全国建立监测区，而每个监测区选取 60 ～ 100 个样点 [4]。中国也有不少学者对土地质量监测体系建设、耕地监测点布设、监测指标评价等设置进行研究。但均没有切实的关于监测点设置数量、监测周期等关键参数的研究。本文以浙江省农业地质环境调查项目数据为基础，选取浙江省土壤中污染情况较为显著的 Cd 元素为例，研究浙江省基本农田土壤 Cd 元素监测关键参数的设置。

1 材料与方法

1.1 研究区概况

浙江省位于中国东南部，长江三角洲的南翼，与福建省、安徽省、江西省、江苏省及上海市接壤。浙江省为我国土地面积较小的几个省区之一，土地面积约 10.55 万 km²。浙江自古有"七山一水二分田"之说，其山地丘陵的面积占总体的 70.4%，盆地及平原的面积占总体的 23.2%，而河流湖泊约占总体的 6.4%。据浙江省第二次土壤普查数据显示，全省耕地面积约 2980.03 万亩，人均仅 0.56 亩。

浙江地形由西南向东北倾斜，西南部多为山地，中部为丘陵地区，东北部以冲积平原为主。全省可按地形分为浙北平原区、浙西丘陵区、金衢盆地区、东南沿海平原、浙南山地区和滨海岛屿区。浙江属于亚热带季风气候，四季分明，季风显著。年平均气温在 15 ～ 18℃，1 月气温最低，而 7 月气温最高。年平均降水量在 980 ～ 2000mm。浙江省境内有八大水系，分别为苕溪、京杭运河（浙江段）、钱塘江、甬江、灵江、瓯江、飞云江和鳌江，并有西湖、东钱湖等 30 余个容积大于 100m³ 的湖泊。

浙江省位于东亚大陆边缘，地层从元古宇到新生界均有分布。岩性多样，其中以中生界火山岩系发育最具有特色，在出露的地层中，以岩浆岩的面积最大。而根据地质构造和岩性特征、地貌类型、第四系类型及其发育程度，结合农业生产布局特征，浙江省可划分为浙北冲海积平原区、浙西北古生代沉积岩低山丘陵区、浙中中生代红层丘陵盆地区、浙南中生代火山岩中低山区、浙东中生代火山岩盆地丘陵区和浙东沿海丘陵平原区 6 个农业地质背景区。

浙江省土壤类型多样，主要为红壤、黄壤、粗骨土、紫色土、水稻土、潮土、滨海盐土等。其中红壤面积最大，占全省面积的 40.1%，其次为水稻土、粗骨土和黄壤，分别占 21.9%、14.1% 和 10.6%[5]。根据浙江省第二次土地调查结果显示，截至 2009 年 12 月 31 日，全省土地面积约 15825 万亩，其中耕地面积为 2980.03 万亩，占 18.83%。截至 2015 年年底，浙江累计建成粮食生产功能区 7886 个、面积约 676.74 万亩；建成现代农业园区总数达到 818 个，总面积 516.5 万亩。

1.2 数据来源

本文使用的数据主要来源于"浙江省农业地质环境调查"（2002 ～ 2005 年）项目

中土壤表层（0～20cm）数据。该项目调查范围包括浙江北部平原区（杭嘉湖平原、宁绍平原）、浙东沿海丘陵平原区、浙中丘陵盆地区、沿海滩涂区和近岸海域，数据覆盖了浙江省主要农业区，调查密度为 1：250000，点位分布如图 1 所示。

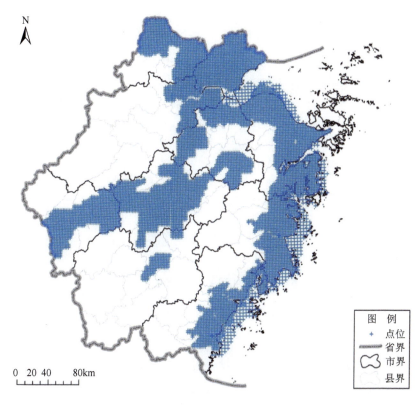

图 1　数据分布范围图

1.3　方法技术

Nicolaspa 等[6]研究表明，由于对土壤监测点进行重访是监测变化最有效的方式[7]，这里也如此假设，也就是说会对每个监测点至少访问两次而产生一对样本。假设每个监测网络中的监测值为 x，会有 n 个点在 t_0 和 t_1 时间被访问两次。则该监测网络的平均变化量（$\bar{d}$）为

$$\bar{d} = \sum_{i=1}^{n}(x_{i,t_0} - x_{i,t_1})/n \tag{1}$$

式中，$x_{i,t}$ 为监测点 i 在时间 t 下的实测值；n 为监测点位数量。

同时，因为土壤元素含量的变化的方差是很难直接估算的。因此，$\bar{d}$ 的标准误差的估算可表示为 $\sqrt{\dfrac{2s^2}{n}}$，其中 s^2 为 x 方差的估计值。此估算假设方差不随时间变化，并且

在 t_0 和 t_1 时间下的相关性很小。

而假设平均变化量呈正态分布，则在 $100（1-\alpha）\%$ 的置信区间里，平均变化量可表示为[8]

$$\bar{d} - z_\alpha s \sqrt{\frac{2}{n}} < \bar{D} < \bar{d} + z_\alpha s \sqrt{\frac{2}{n}} \tag{2}$$

式中，z_α 为概率为 α 下的标准正态分布值。

所以，要探测到平均变化量的条件就可以表示为

$$y - z_\alpha s \sqrt{\frac{2}{n}} > 0，即 y > z_\alpha s \sqrt{\frac{2}{n}} \tag{3}$$

因此，最小可检测变化量（MDC）为

$$MDC = z_\alpha s \sqrt{\frac{2}{n}} \tag{4}$$

式中，z_α 为在概率为 α（文中 $\alpha=0.05$）时的标准正态分布值；s 为一定元素浓度的标准偏差的估计值；n 为重访样本数。

假设，土壤中元素的含量在整体时间 t 内以速率 k 恒定变化，则在时间间隔 t 下有

$$t > \frac{z_\alpha s \sqrt{2}}{k \sqrt{n}} \tag{5}$$

那么，要检测到给定变化速率 k 的最小时间间隔为

$$t = \frac{z_\alpha s \sqrt{2}}{k \sqrt{n}} \tag{6}$$

而式（3）也可用来估算，要监测到一定的变化水平 y 所需要的监测点位的数量：

$$n > \frac{2 z_\alpha^2 s^2}{y^2} \tag{7}$$

2　结果与讨论

2.1　Cd 元素含量基本情况

本文数据覆盖浙江省主要农业区，总计点位 9708 个。统计其 Cd 元素含量指标可得，其含量为 0.013～11.760mg/kg，平均值为 0.199mg/kg，变异系数为 27.17%，属中等程度变异[9]。统计浙江省各个地市区域内点位 Cd 元素含量情况结果见表 1。从表中可知，金华市含量为 0.066～1.540mg/kg，平均值为 0.183mg/kg；嘉兴市含量为 0.068～1.100mg/kg，平均值为 0.155mg/kg；湖州市含量为 0.066～2.214mg/kg，平均值为 0.171mg/kg；杭州市含

量为 0.053 ~ 1.321mg/kg，平均值为 0.173mg/kg；温州市含量为 0.051 ~ 4.255mg/kg，平均值为 0.205mg/kg；衢州市含量为 0.0570 ~ 5.003mg/kg，平均值为 0.264mg/kg；宁波市含量为 0.013 ~ 11.760mg/kg，平均值为 0.187mg/kg；台州市含量为 0.062 ~ 9.872mg/kg，平均值 0.198mg/kg；绍兴市含量为 0.070 ~ 6.574mg/kg，平均值为 0.263mg/kg；丽水市含量为 0.075 ~ 3.802mg/kg，平均值为 0.204mg/kg。总体上，衢州市和绍兴市的 Cd 元素含量较高，而嘉兴市、湖州市和杭州市的含量相对较低，宁波市的含量高值与低值间差距较大，但平均含量相对较低。

表 1   浙江省及各地市 Cd 元素含量情况表

区域	点位数	平均值	最大值	最小值
浙江省	9708	0.199	11.760	0.013
金华市	1507	0.183	1.540	0.066
嘉兴市	971	0.155	1.100	0.068
湖州市	794	0.171	2.214	0.066
杭州市	584	0.173	1.321	0.053
温州市	899	0.205	4.255	0.051
衢州市	949	0.264	5.003	0.057
宁波市	1740	0.187	11.760	0.013
台州市	1109	0.198	9.872	0.062
绍兴市	965	0.263	6.574	0.070
丽水市	190	0.204	3.802	0.075

对浙江省及各地市 Cd 元素含量的变异系数进行计算，结果如图 2 所示。从图中可见，金华市、嘉兴市、湖州市和杭州市的变异系数较小，分别为 7.40%、5.98%、9.54% 和 8.86%，属于弱变异[9]。而其他各地市的变异系数均在中等程度变异，其中绍兴市最高，为 47.16%。宁波市和台州市的变异系数也相对较高，分别为 36.20% 和 35.02%。

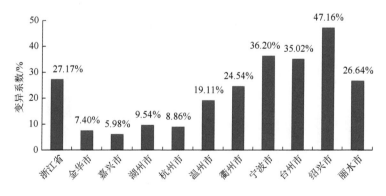

图 2   浙江省及各地市 Cd 元素含量变异系数分布情况

2.2　最小可监测变化量

根据式（4），结合浙江省农业地质环境调查数据资料，计算浙江省及各地市 Cd 元素的最小可监测变化量。其中，n 为采用全省及各地市范围内样点数，S 为各区域内样点的标准差，结果见表 2。从表中可见，浙江省 Cd 元素含量的标准差为 0.272，而各地市的 Cd 元素含量标准差差异较大，绍兴市、宁波市的标准差较高，而嘉兴市、湖州市、金华市和杭州市的标准差较低。其中嘉兴市最小为 0.060，而最大值为绍兴市，达 0.472，约为嘉兴市的 8 倍。而在样点数为 9708 的情况下，浙江省全省 Cd 元素的最小可监测变化量为 0.0064mg/kg。同时计算各地市的 Cd 元素含量最小可监测变化量，结果在 0.0044 ～ 0.0450mg/kg。

表 2　浙江省及各地市 Cd 元素最小可监测变化量情况

区域	标准差 S	样点数 n	最小可监测变化量 /（mg/kg）
浙江省	0.272	9708	0.0064
金华市	0.074	1507	0.0044
嘉兴市	0.060	971	0.0045
湖州市	0.095	794	0.0079
杭州市	0.089	584	0.0085
温州市	0.191	899	0.0148
衢州市	0.245	949	0.0185
宁波市	0.362	1740	0.0202
台州市	0.350	1109	0.0245
绍兴市	0.472	965	0.0353
丽水市	0.266	190	0.0450

图 3 为浙江省及各市 Cd 元素的最小可监测变化量示意图。从图中可知，该参数在各地市之间差异显著，其中金华市、嘉兴市、湖州市较低，而台州市、绍兴市和丽水市相对较高，最高值与最低值之间相差约 9 倍。即在当前点位数量情况下，金华市、嘉兴市、湖州市理论上能监测相对较为细微的变化量，而台州市、绍兴市、丽水市则需要有相对较大的变化才能被监测到。

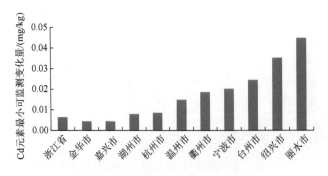

图 3　Cd 元素最小可监测变化量

2.3　重访样本量

监测系统的建立和监测点的布设需要确定监测点的数量，而监测点数量需要一定规模才能确保监测到一定量的变化。若监测点数量太少，则无法得到准确的变化量情况，影响监测的效果。而若监测点数量设置太多，则会消耗多余的人力物力，造成不必要的投入。如何在兼顾监测效果和监测消耗下设置合理的监测点数量是一个重要的问题。

根据《土壤环境质量标准》（GB 15618—1995）[10]，土壤一级标准为 0.20mg/kg，而二级标准为 0.30mg/kg，即变化量在 0.1mg/kg 时，土壤环境质量等级发生变化。这里分别假设需监测变化量在 0.01mg/kg、0.02mg/kg、0.03mg/kg、0.04mg/kg、0.05mg/kg 时，根据浙江省元素含量变化计算各元素重访样本量（表 3）。从表中可见，若要监测到 0.01mg/kg 的 Cd 元素变化量，浙江省全省需要 3999 个点，要监测 0.02mg/kg 的变化量，所需监测点数则降到 1000 个，而当给定监测变化量升到 0.03mg/kg、0.04mg/kg 和 0.05mg/kg 时，所需监测点数分别为 444 个、250 个和 160 个。同时，表 4 罗列了各地市在上述给定监测变化量时，所需要的监测点数。从中可知，若要监测出 0.01mg/kg 的 Cd 元素变化量，各地市所需监测点数差异较为显著。其中，嘉兴市、金华市较少，尤其是嘉兴市仅需 194 个，而绍兴市、宁波市、台州市所需点数较高，绍兴市高达 12038 个，为嘉兴市的约 63 倍。

表 3　土壤环境质量标准分级 [10]

级别	一级	二级			三级
pH	自然背景	<6.5	6.5 ～ 7.5	>7.5	>6.5
镉 ≤	0.20	0.30	0.30	0.60	1.0

表 4　浙江省元素推荐重访样本量

假设 y	0.01	0.02	0.03	0.04	0.05
浙江省	3999	1000	444	250	160
杭州市	424	106	47	27	17
湖州市	492	123	55	31	20
嘉兴市	194	48	22	12	8
金华市	296	74	33	19	12
丽水市	3842	960	427	240	154
宁波市	7090	1773	788	443	284
衢州市	3259	815	362	204	130
绍兴市	12038	3009	1338	752	482
台州市	6637	1659	737	415	265
温州市	1976	494	220	123	79

2.4　重访间隔时间

与重访样本量一样，重访时间的确定也是监测系统建立的一个重要因素。同样需要关注监测精确性和监测消耗，做到在满足监测效果的情况下消耗最小的人力物力。在这里假设土壤 Cd 元素含量在整个监测区域内以速率 k 的变化，并且在监测周期内变化速率恒定。根据式（6），可以估算在一定点位数量基础上，Cd 元素以 k 速率变化下，所需要的监测时间间隔 t。

王加恩等[11]对浙江北部嘉善县 1990～2008 年土壤重金属元素含量及土壤酸碱度变化和趋势预测的研究中显示，嘉善地区 1990～2002 年，Cd 元素的平均总累积量为 16.63μg/kg，年均累积量为 1.39μg/kg。而 2002～2008 年，Cd 元素的平均总累积量为 113.66μg/kg，年均累积量为 18.94μg/kg。李恋卿等[12]对太湖地区水稻土表层土壤的研究显示，土壤 Cd 元素的累积速率在 0.3～2.6μg/（kg·a）。周国华等[13]对浙江省杭嘉湖地区土壤元素时空变化的研究表明，1990～2002 年土壤 Cd 元素的净累积率为 27.9%，即年平均净累积率为 2.325%。

在这里，我们以可以监测出 0.03mg/kg 的 Cd 元素变化量的监测点数量设置情况下，估算浙江省及各地市所需要的监测重访时间间隔。估算结果如图 4 所示，从中可见，当变化速率 k 在每年 0.003mg/kg 时，浙江省监测所需的时间间隔在 10 年左右，而各地市所需时间差别较大，在 6～15 年。从上述文献中可以看到，近年来浙江省 Cd 元素含量及变化速率都有所上升，这里分别估算了当变化速率 k 在每年 0.007mg/kg、0.010mg/kg 和 0.015mg/kg 时，所需监测重访的时间。当变化速率 k 在每年 0.007mg/kg 时，浙江省所需监测重访时间间隔约为 4 年。而从各地市来看，嘉兴市、衢州市和温州市所需的间隔时间较短，为 2～3 年。丽水市、宁波市和湖州市则相对较长，为 6～7 年。当变化速率 k 在每年 0.010mg/kg 时，浙江省所需监测重访时间间隔降为 3 年。各地市所需时间间隔也有所降低，总体在 2～5 年。而当变化速率 k 在每年 0.015mg/kg 时，浙江省所需监测重访时间间隔降为 2 年。各地市监测所需时间间隔则在 1～3 年。也就是说，土壤 Cd 元素含量变化速率越快，监测所需的时间间隔也越短。

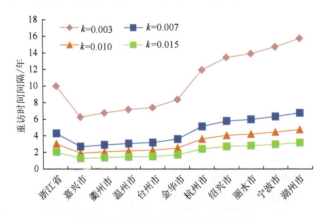

图 4　浙江省及各地市重访时间间隔

3 结 论

本文中关于监测 Cd 元素含量变化关键参数的相关计算结论都在如下假设下成立，首先，Cd 元素含量的平均变化量是呈正态分布的，元素含量的方差在监测区域内是相同的，且两批次间样品 Cd 元素含量的相关性较小。其次，监测时监测点样品采集所使用的方法是相同的。而在监测区域内，Cd 元素含量变化速率是相同的。这样，我们可以使用现有数据来估算土壤 Cd 元素含量监测的相关参数。而研究结果显示，浙江省全省 Cd 元素的最小可监测变化量为 0.0064mg/kg。各地市的 Cd 元素含量最小可监测变化量在 0.0044～0.0450mg/kg，最高的丽水市约为最低的金华市的 9 倍。估算监测重访样本量的结果显示，要监测 0.03mg/kg 的变化量，浙江省需要设置 444 个监测点，而对于各地市来说，要监测到该变化量所需点位数量差异显著，最高的绍兴市为最低的嘉兴市的 60 余倍，这与 Cd 元素分布的变异性也是密切相关的。另外，估算在每年 0.003mg/kg、0.007mg/kg、0.010mg/kg 和 0.015mg/kg 的变化速率下，浙江省监测所需的时间间隔分别为 10 年、4 年、3 年和 2 年。

本文仅对土壤 Cd 元素参数设置进行了讨论，若开展土壤监测工作，则还需要协调其他各种重金属元素、养分元素等所需元素的监测参数。另外，由于土壤元素的空间分布并不均匀，其含量变化的速率也不是恒定的。所以，文中对于监测参数的设置研究，还需要用实际数据进一步验证。

参 考 文 献

[1] Nusser S M, Goebel J J. The National Resources Inventory: A long-term multi-resource monitoring programme[J]. Environmental and Ecological Statistics, 1997, 4: 181-204.

[2] 李奕志，李立强，孔祥斌，等. 美国国家资源清单及其对中国耕地质量动态监测的启示 [J]. 中国土地科学，2014, 28(7): 82-89.

[3] 姚兰，孔祥斌. 国外经验对建立我国国家级标准样地质量监测体系的启示 [A]. 全国农用地分等标准样地建设与成果应用论文集，2005.

[4] Maiti T, Miller C P, Mukhopadhyay P K. Neural network imputation: An experience with the National Resources Inventory Survey[J]. Jounal of Agricultural, Biological, and Environmental Statistics, 2008, 13(3): 255-269.

[5] 吴嘉平，荆长伟，支俊俊. 浙江省县市土壤图集 [M]. 长沙：湖南地图出版社，2012.

[6] Nicolaspa S, Patriciah B, Xavier M, et al. Will European soil-monitoring networks be able to detect changes in topsoil organic carbon content [J]. Global Change Biology, 2008, 14(10): 2432-2442.

[7] Lark R M , Bellamy P H, Rawlins B G. Spatio-temporal variability of some metal concentrations in the soil of eastern England, and implications for soil monitoring[J]. Geoderma, 2006, 133: 363-379.

[8] Barnett V. Sample Survey: Principles and Metheods[M]. London: Arnold, 2002.

[9] Zhang X Y, Sui Y Y, Zhang X D, et al. Spatial variability of nutrient properties in black soil of northeast China[J]. Pedosphere, 2007, 17(1): 19-29.

[10] 国家环境保护局. 中华人民共和国国家标准土壤环境质量标准 (GB 15618—1995)[S]. 北京：中国

标准出版社 , 1995.

[11] 王加恩 , 康占军 , 潘卫丰 , 等 . 浙北嘉善县 1990-2008 年土壤重金属元素及酸碱度变化和趋势预测 [J]. 地质科技情报 , 2010, 29(1): 92-96.

[12] 李恋卿 , 潘根兴 , 张平究 , 等 . 太湖地区水稻土表层土壤 10 年尺度重金属元素累积速率的估计 [J]. 环境科学 , 2002, 23(3): 119-123.

[13] 周国华 , 董岩翔 , 刘占元 , 等 . 杭嘉湖地区土壤元素时空变化研究 [J]. 中国地质 , 2004, 31(S1): 72-79.

调查评价

福建省寿宁县富硒区土壤硒地球化学特征

吴 俊

（福建省地质调查研究院，福州 350013）

摘要： 通过对福建省寿宁县富硒区土壤和农产品硒含量的调查，研究了土壤总硒和有效硒含量的分布特征及影响土壤硒含量的主要因素，分析了研究区农产品硒含量特征。研究结果表明，土壤硒含量受控于地质背景，侏罗系南园组三段和南园组四段分布区的土壤硒含量明显高于其他地质背景区，研究同时也发现，不同的土壤类型中硒的含量存在较大差异，不同土地利用方式对土壤硒含量也具有一定的影响。土壤硒含量与土壤 pH、土壤有机质和金属氧化物 TFe_2O_3 等呈显著的相关关系，说明土壤理化性质对硒的地球化学行为有重要影响，与重金属呈显著的相关关系，说明原生矿物中硒与重金属存在着一定的伴生关系。

关键词： 寿宁县；富硒土壤；影响因素；含量特征；富硒农产品

　　硒是地球上一种稀少且又分散的元素，但它对维持人体正常生理功能至关重要，具有保护心肌健康、抗氧化、防衰老、增强人体免疫力、重金属解毒，以及防癌、抗癌、治癌等功能的作用[1]。20 世纪 70 年代，我国科学家发现人群缺硒会导致克山病[2]。人体获取硒的途径主要来源于食物，而植物性食物中的硒主要来源于土壤，因此土壤硒含量的高低直接影响食物中的硒含量高低。硒在世界土壤分布中具有明显的地带性差异，绝大多数的土壤硒含量为 0.01 ～ 2.0mg/kg，平均值约为 0.4mg/kg[3]。我国是一个缺硒大国，从东北的黑龙江省到西南部的云南省存在一条明显的缺硒地带，约占全国土地总面积 72% 的地区处于不同程度缺硒状态，其中约有 30% 缺硒较为严重[4]。因此，寻找富硒土壤，合理利用土地资源，开发富硒农产品，可为城镇居民，尤其是缺硒地区的居民提供一种补硒途径，增强居民饮食营养，提高身体健康水平。

　　2012 年，通过在寿宁县全境范围内开展的 1 ∶ 25 万多目标区域地球化学调查工作发现，寿宁县表层土壤硒含量较高，面积较大，但数据密度不够，很难对富硒作物种植

基金项目：福建省广义地质工作项目"福建省典型富硒区 1 ∶ 5 万土地质量地球化学评估"（No. 20131901）。

作者简介：吴俊（1985—），男，硕士，工程师，主要从事生态地球化学调查工作。E-mail: hrs-123@qq.com。

提供有效指导，所以进一步开展详查工作，查明富硒区硒含量水平及影响因素，是开发利用寿宁县土壤硒资源的关键。本文以福建省典型富硒区 1：5 万土地质量地球化学评估项目为支撑，分析了寿宁县典型富硒区土壤硒地球化学特征及影响土壤硒含量的主要因素，以期为当地的富硒土壤开发与保护提供技术依据。

1 研究区概况

寿宁县位于福建省宁德市北部，北部与浙江省接壤，南部连福安市、周宁县，西傍南平市的政和县。该县素有"八山一水一分田"之称，主要粮食作物有水稻、甘薯及马铃薯等，主要经济作物有茶叶、太子参等。全县辖 7 镇 7 乡，土地总面积为 1424.4km²。

富硒土壤研究区位于寿宁县中部，分两个工作区，分别为大安工作区和清源工作区，主要涉及大安乡、鳌阳镇、清源乡、竹管垄乡等乡镇，地貌类型主要为山地丘陵，土壤类型以水稻土、黄壤和红壤为主，总调查面积约 112.9km²，其中耕地面积为 26.24km²，园地面积为 13.33km²。研究区主要出露侏罗系南园组三段和四段流纹质、英安质火山碎屑岩、凝灰熔岩、碎斑熔岩和燕山晚期正长花岗岩（图 1）。

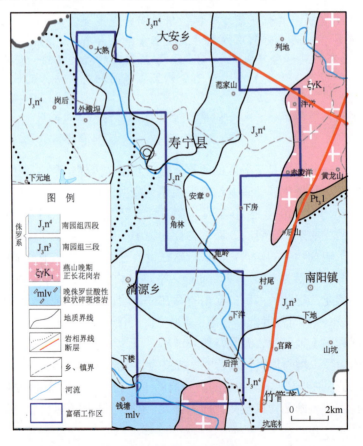

图 1　研究区地质背景

2 样品采集与分析

2.1 样品采集

表层土壤采样点按照网格化布置，耕地和园地采样密度为8个/km²，其他土地利用类型采样密度为4个/km²，由多坑点采集0～20cm表层土壤组合而成，共采集样品668件。样点采集以代表性为主要原则，采样布局兼顾均匀性与合理性，以便最大限度控制测量面积，样品兼顾分布面积较大的林地、旱地、水田等。采样时避开明显污染点（化工厂等），避开新近搬运的外来土和垃圾堆。采集的土壤样品晾干后，过20目筛，外送分析。

在研究区较大面积地块内采用对角线多点采样法采集农作物籽实样品，选择无检疫性病虫害的农作物，采集5个子样，组合成一个混合样，样品重量2000g，样品装入保鲜袋，两天内送达实验室进行预处理。茶叶鲜样的采集则在每个采样点均匀、随机选择树势一致、无病虫害和机械损伤的10个以上植株，采集茶叶鲜样（形成驻芽，中开面二、三叶）组成一个混合样品，每个茶叶鲜样重2000g，样品装入保鲜袋，两天内送达实验室进行预处理。本次研究总共采集水稻样品54件、甘薯样品6件、黄豆样品1件、花生样品3件、茶叶样品9件，总计73件农产品样品。

2.2 分析测试

土壤样品和农作物样品分析由福建省地质测试研究中心承担。土壤样品中的Se、Hg、As采用原子荧光光谱法（AFS）测定，Cr、Fe_2O_3、K_2O、P、Pb、S、Zn、Ni、Cu采用X射线荧光光谱法（XRF）测定，Cd采用封闭熔矿电感耦合等离子体质谱法（ICP-MS）测定，B、Mo采用发射光谱法（ES）测定，有机质采用滴定法（VOL）测定，pH采用离子选择性电极法（ISE）测定。以《森林土壤分析方法》（LY/T 1210-1275—1999）为依据，选择原子荧光光谱法测定土壤中的有效Se。采用微波消解–等离子体质谱法测定农产品中的Se含量。测试过程严格执行中国地质调查局地质调查技术标准《多目标区域地球化学调查规范（1：250000）》（DD2005-01）中"土壤地球化学分析测试质量要求及质量控制"和《生态地球化学评价样品分析技术要求（试行）》（DD2005-03）的有关规定。

2.3 数据处理

统计前对所有数据进行异常值剔除，采用MapGIS软件中Kring泛克里格法网格化模型绘制研究区表层土壤全硒含量分布图，数据统计分析采用SPSS 19.0和Excel 2007软件处理。

3 结果与分析

3.1 土壤硒含量特征

在研究区采集的 668 件表层土壤样品硒元素含量最小值为 0.10mg/kg，最大值为 1.69mg/kg，平均值为 0.44mg/kg，标准差为 0.23mg/kg，空间分布不均匀，变异系数为 52.88%。表层土壤硒元素含量平均值远高于世界土壤表层平均值 0.20mg/kg[5] 和全国土壤 A 层平均含量 0.29mg/kg[6]。谭见安 [7] 从我国克山病带和低硒环境的研究出发，划分出我国硒元素生态景观的界限值：硒反应不足（<0.125mg/kg）、潜在硒不足（0.125 ～ 0.175mg/kg）、足硒（0.175 ～ 0.40mg/kg）、富硒（0.4 ～ 3.0mg/kg）、硒中毒（≥3.0mg/kg）。依据这种划分，对表层土壤硒元素含量进行统计（表 1），统计结果显示，硒反应不足样品有 1 件，约占 0.16%，潜在硒不足样品有 15 件，约占 2.45%，足硒样品有 328 件，约占 53.59%，富硒样品有 268 件，约占 43.79%，无硒中毒样品。

表 1　表层土壤硒丰缺划分结果

全量硒 /（mg/kg）	硒效应	样品个数	比例 /%
<0.125	硒反应不足	1	0.16
0.125 ～ 0.175	潜在硒不足	15	2.45
0.175 ～ 0.40	足硒	328	53.59
0.4 ～ 3.0	富硒	268	43.79
≥3.0	硒中毒	0	0.00

植物吸收累积的硒量不仅取决于土壤中总硒含量，更与土壤中的能被植物体有效利用的那部分硒——有效硒密切相关。本文选择性测试了 85 件表层土壤样品的有效硒含量，含量范围为 4.57 ～ 29.15μg/kg，平均值为 12.70μg/kg，空间变异系数为 42.84%，有效硒含量分布特征如图 2 所示。

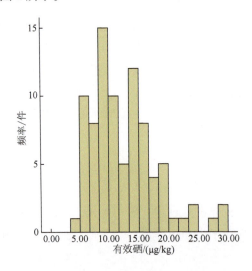

图 2　研究区表层土壤有效硒含量分布

3.2 土壤硒含量的影响因素探讨

表层土壤硒的分布受多种因素控制,除与成土母质和母岩密切相关外,风化成土改造、土壤理化条件(腐殖质、pH、Eh、铁锰氧化物)、微生物作用、大气降尘、蒸发作用、元素的协同与拮抗作用等也都产生了重要影响[8,9]。为了寻找研究区土壤中硒的含量与土壤性质的关系,本文探讨了地质背景、土壤类型、土地利用方式、土壤理化性质等对土壤硒含量的影响。

3.2.1 地质背景

对于自然成因的富硒土壤,其硒含量一般来源于各种母质母岩,是受控于地质背景的,根据我国主要成土母质母岩土壤中硒背景值均值数据比较,以松散母质类型的土壤硒含量最高,其次为沉积岩,火成岩最低。研究区地质背景主要为侏罗系南园组第四段(流纹质火山碎屑岩、凝灰熔岩、碎斑熔岩、流纹岩,夹凝灰质粉砂岩)、第三段(英安质火山碎屑岩、英安岩、中酸性碎斑熔岩、凝灰熔岩,夹流纹质火山碎屑岩)、燕山晚期正长花岗岩,以及晚侏罗世酸性粒状碎斑熔岩。本研究统计了这4种地质背景下发育土壤的硒和有效硒含量水平,统计情况见表2。按平均值含量统计,南园组四段发育的土壤中硒含量最高,平均值为0.49mg/kg,其次为正长花岗岩和南园组三段发育的土壤,平均值分别为0.45mg/kg和0.42mg/kg,均高于寿宁县表层土壤硒含量平均值0.35mg/kg,达到富硒土壤标准,碎斑熔岩发育的土壤中硒含量最低,平均值为0.26mg/kg。从有效硒含量情况看,不同地质背景发育的土壤中有效硒平均含量表现出南园组三段(13.35μg/kg)>南园组四段(12.48μg/kg)>正长花岗岩(11.54μg/kg)>碎斑熔岩(7.73μg/kg)的特点,除前二者顺序有变外,其余与不同背景下全量硒大小趋势相同,表明土壤硒含量受控于地质背景,南园组三段和南园组四段分布区的土壤硒含量明显高于其他地质背景区。

表2 不同地质背景下土壤硒含量统计表

地质背景		侵入岩	火山岩		
		正长花岗岩 (ξγK₁)	南园组三段 (J₃n³)	南园组四段 (J₃n⁴)	碎斑熔岩 (mlv)
硒/(mg/kg)	样本数	31	246	368	23
	最小值	0.15	0.13	0.15	0.1
	最大值	1.61	1.05	1.69	0.47
	平均值	0.45	0.42	0.49	0.26
有效硒/(μg/kg)	样本数	4	31	49	1
	最小值	15.47	24.74	29.15	7.73
	最大值	5.61	5.88	4.57	7.73
	平均值	11.54	13.35	12.48	7.73

3.2.2 土壤类型

不同的土壤类型中硒的含量存在较大差异[10],中国主要土壤类型中的硒含量范围见表 3。本研究区的土壤类型有 3 种，分别是红壤、黄壤和水稻土。研究区不同土壤类型硒平均含量同我国主要的土壤类型中的硒含量基本吻合，并呈现黄壤>红壤>水稻土的特点（表 4），黄壤的硒含量最高，平均值为 0.51mg/kg，红壤次之，平均值为 0.45mg/kg，水稻土含量最低，平均值为 0.43mg/kg，但均属于高硒土壤范围。土壤硒在很大程度上结合于土壤腐殖质中[11]。研究区内的黄壤主要分布于海拔 800m 以上的中山区，由于地势高，气温较低，日照短，而且多雾，土壤富铝化程度较弱，淋溶作用较强烈，富含有机质，腐殖质相对富集，矿质养分较缺乏，相对于红壤和水稻土而言，对硒的吸附作用远大于淋溶作用，而且母质（侏罗系南园组三段和四段）中硒含量较高，因而富积了较高的硒。随着海拔的上升，气温下降，土壤有机质的分解减缓，因而与有机质结合的有机复合态的硒向水溶态的硒转化就减少，从而土壤中被淋溶和植物吸收的硒的含量也相应地减少，使土壤硒得以富集。

表 3　中国主要土壤类型中的硒含量范围

土壤类型	硒含量 / (mg/kg)	定义
紫色土、褐土、黑垆土、红棕壤、红褐土	0.1	极低硒
亚高原草甸土、黑土、暗棕壤、白浆土、黄淮海平原潮土、东南滨海平原水稻土、黑钙土、棕钙土、栗钙土、灰钙土、荒漠土型砂土、栗钙土型砂土	0.1～0.2	低硒
灰漠土、棕漠土、荒漠带灌溉绿洲土、长江中下游平原水稻土、黄壤区水稻土、砖红壤、荒漠带盐土、盐化草甸土、磷质石灰土、石灰土、黄棕壤	0.2～0.4	中硒
黄壤、红壤、赤红壤	≥0.4	高硒

表 4　研究区主要土壤类型中硒含量统计表

土壤类型	统计参数	有机质 /%	pH	Fe$_2$O$_3$/%	Se/ (mg/kg)
红壤 （n=492）	平均值	3.08	4.91	1.79	0.45
	最小值	0.30	3.90	0.49	0.10
	最大值	11.24	5.88	6.19	1.69
水稻土 （n=118）	平均值	3.14	4.94	1.67	0.43
	最小值	0.77	3.99	0.52	0.15
	最大值	6.35	5.97	3.50	1.04
黄壤 （n=58）	平均值	3.87	5.02	2.01	0.51
	最小值	1.24	4.38	1.05	0.23
	最大值	11.08	5.92	4.56	1.07

从有效硒含量情况看，不同土壤类型中有效硒呈红壤（13.54mg/kg）>水稻土（13.45mg/kg）>黄壤（10.27mg/kg）的特点，与土壤全硒含量相反，并呈现酸性增强，有效态增加的趋势，即有效硒与 pH 呈负相关；不同土壤类型中硒的有效度呈水稻土（3.85%）>红壤（3.79%）>黄壤（3.00%）的特征，与 pH 也呈现一定的负相关关系（表 5）。研究区土壤有效硒的分析规律与浙江地区研究结果类似，不同的是含量高低和有效转化能力，浙北地区水稻土中有效硒含量与本区基本持平，但有效度为 4.2%，而且红壤中有效硒含量达 22μg/kg，有效度高达 5.6%[12]。不同土壤类型中全量硒与有效硒没有一致的对应关系，土壤全量硒高有效硒不一定高，而且同一土壤类型中硒的有效度也有差别，说明土壤硒的有效量受土壤理化性质等多种复杂因素的控制。

表5 研究区主要土壤类型中有效硒统计表

土壤类型	有效硒 /（μg/kg）				有效度 /%	pH	样品数
	平均值	变异系数	最小值	最大值			
红壤	13.54	0.66	4.57	63.34	3.79	4.87	52
水稻土	13.45	0.39	5.61	27.71	3.85	4.90	24
黄壤	10.27	0.50	5.44	21.74	3.00	4.95	9

注：有效度 = 有效硒 / 硒全量

3.2.3 土地利用方式

不同土地利用方式对土壤硒含量具有一定的影响[13]，研究区不同土地利用条件下土壤中硒平均值含量状况见表6，总体呈现林地（0.59mg/kg）> 园地（0.54mg/kg）> 旱地（0.38mg/kg）> 水田（0.33mg/kg）的趋势，森林生态系统受人类影响较小，硒的转化以风化-植物吸收-腐殖化-有机物矿化为主，并逐渐向表层土壤转移，从而被植物吸收，而农田生态系统受人类影响较大，耕层土壤硒以腐殖质化为主，利于作物吸收，虽然短时间内吸收量不大，但经过长时间的耕作，硒大量支出，同时，由于常规施肥没有补足耕作栽培消耗的硒，耕作土壤层硒收支不平衡，从而形成低硒土壤[14]。

从有效硒含量情况看，不同土地利用方式下有效硒平均含量呈水田（13.49μg/kg）> 旱地（13.06μg/kg）> 园地（12.03μg/kg）> 林地（11.37μg/kg）的趋势（表6），与不同土地利用方式下全量硒大小趋势相反。水田土壤中有效硒含量较高，有利于水稻及其轮作植物吸附富集硒，园地中有效硒含量较低，有可能影响到水果类及茶叶类对硒的吸收累积。

表6 研究区不同土地利用条件下土壤硒含量统计

土地利用		旱地	林地	水田	园地
硒 /（mg/kg）	样本数	32	213	308	115
	最大值	0.64	1.61	0.86	1.04
	最小值	0.15	0.10	0.15	0.13
	平均值	0.38	0.59	0.33	0.54
有效硒 /（μg/kg）	样本数	4	18	44	19
	最大值	27.71	28.87	24.74	29.15
	最小值	6.38	4.57	5.61	5.88
	平均值	13.06	11.37	13.49	12.03

3.2.4 土壤理化性质

（1）土壤 pH。研究区土壤 pH 的变化范围较小，最小值为3.90，最大值为5.97，整体呈现酸性及强酸性的土壤环境。土壤 pH 是土壤酸碱度的反映，是土壤物理化学性质的综合反映，它在很大程度上决定了硒存在的化学形态。研究区表层土壤硒与 pH（$P<0.01$）呈显著负相关（表7），这主要因为硒在酸性和中性条件下主要以亚硒酸盐形式存在，迁移淋溶较弱，生物有效性低，而在碱性条件下主要以硒酸盐形式存在，容易迁移且易被植物吸收利用[15]。有效硒与土壤 pH 呈负相关，但未达到显著水平，这与研究区 pH 变化范围小等有关（表8）。以往研究表明，由于耕作方式的不同，土壤 pH

对硒含量的影响也有所差异[16]，如图 3 所示，研究区内的旱地土壤 pH 与硒含量呈现显著的负相关关系，表明随着土壤酸度的增强，土壤硒含量有增加的趋势，而研究区内的水田土壤 pH 与硒全量无显著相关性，这可能与水动力冲刷作用造成水田土壤硒含量分布不均有关。

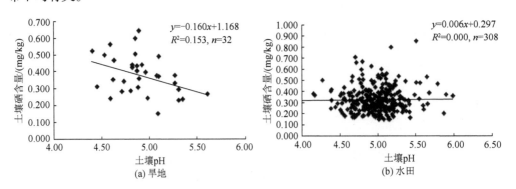

图 3 研究区土壤 pH 与硒含量相关关系

表 7 研究区表层土壤中全硒含量与其他元素含量的相关性

元素	有机质	pH	P	K	S	B	Mo	TFe$_2$O$_3$
相关系数	0.20**	-0.17**	-0.09*	-0.27**	-0.08*	0.33**	0.42**	0.62**
元素	Zn	Cu	Hg	Cd	Pb	As	Cr	Ni
相关系数	0.27**	0.25**	0.32**	-0.07	0.26**	0.35**	0.48**	0.45**

** 表示在 0.01 水平（双侧）上显著相关；* 表示在 0.05 水平（双侧）上显著相关

表 8 研究区表层土壤中有效硒含量与其他元素含量的相关性

元素	全量 Se	有机质	pH	P	K	S	B	Mo	TFe$_2$O$_3$
相关系数	0.026	-0.218	-0.204	-0.14	0.041	0.321**	0.012	-0.205	-0.321**
元素	Zn	Cu	Hg	Cd	Pb	As	Cr	Ni	
相关系数	-0.345**	-0.12	0.173	0.199	0.818**	0.222	0.296*	-0.161	

** 表示在 0.01 水平（双侧）上显著相关；* 表示在 0.05 水平（双侧）上显著相关

（2）土壤有机质。有机质是土壤最为重要的组成成分之一，是土壤众多元素重要的载体，对土壤物理及化学性状都有重要的影响。有机质对硒的影响主要表现为吸附和固定作用，有机质含量越丰富的土壤，对于土壤中硒的吸附能力也就越强，土壤中含硒量也相对越高，以往的研究表明土壤有机质对全量硒有较显著影响，有机质含量与土壤硒含量存在较高的正相关关系[13,17,18]。本次研究的相关分析表明全量硒与土壤有机质显著正相关（$P<0.01$）（表 7），表明有机质对硒具有一定的吸附和固定作用，硒能够以腐殖质络合的形态存在并在土壤中固定下来，而研究区有效硒与土壤有机质呈负相关，但未达到显著水平（表 8），表明研究区土壤有机质含量越高，与有机质结合的有机复合态硒向水溶态的硒转化就越少，从而土壤中的有效态硒就越少。

（3）金属氧化物 TFe$_2$O$_3$。金属氧化物 TFe$_2$O$_3$ 对表生环境中硒的存在具有深远的影响，

硒与 TFe_2O_3 的结合与硒的存在形态密切相关，在某些硒形态划分上，特以铁锰氧化结合态作为一种类型。土壤中 TFe_2O_3 对硒的影响主要表现为吸附固定作用。本次研究的相关分析表明硒与 TFe_2O_3 呈显著正相关关系（$P<0.01$）（表7），表明土壤中铁氧化物及黏土矿物对硒具有吸附作用，而研究区有效硒与 TFe_2O_3 呈显著负相关关系（$P<0.01$）（表8），表明在湿润和酸性土壤中，硒主要以亚硒酸盐形式存在，且倾向于与铁的半倍氧化物形成较难溶的配合物和化合物[19]，从而造成土壤中有效硒的含量降低。

（4）重金属元素。As、Cd、Hg、Pb、Zn、Cu 等重金属矿床多由硫化物矿体富集而成，而硒和硫具有相似的化学性质，两者形成广泛的类质同象关系，所以原生矿物中硒与上述金属存在着一定的伴生关系，虽在演变形成土壤中发生了一系列的崩解和分解作用，但由于成土母质的继承性，土壤中硒仍与 As、Cd、Hg、Pb、Zn、Cu 等重金属元素表现出来一定的正相关关系[20]。本次研究的相关分析表明，除 Cd 以外，研究区土壤的重金属含量与硒含量均具有显著的正相关关系（$P<0.01$）（表7）。硒与 Cr 和 Ni 呈显著正相关关系（$P<0.01$），表明硒主要来源于成土母质，这是由于 Cr 和 Ni 属于亲铁元素，研究认为土壤 Cr、Ni 主要受控于成土母质[21]。除 Zn、Pb 和 Cr 以外，其他重金属含量与有效硒含量均无极显著和显著相关关系。有效硒与 Pb 的相关系数达到 0.818（表8），说明工作区土壤中有效硒与铅发生了强烈的伴生关系。

3.3 农产品硒含量特征

本次研究总共调查采集 73 件农产品，均无重金属超标，其中采集 54 件水稻样品，发现 45 件样品为天然富硒水稻，富硒率达到 83.33%，采集 6 件甘薯样品，发现 4 件样品富硒，采集 1 件黄豆样品，该件黄豆样品富硒，采集的 3 件花生样品均不富硒（表9）。茶叶是寿宁县的传统支柱产业，2011 年全县 14 个乡镇约有茶园 13.4 万亩，年产量 1.1 万 t，产值 1.77 亿元，调查采集的 9 件茶叶样品，其硒含量均远低于农业部《富硒茶》（NY/T 600—2002）标准限值（0.25 ～ 4.00mg/kg），若以中国食品工业协会花卉食品专业委员会《"中国富硒食品标志"行业管理规范》中茶叶硒含量指标要求（0.05 ～ 5.00mg/kg）为准，有 6 件样品达到了富硒水平。

表 9 研究区农作物中硒元素含量统计表

作物	类型	硒含量 /（mg/kg）			样本数	评价	参考标准
		最大值	最小值	平均值			
粮食类	水稻	0.077	0.009	0.038	54	45 件富硒	国标
	甘薯	0.020	0.009	0.013	6	4 件富硒	地标
经济类	黄豆		0.48		1	富硒	地标
	花生	0.066	0.028	0.051	3		地标
	茶叶	0.070	0.037	0.053	9		

注：水稻、黄豆、茶叶、花生中硒含量为干基，甘薯中硒含量为湿基；《富硒稻谷》（GB/T 22499—2008）；《富硒食品硒含量标准》（DBD36/T 566—2009）

依据《土壤环境质量标准》（GB 15618—1995），对研究区表层土壤环境质量进行评价，研究区Ⅰ、Ⅱ类土壤面积占到总面积的 98.45%，Ⅲ类土壤面积占总面积的 1.55%，无Ⅳ类土壤。由此可见，研究区土壤环境质量良好，为开发富硒农产品提供了有利条件。

4 结 论

（1）研究区表层土壤硒含量为 0.10 ～ 1.69mg/kg，平均值为 0.44mg/kg，高于世界土壤表层平均值 0.20×10^{-6} 和全国土壤 A 层平均含量 0.29×10^{-6}，总体达到富硒水平。有效硒含量范围为 4.57 ～ 29.15μg/kg，平均值为 12.70μg/kg。

（2）研究区侏罗系南园组四段发育的土壤中硒含量最高，平均值为 0.49mg/kg，侏罗系南园组三段发育的土壤中有效硒含量最高，平均值为 13.35μg/kg；不同土壤类型硒平均含量呈现出黄壤 > 红壤 > 水稻土的特点，而有效硒呈现红壤 > 水稻土 > 黄壤的特点；不同土地利用条件下土壤中硒平均值含量呈现出林地 > 园地 > 旱地 > 水田的趋势，而有效硒平均含量呈现出水田 > 旱地 > 园地 > 林地的趋势。

（3）研究区表层土壤硒与 pH（$P<0.01$）呈显著负相关，而有效硒与土壤 pH 呈负相关关系，未达到显著水平，旱地土壤 pH 与硒含量呈现显著的负相关关系，而水田土壤 pH 与硒全量无显著相关性；全量硒与土壤有机质具有显著正相关关系（$P<0.01$），而有效硒与土壤有机质呈负相关关系，但未达到显著水平；硒与 TFe_2O_3 呈显著正相关关系（$P<0.01$），而有效硒与 TFe_2O_3 呈显著负相关关系；除 Cd 以外，研究区土壤的重金属含量与硒含量均具有显著的正相关关系（$P<0.01$），除 Zn、Pb 和 Cr 以外，其他重金属含量与有效硒含量均无极显著和显著相关关系。

（4）研究区种植的部分水稻、甘薯和黄豆的硒含量超过相应的富硒标准，特别是水稻富硒率达到 83.33%，而且研究区土壤环境基本上处于清洁和尚清洁，土壤环境质量良好，为开发富硒农产品提供了有利条件。

参 考 文 献

[1] Rayman M P. The importance of selenium to human health[J]. The Lancet, 2000, 356(9225): 233-241.

[2] 杨光圻，王光亚. 我国克山病的分布和硒营养状态的关系 [J]. 营养学报，1982, 4(3): 191.

[3] Zhu Y G, Pilon-Smits E A H, Zhao J, *et al.* Selenium in higher plants: Understanding mechanisms for biofortification and phytoremediation[J]. Trends in Plant Science, 2009, 14(8): 436-442.

[4] 侯少范. 中国低硒带人群硒营养状态的变化趋势与成因分析 [J]. 地理研究，2000, 19(2): 134-140.

[5] Lisk D J. Trace metals in soils, plants, and animals[J]. Advances in Agronomy, 1972, 24: 267-325.

[6] 刘铮. 中国土壤微量元素 [M]. 南京：江苏科学技术出版社，1996.

[7] 谭见安. 中华人民共和国地方病与环境图集 [M]. 北京：科学出版社，1990.

[8] 布和敖斯尔，张东威，刘力. 土壤硒区域环境分异及安全阈值的研究 [J]. 土壤学报，1995, 32(2): 186-193.

[9] 王美珠，章明奎. 我国部分高硒低硒土壤的成因初探 [J]. 浙江农业大学学报，1996, 22(1): 89-93.

[10] 李健. 环境背景值数据手册 [M]. 北京：中国环境科学出版社，1989.

[11] 李家熙，张光第，葛晓云，等. 人体硒缺乏与过剩的地球化学环境特征及其预测 [M]. 北京：地质

出版社, 2000.

[12] 汪庆华, 唐根年, 李睿, 等. 浙江省特色农产品土地地质背景研究 [M]. 北京: 地质出版社, 2007.

[13] 章海波, 骆永明, 吴龙华, 等. 香港土壤研究 II. 土壤硒的含量、分布及其影响因素 [J]. 土壤学报, 2005, 42(3): 404-410.

[14] 徐文, 唐文浩, 邝春兰, 等. 海南省土壤中硒含量及影响因素分析 [J]. 安徽农业科学, 2010, 38(6): 3026-3027.

[15] 朱建明, 梁小兵, 凌宏文, 等. 环境中硒存在形式的研究现状 [J]. 矿物岩石地球化学通报, 2003, 22(1): 75-81.

[16] 黄春雷, 宋明义, 魏迎春. 浙中典型富硒土壤区土壤硒含量的影响因素探讨 [J]. 环境科学, 2013, 34(11): 4405-4410.

[17] 王金达, 于君宝, 张学林. 黄土高原土壤中硒等元素的地球化学特征 [J]. 地理科学, 2000, 20(5): 469-473.

[18] 胡艳华, 王加恩, 蔡子华, 等. 浙北嘉善地区土壤硒的含量、分布及其影响因素初探 [J]. 地质科技情报, 2010, 29(6): 84-88.

[19] 杨忠芳, 余涛, 侯青叶, 等. 海南岛农田土壤 Se 的地球化学特征 [J]. 现代地质, 2012, 12(5): 837-849.

[20] 邱家骧. 岩浆岩岩石学 [M]. 北京: 地质出版社, 1985.

[21] Rodríguez Martín J A, Arias M L, Grau Corbí J M. Heavy metalscontents in agricultural topsoils in the Ebro basin (Spain). Applicationof the multivariate geoestatistical methods to study spatialvariations[J]. Environmental Pollution, 2006, 144(3): 1001-1012.

杭州市城北某区大气干湿沉降重金属元素通量分析

肖　华 [1,2]，解怀生 [1,2]，陈国锋 [1,2]，范燕燕 [1,2]

（1. 浙江省地质调查院，杭州 311203；
2. 中国地质调查局农业地质应用研究中心，杭州 311203）

摘要： 杭州市城北是重要的蔬菜生产基地，直接保障着杭州及周边城市的蔬菜供应。土壤重金属的含量直接影响着蔬菜的品质安全，而大气干湿沉降是土壤重金属的重要来源。因此，开展大气干湿沉降调查及研究对于讨论其对土壤环境的影响具有重要的意义。2014 年 5 月 22 日～2015 年 7 月 28 日收集大气干湿沉降样品 7 件。通过国土资源部杭州矿产资源监督检测中心检测了大气干湿沉降样品的八项重金属含量指标，计算了重金属元素沉降通量和大气干湿沉降若干年后对土壤的影响。结果表明：重金属在杭州市城北某区大气干湿沉降中的沉降量表现为 Zn>Cu>Pb>Cr>Ni>As>Cd>Hg；Zn、Cu、Cr 这三项在不同地区的沉降差异性较大，其他元素的差异性并不明显；杭州市城北某区大气干湿沉降中重金属元素的沉降通量处于正常水平；Cr、Ni、Hg、As 累积速率相对较慢，Pb、Cu、Zn 累积速率相对较快，Cd 的累积速率最快；100 年后，土壤中 Pb、Cu、Cd 有超标的可能。

关键词： 杭州市城北；土壤重金属；大气干湿沉降；累积速率

0 引　言

随着全球经济的迅猛发展和工业化进程的加快，我国土壤重金属污染事件频频暴露出来。大气干湿沉降是重金属物质进入土壤的一种重要途径，是影响土壤生态系统安全的重要因素。重金属元素可通过煤等化石燃料的燃烧、机动车的尾气释放、工业废气和粉尘的排放等方式进入大气，然后通过干湿沉降的方式不同程度地富集在土壤

基金项目：浙西北地区 1∶25 万多目标地球化学调查项目（1212011080001500012-04）。
作者简介：肖华（1983—），男，硕士，地质工程师，主要从事土地质量地球化学调查方面的工作。E-mail：paikey@163.com。

中。土壤重金属元素含量的增加，会在不同程度上转移到农作物中，对人类的身体健康产生直接影响。杭州市城北是重要的蔬菜生产基地，直接保障着杭州及周边城市的蔬菜供应。因此，研究大气干湿沉降对土壤环境的影响不仅具有重要的意义，也与群众的生活息息相关。

1 样点布设与样品采集

本研究区为杭州市城北某区的四个乡镇街道，面积约 296km²。此次研究共放置 7 个大气沉降桶。考虑到各个镇（街道）工业分布、面积与人口不同，在每个镇（街道）放置的大气沉降桶数量也不一样（图 1）。

样品收集采用的是集尘塑料桶，接收口内径 32cm，桶高 60cm。大气沉降桶在使用之前用 10% 稀盐酸浸泡 24 小时，然后用蒸馏水清洗干净，放置阴干后盖上塑料盖密封好。放置点为当地居民楼顶平台，平台高度为 8 ～ 12m，避开了主干道路、餐饮和工矿企业。大气沉降桶接收口用塑料网（网眼较大）覆盖，用以防止落叶等杂物飘入。沉降桶放置在高 80cm 的三角铁架上，接收口离楼顶平台 140cm。大气沉降桶放置时间为 2014 年 5 月 22 日，回收时间为 2015 年 7 月 28 日，放置时长为 433 天。

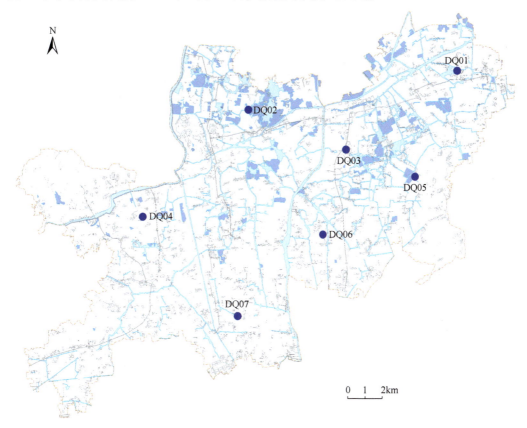

图 1 大气干湿沉降采样点位

由于桶内大气干湿沉降物较多，在样品采集时，首先将装有大气干湿沉降物的塑料桶一起称重；然后用玻璃棒将大气干湿沉降物搅匀，取 3000mL 左右大气干湿沉降物装瓶密封，当天送实验室检测。

2 样 品 检 测

委托浙江省地质矿产研究所（国土资源部杭州矿产资源监督检测中心）对大气干湿沉降样品进行检测。大气干沉降物检测重量，大气湿沉降物检测密度和体积，大气干湿沉降物都检测的元素指标有 Cd、Hg、Pb 等八项。其中，As 和 Hg 采用 AFS-230E 原子荧光光度计测定，其余重金属元素采用全谱直读电感耦合等离子发射光谱法（ICP-AES）测定。分析测试采用国家一级标准物质（GSS 系列）进行准确度监控。监控结果表明，各重金属元素测试精密度均为 5% 左右；抽取 25% 的样品进行重复性检验，相对双差（双份结果的相对误差）为 10% 左右，均小于 40% 的允许限，分析合格率均达到 100%。

3 结 果 与 讨 论

3.1 元素沉降通量分析

根据测试出的重金属元素在干沉降中的质量分数和在湿沉降中的质量浓度可计算出日均沉降量：

$$F_i = (C_i \times W_g + C_{mi} \times V_s) / (N \times S) \tag{1}$$

式中，F_i 为重金属 i 的日均大气干湿沉降量，mg/（$m^2 \cdot d$）；C_i 为大气干沉降中 i 元素的质量分数，mg/kg；W_g 为大气干沉降的质量，kg；C_{mi} 为大气湿沉降中 i 元素的质量浓度，mg/mL；V_s 为大气湿沉降的体积，mL；N 为样品采集天数，d；S 为采样桶接收口面积，m^2。

根据重金属日均大气干湿沉降通量，可计算出年均大气干湿沉降通量：

$$T_i = 365 F_i \tag{2}$$

式中，T_i 为重金属 i 的年均大气干湿沉降通量，mg/（$m^2 \cdot a$）。

从表 1 中可以看出，重金属在杭州市城北某区大气干湿沉降中的沉降量表现为 Zn>Cu>Pb>Cr>Ni>As>Cd>Hg。这与汤洁等对大庆市大气干湿沉降的结果基本一致[1]。

各重金属元素的沉降通量也存在明显的差异。Zn 的沉降通量最大，且明显高于其他重金属元素；Cu、Pb、Cr 次之，且这三项水平较一致，相差不大；Ni 和 As 的沉降通量较低；Cd 和 Hg 的沉降通量最低。Zn、Cu、Pb、Cr 的沉降总量最大，这种重金属元素的组合特征通常被认为与机动车尾气排放和燃煤等输入源有关[2]。截至 2015 年年底，杭州市主城区机动车辆保养量为 126 万辆。这一数据与上述观念相吻合。

在不同地区，各重金属的沉降通量也有差别。其中，Zn、Cu、Cr 这三项在不同地区的沉降差异性较大，其他元素的差异性并不明显。

表 1　杭州市城北某区重金属元素沉降通量　[单位：mg/（m² · a）]

样品号	Cd	Hg	Pb	As	Cr	Zn	Cu	Ni
DQ01	0.46	0.041	11.40	1.24	14.53	69.58	41.55	4.72
DQ02	0.27	0.041	10.97	1.15	9.48	74.37	16.17	4.11
DQ03	0.38	0.041	15.19	2.07	10.35	134.65	12.95	4.62
DQ04	0.30	0.031	9.53	1.08	7.00	56.05	12.40	3.26
DQ05	0.46	0.038	12.41	1.22	9.93	80.40	10.38	4.54
DQ06	0.45	0.044	16.40	1.96	14.54	122.86	12.43	5.07
DQ07	0.42	0.045	10.29	1.28	10.39	63.46	12.98	4.06
均值	0.39	0.04	12.32	1.43	10.89	85.91	16.98	4.34

3.2　元素沉降通量对比分析

计算出杭州市城北某区的大气干湿沉降的重金属元素沉降通量的平均值后，再与其他地区进行对比分析。由于时间和经济组成结构的不同，不同地区在重金属元素沉降通量上存在显著差异性。

由表 2 可见，Pb、Cr 和 Ni 的年沉降通量明显小于其他地区，其他元素处于中间水平。与浙江省平均水平比较，Hg 和 As 略微超出，Cr 和 Ni 稍小于平均水平，Cd、Pb、Zn 和 Cu 则要远低于平均水平。这说明，较之浙江全省平均量，杭州市城北某区大气干湿沉降中重金属元素的沉降通量处于正常水平。

值得注意的是，Zn 和 Cu 的年沉降通量高于大部分城市。大气干湿沉降对地表及空气环境质量的影响应该引起关注。

表 2　不同地区大气干湿沉降重金属元素沉降通量　[单位：mg/（m² · a）]

研究地区	Cd	Hg	Pb	As	Cr	Zn	Cu	Ni
杭州市城北某区（2014～2015 年）	0.39	0.040	12.32	1.43	10.89	85.91	16.98	4.34
浙东沿海某地区 [3]	1.40	0.051	124.21	1.13	14.68	1141.95	710.85	15.15
浙江省平均值 [3]	0.75	0.033	35.43	1.20	14.13	273.23	93.96	6.34
长春市（2006～2007 年） [4]	0.25	—	12.31	—	10.67	48.15	8.22	—
天津市城区（2006～2007 年） [5]	0.77	0.114	71.00	—	—	420.00	—	—
大庆市（2008～2009 年） [1]	0.17	0.030	15.71	0.81	17.85	78.81	—	—
北京市（2005～2006 年） [6]	0.24	0.024	22.00	2.90	11.86	54.49	14.20	6.60
湖北省云梦县（2009～2010 年） [7]	0.67	0.053	16.57	1.75	19.35	97.96	10.00	5.79

3.3　大气干湿沉降对表层土壤重金属累计的潜在影响

大气干湿沉降物沉降至土壤中后，如果其沉降元素来源于土壤，则大气干湿沉降对土壤基本不产生影响；如果其沉降元素来源于人为因素，则会使土壤中对应的元素含量增加。

为了简单分析大气干湿沉降对土壤的影响，假定大气干湿沉降是影响土壤中重金属含量的唯一原因，且重金属沉降通量保持不变，不考虑施肥、灌溉、作物带出的影响，可用式（3）计算若干年后土壤中重金属元素的含量：

$$C_n = \frac{nQ + C_i \times W_s}{nW_g + W_s} \tag{3}$$

式中，C_n 为大气干湿沉降输入 n 年后土壤中重金属元素的含量，mg/kg；n 为大气干湿沉降输入的时间，a；Q 为每平方米土壤中重金属元素的大气干湿沉降年输入总量，mg/a；C_i 为土壤中元素的现时含量，mg/kg；W_s 为每平方米土壤耕作层（0～20cm）的质量，kg（根据《浙江土壤》，水稻土表层容重平均值以 1.08g/cm³ 计算，为 216kg）；W_g 为每平方米范围内大气干湿沉降的年输入总量，kg/a。

由表 3 可知，大气干湿沉降造成了表层土壤中重金属元素不同程度的累积。其中，Cr、Ni、Hg、As 累积速率相对较慢，在 100 年内，增加含量小于 10%；Pb、Cu、Zn 累积速率相对较快，在 100 年内，元素质量分数提高了 15%～35%；Cd 的累积速率最快，在 100 年内，质量分数提高了 82%。根据《土壤环境质量标准》（GB 15618—1995），100 年后，土壤中 Pb、Cu、Cd 有超标的可能。由此可见，大气干湿沉降是表层土壤重金属的重要来源之一，对人类健康的影响不可忽视。

表 3　杭州市城北某区表层土壤受大气干湿沉降影响 （单位：mg/kg）

时间	Cd	Hg	Pb	As	Cr	Zn	Cu	Ni
2014 年	0.21	0.17	31.48	5.53	79.34	100.87	31.44	31.97
2024 年	0.22	0.17	31.98	5.59	79.67	104.55	32.17	32.17
2034 年	0.24	0.17	32.47	5.64	80.00	108.22	32.89	32.37
2064 年	0.29	0.18	33.95	5.79	80.97	119.08	35.04	32.98
2114 年	0.37	0.18	36.35	6.05	82.57	136.80	38.58	33.98

4　结　论

（1）重金属在杭州市城北某区大气干湿沉降中的沉降量表现为 Zn>Cu>Pb>Cr>Ni>As>Cd>Hg。各重金属元素的沉降通量也存在明显的差异，Zn 的沉降通量最大，Cu、Pb、Cr 次之，Ni 和 As 的沉降通量较低；Cd 和 Hg 的沉降通量最低。Zn、Cu、Cr 这三项在不同地区的沉降差异性较大，其他元素的差异性并不明显。

（2）较之浙江全省平均量，杭州市城北某区大气干湿沉降中重金属元素的沉降通量处于正常水平。

（3）Cr、Ni、Hg、As 累积速率相对较慢；Pb、Cu、Zn 累积速率相对较快；Cd 的累积速率最快。100 年后，Pb、Cu、Cd 有超标的可能。

参 考 文 献

[1] 汤洁, 李娜, 李海毅, 等. 大庆市大气干湿沉降重金属元素通量及来源 [J]. 吉林大学学报 (地球科学版), 2012, 42(2): 507-513.

[2] Wong C S C, Li X D, Zhang G , et al. Atmospheric deposition of heavy metal in the Pearl River Delta, China[J]. Atmos Environ, 2003, 37: 767-776.

[3] 黄春雷, 宋金秋, 潘卫丰. 浙东沿海某地区大气干湿沉降对土壤重金属元素含量的影响 [J]. 地质通报 , 2011, 30(9): 1434-1441.

[4] 杨忠平, 卢文喜, 龙玉桥. 长春市城区重金属大气干湿沉降特征 [J]. 环境科学研究 , 2009, 22(1): 28-34.

[5] 侯佳渝, 刘金成, 曹淑萍, 等. 天津市城区大气干湿沉降地球化学研究 [J]. 地质调查与研究 , 2013, 36(2): 131-135.

[6] 丛源, 陈岳龙, 杨忠芳, 等. 北京平原区元素的大气干湿沉降通量 [J]. 地质通报 , 2008, 27(2): 257-264.

[7] 徐宏林, 李定远, 杨军, 等. 湖北省云梦县重金属元素大气干湿沉降通量初探 [J]. 资源环境与工程 , 2015, 29(6): 816-821.

河道（湖泊）底泥调查及资源可利用性评价
——以海盐地区为例

康占军，卢新哲，岑　静，冯立新，潘卫丰，陈国锋

（浙江省地质调查院，杭州 311203）

摘要： 浙江省委十三届四次全会提出的"五水共治"，在取得了硕果的同时，也为污泥处理带来巨大压力。本文以海盐地区为例，通过河道（湖泊）底泥调查、分析及评价，认为区域内河道底泥总体质量较好，养分元素含量较高，存在问题相对集中，其中尤角村—华星村河段 Cu、Zn、Cd 等元素超标，为清淤河道的就地处理、污泥肥用及重点治理提供依据。

关键词： 河道（湖泊）底泥；重金属元素；养分元素

0 引 言

浙江省委十三届四次全会提出的"五水共治"（治污水、防洪水、排涝水、保供水、抓节水），是推进"两美"浙江建设的重点措施之一，由省政府牵头组成领导小组，计划每年整治疏浚 2000km 河道。虽然浙江大学严建华教授研制的污泥处理设备每天可处理污泥 12600 多吨，但是面对如此庞大的土方量全部经设备处理既浪费财力，又需大面积的堆放空间，而其他学者[1-9]从科学研究角度对重金属元素形态等进行了研究，因此，本文以海盐县河道（湖泊）底泥调查为例，研究其资源可利用性，为浙江省乃至更大范围内开展河道（湖泊）治理工作提供参考依据。

1 研究区概况

海盐县位于浙江省北部杭嘉湖平原，陆地总面积 534.73km²，东濒杭州湾，西南邻

基金项目：浙江省海盐地区多目标地球化学评价示范（12120113002100）资助。

作者简介：康占军（1982—），男，工程师，主要从事农业地质环境研究工作。E-mail：kangzj1115@163.com。

海宁市，北连平湖市和秀洲区，为平原水网区，河道、湖泊等水域面积96.26km²，境内河道纵横，总长1526.2km，骨干河流有盐嘉河、盐平塘、长山河、大横港，以及千亩荡、南北湖等湖泊。海盐县作为杭嘉湖南排出海口，来自海宁、嘉兴等的客水，从西或西北入境，经大横港、长山河、盐嘉塘、盐平塘等排入钱塘江杭州湾。上游及本地区的金属制造、造纸、纺织、皮革、生活用水等加重了境内河流水系的环境压力，在密集的河网内长期积累了多种有害物质，全县水质常年处于Ⅴ类、劣Ⅴ类，为配合"五水共治"行动，2014年清理河道220km，清淤河道207km，仅澉浦镇就清淤土方量45000m³左右。

2 样品采集与分析

本次调查采样点布设在海盐县市、县级水质检测点处（图1），可有效控制各主干河道及湖泊，在平水期，使用活塞式柱状沉积物采样器抽取河道（湖泊）底泥垂向沉积柱30cm，并采用横断面式多点采样进行组合，共采集组合样品22件，其中采集50cm沉积柱样品1组，样品密封于保鲜袋中，室内静置沉淀，滤除上层清液后，经自然风干，过20目筛后送检。实验室人员在加工前，首先将样品在小于60℃恒温干燥箱内充分烘干，混匀后除去非土壤杂质，按各检测指标的分析测试方法（表1）进一步加工。检测指标包括pH、8项重金属元素及养分元素等13项，检测单位为国土资源部杭州矿产资源监督检测中心。

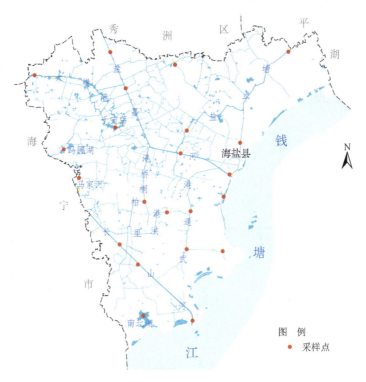

图1 海盐县河道（湖泊）底泥采样点位分布图

表 1　河道（湖泊）底泥处理方法及分析方法

处理方法		测定方法	测试指标	执行标准
5.0g 样品	粉末压饼法	X 射线荧光光谱法（XRF）	P、K₂O、Cr、Pb、Zn	《多目标区域地球化学调查规范（1：250000）》（DD2005-01）、《生态地球化学评价样品分析方法和技术要求》（DD2005-03）
0.05g 样品硝酸、盐酸、氢氟酸、高氯酸四酸溶样	直接测定	电感耦合等离子体质谱法（ICP-MS）	Cu、Ni、Cd	
0.5g 样品，王水溶样	KBH₄ 还原、氢化法	原子荧光光谱法（AFS）	As、Hg	
0.5g 样品硫酸分解	重铬酸钾氧化	氧化还原滴定法	有机质	
1.0g 样品	硫酸分解-加浓碱蒸馏	酸碱滴定法	N	
10.0g 样品，水浸取	直接测定	pH 计电极法（ISE）	pH	

3　结果与讨论

3.1　河道（湖泊）底泥地球化学特征

总体上，各河段河道（湖泊）底泥均为中-碱性，pH 在 6.34 ～ 7.71；养分元素中 K₂O、P 略高于杭嘉湖土壤[3]、海盐县土壤平均值，而有机质、N 虽平均值低于上述二者土壤平均值，但最大值分别为杭嘉湖土壤平均值的 2.87 倍、3.64 倍；重金属元素中除 Hg 外，均高于上述二者土壤平均值，其中 Cu、Zn、Cd 分别为杭嘉湖土壤平均值的 2.58 倍、2.92 倍、2.17 倍（表 2）。

表 2　海盐县河道底泥元素相关参数表

参数	养分元素				重金属元素							
	有机质	K₂O	P	N	As	Hg	Cu	Pb	Zn	Cr	Ni	Cd
平均值	2.0739	2.743	1245	1269	8.9	0.12	79.6	36.74	270.5	102.8	37.9	0.33
最大值	8.5	3.42	2236	5305	17.3	0.39	733.8	96	890.1	186.2	60.0	0.81
最小值	0.75	2.27	535	475	5.2	0.04	24.9	21.7	91.6	63.7	21.9	0.10
标准差	1.7955	0.288	552	1060	2.9	0.09	150.4	15.03	202.5	33.3	8.4	0.22
变异系数	0.8658	0.105	0.44	0.84	0.33	0.69	1.89	0.409	0.75	0.32	0.22	0.64
海盐县土壤平均值	2.96	2.52	688	1947	7.4	0.16	31.9	31.4	94.1	84.7	36.4	0.17
杭嘉湖土壤平均值		2.44	763	1458	7.59	0.16	30.9	30.3	92.7	77.5	32.4	0.152

注：K₂O、有机质单位为 %；其余单位为 mg/kg

3.2　资源可利用性评价

3.2.1　评价体系

本文对河道底泥的环境质量评价首先按照《农用污泥中污染物控制标准》（GB 4284—1984）规定的农田适用污泥中重金属元素的最高容许含量，超标样点控制河段的底泥应禁止还田；再按照《土壤环境质量标准》（GB 15618—1995）进一步筛选，Ⅰ 级、Ⅱ 级为可还田底泥，Ⅲ 级为限制还田底泥，超 Ⅲ 级则为禁止还田底泥；最后按照《浙江省耕地质量调查土壤养分分级标准（2004）》对底泥进行养分丰缺评价，中等以上为农用肥料底泥，评价流程如图2所示。

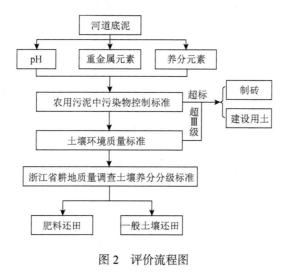

图 2 评价流程图

3.2.2 适用农用污泥评价

按照《农用污泥中污染物控制标准》（GB 4284—1984），本次采集的样品中，超标点共有 2 处，分别位于盐嘉塘北段尤角村（尤角村砖厂）及长潵河秦兴桥（秦山核电站厂门外）处。前者锌元素含量 890mg/kg，为限量值 1.78 倍；后者铜元素含量 734mg/kg，为限量值 1.47 倍。两处河道段底泥应禁止农用还田，经处理后可用于制砖、城市绿化及建设用地土方填埋等。

3.2.3 适用土壤环境质量评价

按照《土壤环境质量标准》（GB 15618—1995），对河道底泥进行环境质量评价（表3）。结果显示，Ⅱ级 13 处，主要分布在长山河、南北湖、马腰湖、武通港和盐平塘中；Ⅲ级 7 处，集中分布在城镇周边，在大横港上游、盐嘉塘下游及沿海地区；超Ⅲ级 2 处，位于盐嘉塘北段尤角村及长潵河秦兴桥处，与农用污泥评价超标点相同，主要为 Cu、Zn 超标。Ⅱ级河段底泥可就地自然风干、粉碎后，直接还田，盐嘉塘主河道及其他几处Ⅲ级河段底泥应限制还田，超Ⅲ级河段底泥禁止还田，建议用于制砖或其他建设用土。

表 3 海盐县河道底泥环境质量评价统计表

级别	样品数	比例 /%	超标元素
Ⅰ级	0	0	
Ⅱ级	13	59.09	Hg、Cu、Pb、Zn、Cr、Ni、Cd
Ⅲ级	7	31.82	Zn、Ni、Cd
超Ⅲ级	2	9.09	Hg、Cu、Zn、Cr、Ni、Cd

3.2.4 适用施肥养分丰缺评价

按照浙江省农业科学院提供的《浙江省耕地质量调查土壤养分分级标准（2004）》进行养分丰缺评价，其中 10 处 N、P、K$_2$O 及有机质含量在中等以上，主要为有机质、N 含量丰富，但 2 处与超Ⅲ级河段相同，6 处与Ⅲ级河段相同，仅千亩荡、盐平塘下游可作氮肥、有机肥使用。

与海盐县表层土壤养分元素平均值对比，发现底泥中的 K$_2$O、P 含量普遍高于表层土壤平均值，分别为 K$_2$O 15 处、P 16 处。本文认为，海盐县河道（湖泊）底泥大部分可直接还田，有利于提高土壤中养分元素含量，既不污染环境，又可减少化肥施用量。

4 结 论

（1）海盐县河道（湖泊）底泥总体质量较好，养分元素含量较高，环境质量问题相对集中，资源可利用性强，海盐塘、大横港为重点治理河段。

（2）长山河、盐平塘、千亩荡河段底泥重金属元素含量相对较低，且 pH 多为中性、碱性，经就地风干、粉碎后，可直接作为土壤还田，同时 K、P 含量高于海盐表层土壤平均值，可对土壤养分在一定程度上有所补充。

（3）盐嘉河、大横港河底泥中 Pb、Zn、Hg、Cd 等重金属含量超标，但含有较丰富的有机质、N、P、K 等养分元素，经设备处理后，进一步检测其重金属含量，符合标准才可用作肥料还田。

（4）秦兴桥处河道底泥呈黑色，Pb、Zn、Hg、Cd、Cu 等重金属元素超标，且不符合农用污泥重金属元素限量标准，禁止还田，应制砖或作为建设用地填埋土方。

参 考 文 献

[1] 黄光明, 周康民, 汤志云, 等. 土壤和沉积物中重金属形态分析 [J]. 土壤, 2009, 41(2): 201-205.

[2] 李军. 湘江长株潭段底泥重金属污染分析与评价 [D]. 湖南大学硕士学位论文, 2008.

[3] 王正方, 应时理, 何祖文, 等. 浙江沿岸第四纪沉积物中重金属形态的初析 [J]. 东海海洋, 1986, 4(1): 62-68.

[4] 张琪, 袁旭音. 长江下游不同水域沉积物中重金属形态研究 [J]. Conference on Environmental Pollution and Public Health, 2010, 978-1-935068-16-7: 1352-1356.

[5] 姚志刚, 鲍征宇, 高璞, 等. 湖泊沉积物中重金属的环境地球化学 [J]. 地质通报, 2005, 24(10-11): 997-1001.

[6] 沈敏, 于红霞, 邓西海, 等. 长江下游沉积物中重金属污染现状与特征 [J]. 环境监测管理与技术, 2006, 18(5): 16-20.

[7] 张辉, 马东升. 长江（南京段）现代沉积物中重金属的分布特征及形态研究 [J]. 环境化学, 1997, 16(5): 431-434.

[8] 孟繁宇, 姜珺秋, 赵庆良, 等. 脱水污泥改良盐碱化土壤及重金属形态变化 [J]. 黑龙江大学自然科学学报, 2013, 30(3): 368-375.

[9] 乔显亮, 骆永明, 吴胜春. 污泥的土地利用及其环境影响 [J]. 土壤, 2000(2): 79-85.

湖州市主要水域底泥重金属特征分析

褚先尧[1]，简中华[1,2]，陈国锋[1]，吕海钰[1]，肖　华[1]，刘军保[1]

（1.浙江省地质调查院，杭州 311203；2.中国地质大学（武汉），武汉 430074）

摘要： 在研究区主要水域中，采集调查了 28 件底泥样品，分析了镉、汞、砷、铅等重金属含量，对比发现，研究区底泥重金属含量大多低于中国湖泊底泥平均值，低于或相当于湖州市土壤环境背景值；评价显示，主要水域中底泥重金属含量不高，少数底泥样品镉、锌和汞存在轻微或轻度污染；参照《农用污泥中污染物控制标准》（GB 4284—1984），移岩山漾湿地底泥样品中锌元素超标，其他水域中底泥属于安全类底泥；采用瑞典学者 Hakanson 提出的潜在生态危害指数法对各水域底泥中的重金属进行了潜在生态危害评价，结果表明各水域底泥中呈现出中等生态危害或强生态危害，贡献因子主要为镉，其次为汞，主要受影响的水域为长山漾、移岩山漾和西山漾湿地。本文的研究成果为疏浚底泥的直接利用、湿地资源的保护开发提供了科学依据。

关键词： 底泥；重金属污染；潜在生态危害；湖州市

0 引　言

　　湖州市地处浙江省杭嘉湖平原北部，濒临太湖，大部分地区为水网平原，有东苕溪、西苕溪及众多湖泊，湿地资源丰富，湖州市因具有特色的湿地资源已成为浙江省内首个湿地资源保护示范市。底泥是水体的重要组成部分，可以吸附水体中的污染物，降低水质污染程度，其中重金属含量比相应水相中的含量高很多倍[1]。人类活动产生的包括重金属在内的外源性物质不断进入水体底泥，其中的污染物质可直接或间接地对水生生物产生致毒致害作用，并通过生物富集、食物链放大等过程进一步影响陆地生物和人类[2,3]。水体中的重金属易由水相转入固相[4]，底泥作为水体重金属污染的载体和指示剂，其中重金属的浓度可以间接反映水体的污染程度。随着工业经济的不断发展，湖泊底泥的污染已严重妨碍了水域功能的正常发挥，为此，本次研究对湖州市市本级各主要水域中底泥重金属含量特征进行了采样分析，旨在查明研究区底泥重金属分布规律及潜在的生态

基金项目：湖州市市本级农业地质环境调查项目（〔省资〕2013003）。
作者简介：褚先尧（1977—），男，工程师，主要从事土地质量地球化学调查工作。E-mail：526905762@qq.com。

风险，对研究区准确评价其环境质量、湿地资源保护规划提供科学依据，填补了研究区对底泥重金属污染调查研究的空白。

1 材料与方法

1.1 样点布设及样品采集

底泥样品采集监测点位的布设侧重于湖州典型湿地的入湖口、湖区和出湖口，并在该区的东、西苕溪等主要流域，也布设了样品采集监测点。在调查范围内 6 个水域中共设监测样点 28 个。采用抓斗式不锈钢底泥采样器采集样品，将样品装于密封塑料袋贴好标签送至实验室。

1.2 样品处理及测试

样品由国土资源部杭州矿产资源监督检测中心分析测试。样品经自然风干，去掉杂物及石块后研磨过 100 目尼龙筛，采用四分法取样得待测样品，测得 Cd、Hg、As、Pb、Cr、Ni、Cu、Zn 等重金属元素的含量，样品分析质量符合《多目标区域地球化学调查规范（1 ∶ 250000）》（DD2005-01）和《生态地球化学评价样品分析技术要求（试行）》（DD2005-03）的要求。各参评指标的分析测定方法及检出限见表 1[5, 6]。

表 1　重金属元素的分析方法及检出限

指标	分析方法	检出限 /（μg/g）
Cd	电感耦合等离子体质谱法（ICP-MS）	0.02
Hg	原子荧光光谱法（AFS）	0.0005
As		0.3
Pb		2
Cr		5
Ni	粉末压片 X 射线荧光光谱法（XRF）	2
Cu		1
Zn		2

2 结果与分析

2.1 底泥中重金属含量特征

对湖州市主要水域的底泥重金属含量数据进行处理，列于表 2，将各水域中底泥重金属元素含量的平均值与《土壤环境质量标准》（GB 15618—1995）中的二级标准[7, 8]及湖州市表层土壤元素环境背景值[9, 10]对比，见表 2 和图 1。

（1）湖州市主要水域底泥中汞含量的最大值与最小值相差倍数最大，有 30 倍，而其他重金属元素含量的最大值与最小值变化幅度不大，均在 5 倍左右，这是由于湖州市水域中底泥重金属含量趋于稳定，所受到重金属污染的程度差异较小。

（2）湖州市主要水域底泥与中国湖泊底泥中的重金属平均含量相比较，可以看出，镉、汞、镍、铜低于中国平均值，其中汞则远低于中国平均值，仅为0.2倍；而砷、铅、铬和锌均高于中国平均值，但高出不多，均在1倍以内，超标最高的为锌，为1.65倍，相对于中国湖泊底泥平均值，湖州市底泥中重金属含量超值并不多。

（3）湖州市主要水域底泥与湖州市土壤环境背景值相比较，可以看出，汞、铜低于背景值，其中汞低于0.58倍，铜低于背景值0.96倍，基本持平；而其他重金属元素均高于土壤背景值，其中镉超过3.15倍，锌超过2.34倍，其余重金属均在1倍以内，相对于湖州市土壤环境背景值，说明湖州市底泥中已富集了较多的重金属镉、锌元素。

（4）通过各水域中底泥平均含量与湖州市底泥重金属的平均含量相比较（图1），可以看出，东西苕溪所有重金属含量普遍偏低，均在1倍以下，而汞在长山漾明显偏高，锌在移岩山漾则明显偏高，其他各水域中底泥重金属含量相差不大。

表2　研究区主要水域底泥重金属含量特征表

底泥重金属含量		镉（Cd）	汞（Hg）	砷（As）	铅（Pb）	铬（Cr）	镍（Ni）	铜（Cu）	锌（Zn）
湖州市	平均值	0.66	0.13	15.25	54.98	107.14	44.69	37.09	265.16
	最大值	0.98	0.64	26.4	88.45	189.7	77.32	54.58	899
	最小值	0.27	0.02	7.04	33.12	37.93	24.19	24.11	100
长山漾平均值		0.45	0.26	12.50	40.59	135.27	41.72	34.75	174.77
西山漾平均值		0.50	0.16	10.37	44.01	105.00	58.70	43.04	236.84
移岩山漾平均值		0.71	0.12	17.55	58.53	120.75	52.36	47.24	672.32
和孚漾平均值		0.80	0.08	19.14	67.67	107.63	41.23	31.16	165.98
南商林漾平均值		0.71	0.16	13.36	57.39	96.47	45.51	41.19	250.83
东西苕溪平均值		0.66	0.04	16.13	51.58	80.04	31.00	28.57	168.15
中国湖泊平均值[11]		0.94	0.64	13.55	38.03	67.55	53.02	48.03	160.64
湖州市土壤环境背景值		0.21	0.22	10.05	39.18	88.10	39.34	38.80	113.4

注：土壤环境质量标准为《土壤环境质量标准》（GB 15618—1995）中的二级标准；土壤环境背景值为湖州市土壤平均值＋二倍离差；含量单位为mg/kg

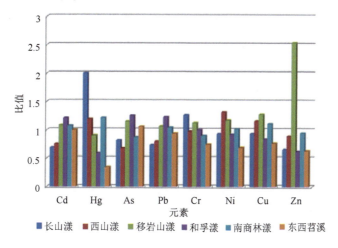

图1　研究区主要水域底泥重金属含量对比图

2.2 底泥重金属评价

底泥中重金属是具有潜在生态危害的污染物，某些重金属可通过生物作用转化为毒性更强的金属有机化合物，食物链的生物富集和放大作用，导致人体慢性中毒。目前我国尚未建立底泥环境质量标准，但均制定了符合实际情况的土壤质量控制指标，并将其应用于土壤污染防治、生态环境保护、农林生产保障和人体健康维护等各个方面。本次底泥重金属评价主要参考《土壤环境质量标准》（GB 15618—1995）和环保部土壤污染公报的划定方法，制定底泥重金属污染程度评价参考标准（表3），采用污染指数法[12, 13]评价污染物重金属的污染程度，其公式为

$$P_i = C_i / C_0$$

式中，P_i 为污染指数；C_i 为底泥中 i 元素含量；C_0 为 i 元素标准值。

表 3 研究区主要水域底泥重金属污染程度评价参考标准

污染程度	Cd	Hg	As	Pb	Cr	Ni	Cu	Zn
清洁	<0.3	<0.3	<30	<250	<250	<40	<50	<200
轻微污染	0.3～0.6	0.3～0.6	30～60	250～500	250～500	40～80	50～100	200～400
轻度污染	0.6～0.9	0.6～0.9	60～90	500～750	500～750	80～120	100～150	400～600
中度污染	0.9～1.5	0.9～1.5	90～150	750～1250	750～1250	120～200	150～250	600～1000
重度污染	>1.5	>1.5	>150	>1250	>1250	>200	>250	>1000

参照上述标准，对各水域底泥样品重金属元素污染程度进行评价，结果见表4。

表 4 研究区主要水域底泥重金属污染程度评价结果表

重金属元素		Cd	Hg	As	Pb	Cr	Ni	Cu	Zn
长山漾湿地	最大值	1.84	2.13	0.50	0.18	0.76	1.12	0.81	1.05
	最小值	0.91	0.43	0.38	0.14	0.41	0.92	0.63	0.75
	平均值	1.51	0.87	0.42	0.16	0.54	1.04	0.69	0.87
西山漾湿地	最大值	2.28	0.60	0.44	0.22	0.49	1.93	1.09	1.74
	最小值	0.94	0.37	0.23	0.12	0.29	0.82	0.53	0.65
	平均值	1.66	0.52	0.35	0.18	0.42	1.47	0.86	1.18
移岩山漾湿地	最大值	2.84	0.40	0.76	0.28	0.56	1.55	1.07	4.49
	最小值	1.70	0.37	0.41	0.17	0.42	1.13	0.85	2.34
	平均值	2.38	0.39	0.59	0.23	0.48	1.31	0.94	3.36
和孚漾湿地	最大值	3.26	0.31	0.88	0.35	0.56	1.37	0.76	1.00
	最小值	2.20	0.19	0.49	0.22	0.36	0.88	0.54	0.65
	平均值	2.65	0.26	0.64	0.27	0.43	1.03	0.62	0.83
南商林漾湿地	最大值	2.60	0.60	0.47	0.25	0.44	1.28	0.95	1.42
	最小值	1.93	0.43	0.40	0.20	0.37	1.08	0.78	1.17
	平均值	2.36	0.53	0.45	0.23	0.39	1.14	0.82	1.25
东西苕溪	最大值	2.80	0.22	0.67	0.23	0.58	0.98	0.65	1.08
	最小值	1.42	0.07	0.38	0.16	0.15	0.60	0.48	0.50
	平均值	2.20	0.15	0.54	0.21	0.32	0.78	0.57	0.84

由表4可以看出，各水域底泥中一些重金属元素污染指数的平均值为清洁，但是就所统计的重金属元素污染指数的范围值而言，有很多重金属元素出现不同程度的污染。

（1）各水域底泥中重金属砷、铅、铬等元素没有污染，均为清洁；

（2）各水域底泥中重金属汞、铜元素含量平均值均没有污染，其中，汞元素最大值仅在长山漾湿地出现为轻度污染，铜元素最大值在西山漾湿地、移岩山漾湿地出现为轻微污染；

（3）仅东西苕溪底泥中重金属镍元素没有污染，在其他湿地中均为轻微污染；

（4）重金属锌元素在移岩山漾湿地底泥中为中度污染，污染指数达到3.36，在西山漾湿地和南商林漾湿地中为轻微污染，在其他水域中则为清洁；

（5）各个水域中重金属镉元素均存在不同程度的污染，其中在长山漾湿地、西山漾湿地为轻微污染，在其他水域则为轻度污染。

2.3 底泥重金属潜在生态危害评价

本文采用潜在生态危害指数法对研究区各水域底泥进行评价。潜在生态危害评价法 [14, 15] 是由瑞典科学家 Hakanson 于 1980 年提出的，其计算公式为

$$RI = \sum_{i}^{m} E_r^i = \sum_{i}^{m} T_r^i \times \frac{C^i}{C_n^i}$$

式中，RI 为潜在生态危害指数；E_r^i 为各重金属的潜在生态危害系数；T_r^i 为毒性响应系数 [16]，反映了重金属的毒性水平及水体对重金属污染的敏感程度，一般来说，该系数越大，对生物的毒性也越大，各重金属的毒性响应系数分别为 Cd=30、Hg=40、As=10、Pb=5、Cr=2、Ni=1、Cu=5、Zn=1；C^i 为实测值，取主要水域中底泥的平均值；C_n^i 为参照值，本文选择湖州市土壤元素环境背景值作为参照值 [9, 10]。表5为重金属生态危害评价标准 [17]。

表 5　重金属生态危害评价标准

指数类型	所处范围	危害程度	指数类型	所处范围	危害程度
E_r^i	$E_r^i < 40$	轻微生态危害	RI	RI<150	轻微生态危害
	$40 \leqslant E_r^i < 80$	中等生态危害		150<RI<300	中等生态危害
	$80 \leqslant E_r^i < 160$	强生态危害		300<RI<600	强生态危害
	$160 \leqslant E_r^i < 320$	很强生态危害		600<RI	很强生态危害
	$320 \leqslant E_r^i$	极强生态危害			

利用 Hakanson 潜在生态危害指数法对湖州市各水域底泥中重金属的潜在生态危害评价结果见表6，由表可知：

（1）长山漾湿地底泥存在潜在生态危害，其中镉、汞的生态危害中等，而从 RI 值看，长山漾湿地底泥中重金属总的生态危害程度属轻微；

（2）西山漾湿地底泥仅镉的生态危害中等，从 RI 值看，长山漾湿地底泥中重金属总的生态危害程度属轻微；

（3）移岩山漾湿地、和孚漾湿地和南商林漾湿地中底泥仅存在镉的潜在强生态危害，从 RI 值看，移岩山漾湿地底泥中重金属总的生态危害程度属中等；

（4）东西苕溪底泥存在镉的潜在强生态危害，从 RI 值看，东西苕溪底泥中重金属总的生态危害程度属轻微。

表 6　研究区主要水域重金属生态危害评价结果表

主要水域	E_r^i								RI
	Cd	Hg	As	Pb	Cr	Ni	Cu	Zn	
长山漾湿地	64.71	47.27	12.44	5.18	3.07	1.06	4.48	1.54	139.76
西山漾湿地	70.93	28.18	10.31	5.62	2.38	1.49	5.55	2.09	126.55
移岩山漾湿地	101.79	21.36	17.46	7.47	2.74	1.33	6.09	5.93	164.17
和孚漾湿地	113.67	13.97	19.05	8.64	2.44	1.05	4.02	1.46	164.30
南商林漾湿地	101.06	28.73	13.29	7.32	2.19	1.16	5.31	2.21	161.27
东西苕溪	94.14	8.14	16.04	6.58	1.82	0.79	3.68	1.48	132.68

3　底泥农用安全性评估

《农用污泥中污染物控制标准》（GB 4284—1984）[18]规定了酸性土壤（pH<6.5）底泥中各重金属最高容许含量，见表 7。

表 7　农用污泥中污染物控制标准值　　　　　（单位：mg/kg）

项目	镉	汞	砷	铅	铬	镍	铜	锌
最高容许含量	5	5	75	300	600	100	250	500

据此，将研究区内底泥按照农用污泥中污染物控制标准值进行评价，安全类指所有重金属含量符合上述农用质量标准，危险类则指任何重金属含量超出上述标准。评价结果显示：

（1）移岩山漾湿地 4 件底泥样品中，有 3 件样品锌元素超过了上述标准，其中最大值为 899mg/kg，最小值也有 467mg/kg，虽然其他重金属元素均低于上述标准，但仍可以判定该湿地中底泥为污染类物质。

（2）其他水域中所有底泥重金属元素均低于上述标准，因此其属于安全类底泥，可以农用。

4　结　语

研究区水域数量多、分布广，由于水域的不同决定了其周围的自然生态环境也不相同，因此所受到重金属污染的程度有较大差异，结果表明：

（1）研究区底泥重金属含量大多低于中国湖泊底泥平均值，但锌元素相对高出 1.65 倍。

（2）与湖州市土壤环境背景值相比，研究区底泥重金属含量大多低于或相当，但镉、锌分别超出 3.15 倍、2.34 倍。

（3）研究区各水域中东西苕溪重金属含量普遍偏低，这与该水域流动频率快，流动范围大，且远离城市工业区，未受到人类活动的强烈干扰因素有关，另外，汞在长山漾明显高出，锌在移岩山漾则明显高出，其他各水域中底泥重金属含量相差不大。

（4）各水域底泥样品重金属元素污染程度评价结果显示，重金属镉元素污染普遍，其中在长山漾和西山漾湿地为轻微污染，其他则为轻度污染；重金属镍和锌元素多为轻微污染或清洁，但在移岩山漾湿地显示为重金属锌元素中度污染，需要引起重视。

（5）研究区各水域底泥中呈现出中等生态危害或强生态危害，贡献因子主要为镉，其次为汞，其中，汞仅在长山漾湿地为中等生态危害，镉在长山漾和西山漾湿地为中等生态危害，在其他水域均为强生态危害。因此，今后应该将重金属镉、汞列为重点处理对象。

（6）移岩山漾湿地底泥样品锌元素超过了农用污泥中污染物控制标准值，判定为该湿地中底泥为污染类物质，而其他水域中底泥属于安全类物质，可以农用。

综上所述，研究区主要水域中底泥重金属含量不高，属清洁，但在长山漾、移岩山漾和西山漾湿地中，底泥中重金属镉、锌和汞存在轻度或中度污染，会影响水体的水质，并可能对生物体产生毒害或负面影响，需要提高关注度，这主要是由于这些水域靠近经济相对发达的城镇或养殖业过度开发，多年来"富集"的重金属，经沉积作用进入底泥。因此，建议有关部门在底泥的无害化和资源化利用时应适当考虑对这些重金属的处理，控制污染源的排放，减少岸边农田的化肥农药等外源入侵，加强底泥监测，定期清淤，推动水环境质量的整体提升。

本文研究成果为疏浚底泥的直接利用、湿地资源的保护开发提供了科学依据，但研究区此次底泥重金属含量特征分析，所选择的水域和监测指标存在一定的局限性，后续尚有进一步研究的空间。

参 考 文 献

[1] 曹志洪 . 解译土壤质量演变规律 , 确保土壤资源持续利用 [J]. 世界科技研究与发展 , 2001, 23(3): 28-32.

[2] 伍钧 , 孟晓霞 , 李昆 . 铅污染土壤的植物修复研究进展 [J]. 土壤 , 2005, 37(3): 258-264.

[3] Zhang M K, Ke Z X. Heavy metals, phosphorus and some other elements in urban soil of Hangzhou City, China[J]. Pedosphere, 2004, 14(2): 177-185.

[4] 贾振邦 , 梁涛 , 林健枝 , 等 . 香港河流重金属污染及潜在生态危害研究 [J]. 北京大学学报 (自然科学版), 1997, 33(4): 485-492.

[5] 中国地质调查局 . 生态地球化学评价样品分析技术要求 (试行)(DD2005-03)[J]. 中国地质调查局发展研究中心 , 2005.

[6] 张勤. 多目标区域地球化学填图中的 54 种指标配套分析方案和分析质量监控系统 [J]. 第四纪地质，2005, 25(3): 292-297.

[7] 中华人民共和国国家标准. 土壤环境质量标准 (GB 15618—1995)[S]. 北京：中国标准出版社, 1995.

[8] 夏家淇. 土壤环境质量标准详解 [M]. 北京：中国环境科学出版社, 1996.

[9] 董岩翔, 郑文, 周建华, 等. 浙江省土壤地球化学背景值 [M]. 北京：地质出版社, 2007.

[10] 汪庆华, 董岩翔, 郑文, 等. 浙江土壤地球化学基准值与环境背景值 [J]. 地质通报, 2007, 26(5): 590-597.

[11] 滑丽萍, 华珞, 高娟, 等. 中国湖泊底泥的重金属污染评价研究 [J]. 土壤, 2006, 38(4): 366-373.

[12] 王宁, 朱颜明. 松花湖水源地重金属非点源污染调查 [J]. 中国环境科学, 2000, 20(5): 419-421.

[13] 郑海龙, 陈杰, 邓文靖. 六合蒋家湾蔬菜基地重金属污染现状与评价 [J]. 土壤, 2004, 36(5): 557-560.

[14] 杨卓, 李贵宝, 王殿武, 等. 白洋淀底泥重金属的污染及其潜在生态危害评价 [J]. 农业环境科学学报, 2005, 24(5): 945 -951.

[15] 弓晓峰, 陈春丽, 周文斌, 等. 鄱阳湖底泥中重金属污染现状评价 [J]. 环境科学, 2006, 27(4): 732 -736.

[16] 陈静生. 环境地球化学 [M]. 北京：海洋出版社, 1990.

[17] 解清杰, 何锋. 大东沟底泥重金属污染及潜在生态危害评价 [J]. 工业安全与环保, 2011, 37(10): 24-26.

[18] 中华人民共和国国家标准. 农用污泥中污染物控制标准 (GB42840—1984)[S]. 中华人民共和国城乡建设环境保护部, 1984.

浙江龙游黄铁矿区农田土壤重金属污染状况评价

张奥博，褚先尧，徐明星，殷汉琴

（浙江省地质调查院，杭州 311203）

摘要：为了解浙江龙游黄铁矿矿区农田土壤重金属污染状况，在灵山矿床、溪口矿床、牛角湾矿床、庙下矿床，以及周边区域采集土壤样品 265 件，测定了土样中八大重金属元素 Cu、As、Hg、Zn、Cd、Ni、Pb、Cr 的含量，分析了矿区土壤污染特征，并利用单因子指数法、最大值综合指数法，以及潜在生态危害指数法对研究区各矿床附近及周边区域进行评价。结果表明：八种重金属元素的变异系数从 72.2% 到 175.8%，土壤中元素分布不均匀。元素数据分布全部左偏，即样本中存在个别高值点。八种重金属元素中，污染程度由重到轻分别是 Cd、Cu、Ni、Zn、Hg、Pb、As、Cr。综合评价区中轻度、中度和重度污染区的分布跟矿床位置有很好的对应。八种重金属元素的潜在生态危害大小顺序为 Cd、Hg、Cu、Ni、As、Pb、Zn、Cr。研究区中不同区域的综合潜在生态危害大小顺序为灵山矿、牛角湾矿、周边区域、溪口矿、庙下铜矿。

关键词：龙游黄铁矿；土壤重金属污染；单因子指数法；潜在生态危害

0 引 言

　　龙游矿区位于龙游县南部，是浙江省重要多金属黄铁矿成矿矿田区，历年来地质工作投入较多。该区主要有灵山、溪口、牛角湾、庙下四个中到大型矿床[1-3]。自 20 世纪 50 年代以来，历经数十年开采，为当地的经济社会发展做出了巨大贡献。到目前为止，有学者对龙游矿区的地形地貌、地质特征、矿床成矿规律等进行了深入研究，如刘道荣研究了龙游溪口黄铁矿的成矿规律及找矿潜力[1]，贾锦生等研究了庙下矿区的地质及物化探特征[2]等，但对于龙游矿区及其周边土壤重金属污染情况尚缺乏系统研究。本文依托"浙江省西北部土地质量调查与应用研究"项目，选择龙游矿区农田作为研究区，采

　　作者简介：张奥博（1988—），女，博士，工程师，主要从事土地质量调查研究工作。E-mail：1988aobo@163.com。

用单因子综合污染指数法，以及潜在生态危害指数法对土壤重金属污染情况进行评价，以期为矿区农田土壤污染的防治和治理提供科学依据。

1 研究区概况

龙游黄铁矿矿区位于浙江省衢州市龙游县南部，地处金衢盆地中部，行政区划在溪口镇、庙下乡，以及沐尘乡范围内，地理位置为 119°02′ ～ 119°20′E，28°44′ ～ 28°56′N。属于亚热带季风气候区，气温适中，年平均气温 18 ℃，年平均降水量 1700mm。自北而南主要由灵山、溪口、牛角湾、庙下等中到大型矿床组成，是浙江省重要多金属黄铁矿成矿区。

龙游黄铁矿矿区大地构造位置属华南褶皱系，位于江绍拼合带南东侧，余姚—丽水深大断裂北西[1]。矿体赋存在沐尘岩体接触带中，呈脉状产出，受 NNE 向、NEE 向及帚状断裂构造控制。矿床形成于晚白垩世，属岩浆期后热液矿床。区内出露地层主要有第四系、白垩系、三叠系及元古宇八都岩群变质岩，其中八都岩群堑头岩组变质岩为赋矿地层。

灵山多金属黄铁矿为中型规模多金属黄铁矿床，位于溪口镇北东约 0.6km 的凤凰山，矿区面积 1.76km²。矿石矿物主要有黄铁矿、闪锌矿、黄铜矿、方铅矿及少量磁黄铁矿、白铁矿等。于 1998 年投产，目前实际采矿能力 10 万 t/a，选矿 20 万 t/a。溪口硫铁矿床分溪西矿段和河东矿段，往北距灵山矿区约 2.5km，属溪口镇管辖，矿区面积 3.9km²。河东矿段于 1959 ～ 1978 年在矿体的上部开采，生产块矿供衢化硫酸厂做原料，共开采黄铁矿 34 万 t；溪西矿段于新中国成立初期小规模开采，采出矿石约 2000t。牛角湾黄铁矿为大型矿床，位于溪口镇东南，龙游至大街公路横贯矿区东西，矿区面积 4.2km²。成因类型为中低温热液充填-交代型脉状硫铁矿，矿石矿物成几乎全为黄铁矿，从 1955 年探矿至 2003 年闭坑共采矿石量 395 万 t。庙下马坞铜规模较小，矿位于庙下乡芝坑口村，矿区面积 0.8km²。成因类型为热液交代蚀变型，矿石矿物主要为黄铜矿、磁黄铁矿。于 2001 ～ 2005 年累计开采铜矿 1.6 万 t。

2 样品采集及分析方法

2.1 布点及采样

根据矿床位置及土地利用方式进行布点，布点区域基本覆盖研究区农田，采样密度为 1 件/km²，灵山矿附近适当加密，具体布样位置如图 1 所示。共采集表层土壤样品 265 件，其中灵山矿 28 件，溪口矿 8 件，牛角湾矿 9 件，庙下矿 5 件，剩余周边区域 215 件。采集土壤表层深度为 20cm 左右的土样。采样方式为一点多坑，以布样位置为中心点，周围向外 30m 辐射四个坑，几个坑样品充分混合，以期达到样品能排除个例干扰，代表周边土壤环境的目的。装取充分混合的样品 2kg 于干净的棉布袋中。样品经自然风干，磨碎过 20 目筛，送浙江省地质矿产研究所（国土资源部杭州矿产资源监测监督中心）进行分析测试。

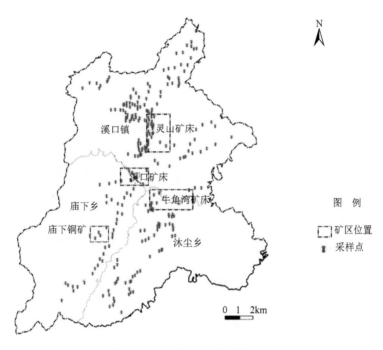

图 1　研究区布点采样具体位置图

2.2　测试分析方法

As、Hg 的测定利用 XDY-1011A 型原子荧光仪，采用氢化物发生非色散原子荧光光谱法（HG-AFS），其中，As 的检出限为 0.02μg/g，Hg 的检出限为 0.0005μg/g。Cd、Cu、Cr 的测定利用 X2 电感耦合等离子体质谱仪，采用电感耦合等离子体质谱法（ICP-MS），其中 Cd 的检出限为 0.03μg/g，Cu 的检出限为 1μg/g，Cr 的检出限为 5μg/g。Pb、Zn、Cr 的测定利用 zsx100eX，采用 X 射线荧光光谱法（XRF），其中 Pb 的检出限为 2μg/g，Zn 的检出限为 4μg/g，Cr 的检出限为 5μg/g。

3　结果与讨论

3.1　研究区农田土壤重金属污染特征

分析统计了研究区农田土壤中 Cu、As、Hg、Zn、Cd、Ni、Pb、Cr 八种重金属平均含量以及变异系数等，具体结果见表 1。

表 1　研究区农田土壤重金属含量表

项目	Cu	As	Hg	Zn	Cd	Ni	Pb	Cr
样本数	265	265	265	265	265	265	265	265
平均值	46.08	4.9	0.13	162.9	0.5	24.3	67.1	74.6
标准误差	4.97	0.3	0.009	8.0	0.004	1.1	5.2	3.4
中位数	32.9	3.62	0.093	132	0.35	19.1	52.9	57.7
最大值	1222	66.4	1.53	1346	6.12	77.4	1258	244
最小值	6.05	1.03	0.02	46.3	0.065	3.32	20.5	8.07
变异系数	175.8%	101.9%	108.8%	79.6%	121.1%	72.2%	126.7%	73.8%
衢州市土壤均值 [4]	24.8	7.6	0.11	140.2	0.38	23.0	59.4	70.0
土壤二级环境标准值 pH<6.5	50	30	0.3	200	0.3	40	250	250

注：样本数、变异系数没有单位，其他项目单位都是 mg/kg

对比八种重金属元素的平均值和土壤二级环境标准值 [《土壤环境质量标准》（GB 15618—1995）]，只有 Cd 元素均值大于土壤二级环境标准值，说明研究农田土壤中 Cd 元素污染最为严重。对比八种重金属的最大值和二级环境标准值，只有 Cr 元素的最大值小于二级环境标准，说明其余七种元素都在不同程度上达到污染，八种元素在研究区内的污染程度的具体分布在单因子评价小节具体讨论。对比八种元素的均值与衢州市土壤均值可以发现，只有 As 元素的均值比衢州市均值低，其余元素的均值均高于衢州市均值，研究区地处龙游黄铁矿区，七种元素含量高的原因可能与地质背景含量高有关。

对比八种重金属元素的均值和中位数可以发现，这八种元素的均值都大于中位数，说明在样本中存在一些数值很大的样本点，这些样本拉高了均值，使数据分布左偏，这些偏差很大的高值点存在的原因可能与矿床的采矿选矿等活动有关 [5-8]。

八种重金属元素的变异系数从 72.2% 到 175.8%，其中 Cu 的变异系数最大，Ni 的变异系数最小，从大到小依次为 Cu、Cd、Pb、As、Hg、Zn、Cr、Ni，总体来说八种重金属元素的离散程度都较高，说明在研究区域内，土壤中的重金属元素的分布很不均匀。

3.2　重金属单因子指数法评价

以《土壤环境质量标准》（GB 15618—1995）为评价标准，采用单因子评价法对土壤中八种重金属元素 Cu、As、Hg、Zn、Cr、Ni、Pb、Cd 的污染情况分别进行评价并作图。评价图由 MapGIS 软件完成，制图原则为根据地块上样点数据的平均值，确定地块的污染程度，并用不同颜色标识，结果如图 2 所示。

评价公式为

$$P_i = C_i / S_i \tag{1}$$

式中，P_i 为 i 污染物的污染指数；C_i 为 i 污染物的实测值；S_i 为 i 污染物的土壤二级环境标准值（pH<6.5）。分级标准如下：$P_i \leqslant 1$ 为清洁，$1 < P_i \leqslant 2$ 为轻微污染，$2 < P_i \leqslant 3$ 为轻度污染，$3 < P_i \leqslant 5$ 为中度污染，$P_i > 5$ 为重度污染。

在八种重金属中，根据污染程度及污染面积对重金属元素进行排序，污染程度由重到轻分别是 Cd、Cu、Ni、Zn、Hg、Pb、As、Cr。Cd 元素为最严重的污染元素，超标率为

62.69%，除了研究区西北角和西南角部分区域，其余大部分的区域都为污染区，其中灵山矿北部达到重度污染，溪口矿南侧、牛角湾南侧，以及研究区东部龙游尖附近达到中度污染，龙游尖北侧及沐尘乡部分地区为轻度污染，剩余大面积区域为轻微污染。Cu 元素的超标率为 20.03%，污染区域和矿床位置大体相近，四个矿床附近都有轻微污染，其中灵山矿区部分区域达到中度到重度污染，另外研究区的东北角和西南角也有小面积的轻微污染区。Ni 元素的超标率为 18.25%，污染区域跟矿床位置关系不大，主要分布研究区的东北角和西南角，污染程度为轻微污染。Zn 元素的超标率为 15.07%，污染区域主要分布在灵山矿附近，溪口矿的河东矿段、牛角湾矿床东侧、研究区北东侧龙游尖，以及沐尘乡，这些区域主要为轻微污染，其中灵山矿区部分区域为达到中度污染。Pb 元素超标率为 1.19 %，在灵山矿附近及牛角湾矿附近有部分区域为轻微污染，其余区域为清洁。Hg 元素的超标率为 4.36 %，主要分布在溪口矿区和牛角湾矿床附近，其中牛角湾矿区西侧部分区域达到中度污染。As 和 Cr 元素污染程度最轻，Cr 元素的最大值也小于标准值，As 元素只有一个样点超出标准值，且整个地块的均值都小于标准值，所以在整个研究区这两种元素都为清洁。

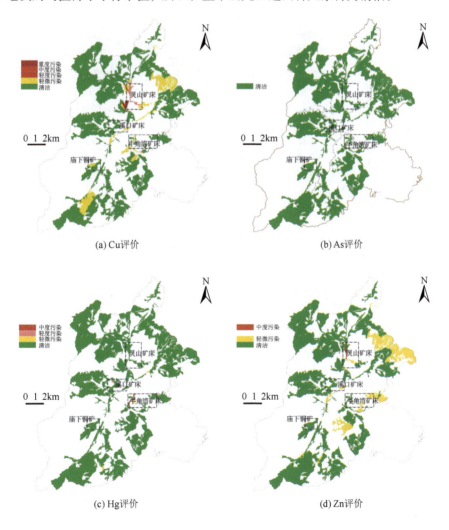

(a) Cu评价

(b) As评价

(c) Hg评价

(d) Zn评价

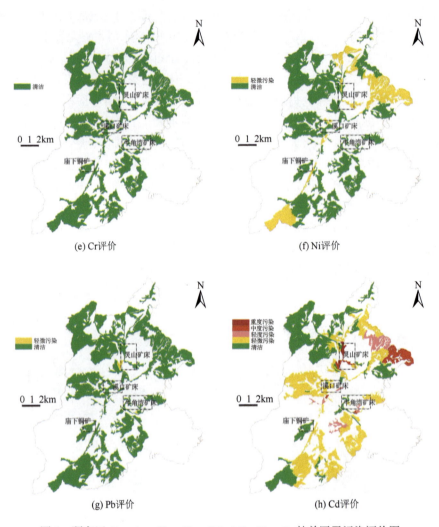

图 2 研究区 Cu、As、Hg、Zn、Cd、Ni、Pb、Cr 的单因子污染评价图

3.3 最大值综合指数法评价

由于土壤重金属单因子评价只能表示某一种元素的分布情况和污染程度[9-11]，本文采用最大值法对研究区农田土壤污染情况进行综合评价。最大值法即将污染最严重元素的污染等级作为区块污染等级的方法，和其他综合评价方法相比，最大值法属于最严格的评价方法，不漏掉任何污染区。用 MapGIS 软件进行作图，评价结果如图 3 所示。由图 3 可见，清洁区面积仅占在评价面积的 29.65%，主要分布在研究区的西北角。轻微污染区占评价面积的 57.64%，是主要的污染等级，主要分布在研究区的西南和东北的大部分区域。轻度污染区占评价面积的 6.2%，主要分布在溪口矿床南侧、牛角湾矿床南侧及灵山矿床东侧。中度污染区占 5.3%，主要分布在研究区东侧龙游尖附近。重度污染区占 1.1%，主要分布在灵山矿区附近。在整个研究区中，轻度、中度和重度污染

区的分布与矿区位置有很好的对应关系，表明矿区的采矿和选矿活动对周边环境产生了很大影响。

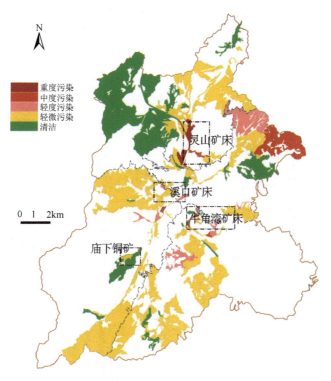

图 3 研究区农田土壤重金属污染综合评价图

3.4 潜在生态风险评价

单因子评价和最大值法综合评价，仅仅考虑了重金属元素的浓度，而对于每种重金属元素的不同毒性没有考虑[12]，所以本小节采用 Hakanson[13] 提出的潜在生态危害指数法对研究区进行综合评价。评价公式为单元素潜在生态危害系数 $E_r^i = T_r^i \times P_i$，多元素综合潜在生态危害指数 $RI = \sum_{i=0}^{n} E_r^i$。其中，$P_i$ 为 i 污染物的污染指数，见式（1），T_r^i 为 i 金属的毒性响应系数，分别是 Zn=1、Cr=2、Cu=Ni=Co=Pb=5、As=10、Cd=30、Hg=40[14]。单元素的潜在生态危害系数 E_r^i 和多元素的潜在生态危害系数 RI 与土壤污染程度的关系见表 2。

表 2 重金属潜在生态危害指数与污染程度的关系

项目	污染程度的等级划分				
E_r^i	$E_r^i < 40$	$40 \leqslant E_r^i < 80$	$80 \leqslant E_r^i < 160$	$160 \leqslant E_r^i < 320$	$E_r^i \geqslant 160$
RI	$RI < 150$	$150 < RI < 300$	$300 < RI < 600$	$RI \geqslant 600$	
污染程度	轻微生态危害	中等生态危害	强生态危害	很强生态危害	极强生态危害

研究区及不同矿区的八种重金属的潜在生态危害比例及综合危害指数比例如图 4 所示。由图可见，在研究区农田中不同重金属的潜在生态危害大小顺序为 Cd、Hg、Cu、Ni、As、Pb、Zn、Cr。Cd 在 5 个区域都出现了中等及以上生态危害，其中灵山矿区最严重，92.8% 的采样点达到中等以上生态危害，10.7% 的采样点甚至达到了极强生态危害。Hg 在除庙下矿区的 4 个区域出现中等以上生态危害，也是灵山矿区最严重，21.5% 的采样点达到中等以上生态危害，3.5% 的采样点达到很强生态危害。Cu 在灵山矿区出现中等以上生态危害，3.5% 的采样点出现强生态危害；其余 4 个区域的样品全部属于轻微生态危害。元素 Ni、As、Pb、Zn、Cr 在所有研究区都属于轻微生态危害。

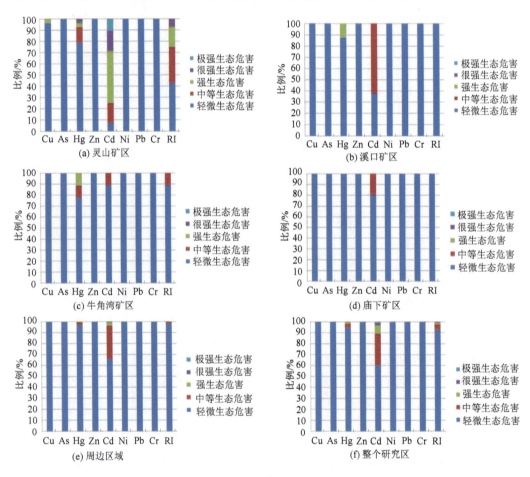

图 4 研究区及不同矿区的八种重金属及综合生态危害比例

研究区中不同区域的综合潜在生态危害大小顺序为灵山矿区、牛角湾矿区、周边区域、溪口矿区、庙下铜矿区。灵山矿区的综合潜在生态危害指数在轻微水平的比例为 42.9%，中等水平比例为 32.1%，强生态危害比例为 17.9%，很强生态危害比例为 7.1%，灵山矿仍在进行的采矿和选矿活动，使矿区附近农田土壤的重金属含量比其他区域高很多，潜在生态危害也最严重。牛角湾矿区的综合潜在生态危害指数处于轻微水平的比例为 88.8%，处于中等水平的比例为 11.1%，牛角湾矿床于 2003 年停采至今，但由于黄铁矿床规模较大，重金属在土壤中有累积作用，而且废弃矿堆和部分露天矿洞在雨水的冲刷下依然向周边环境释放重金属元素，所以附近区域仍处于中等生态危害水平[15]。周边区域的综合潜在生态危害指数在轻微水平的比例为 98.6%，中等水平的比例为 1.4%，由于周边区域只是划分出已知矿床以外的区域，对于居民生活、工业活动等影响未细分，周边区域有些土壤样品的重金属含量较高，部分处于中等生态危害水平。溪口矿区和庙下矿区的综合潜在生态危害指数都处于轻微水平，溪口矿区的 Hg 元素有 12.5% 处于强生态危害水平，Cd 元素也有 62.5% 处于中等生态危害水平，庙下矿区只有 Cd 元素 20% 处于中等生态危害水平，所以溪口矿区的综合生态危害水平要高于庙下矿区。

3.5 修复治理建议

对于轻微生态危害区域，需要加强防控，建议添加环境矿物材料，增施有机肥，选用抗性强的作物品种等方式减小土壤污染对粮食安全造成的影响。对于中等及以上生态危害区域，不建议种植粮食作物，建议先进行治理再种植，或改变种植模式，以及土地利用方式等。修复治理措施建议采用超累计植物修复、电化学修复，以及客土换土等物理修复方式。

4　结　　论

八种重金属元素的变异系数从 72.2% 到 175.8%，元素离散程度高，说明土壤中重金属元素的分布很不均匀。八种重金属元素数据的分布全部左偏，即样本中存在个别高值点，原因与矿床采矿选矿等活动有关。

八种重金属中，污染程度由重到轻分别是 Cd、Cu、Ni、Zn、Hg、Pb、As、Cr。根据最大值法综合指数评价结果，清洁区面积仅占评价面积的 29.65%，轻微污染区占 57.64%，轻度污染区占 6.2%，中度污染区占 5.3%，重度污染区占 1.1%。轻度、中度和重度污染区的分布跟矿区位置有很好的对应关系，表明矿区的采矿和选矿活动对周边环境产生了很大影响。

八种重金属的潜在生态危害大小顺序为 Cd 、Hg、Cu 、Ni 、As、Pb、Zn、Cr。研究区中不同区域的综合潜在生态危害大小顺序为灵山矿区、牛角湾矿区、周边区域、溪口矿区、庙下矿区。

参 考 文 献

[1] 刘道荣. 浙江龙游溪口地区硫铁矿矿床成矿规律与找矿潜力 [J]. 资源调查与环境, 2015, 36(3): 173-178.

[2] 贾锦生，宋华颖，马天寿，等. 浙江龙游庙下陈村多金属矿区地质、物化探特征及其找矿远景 [J].

物探与化探, 37(1): 42-46.

[3] 华安清. 对浙江龙游黄铁矿牛角湾矿段地质特征及成矿条件的初步认识[J]. 化工矿产地质, 1985, (3): 111-117.

[4] 董岩祥, 郑文, 周建华, 等. 浙江省土壤地球化学背景值 [M]. 北京: 地质出版社, 2007.

[5] 李晓晖, 袁锋, 白晓宇, 等. 典型矿区非正态分布土壤元素数据的正态变换方法对比研究 [J]. 地理与地理信息科学, 2010, 26(6): 102-105.

[6] 王子良. 空间数据预处理及插值方法对比研究——以铜陵矿区土壤元素为例 [D]. 合肥工业大学硕士学位论文, 2010.

[7] Zhang X, Chen D, Zhong T, et al. Assessment of cadmium (Cd) concentration in arable soil in china[J]. Enviromental Science and Pollution Research, 2014, 22(7): 4932-4941.

[8] Li ZY, Ma ZW, KuiJp T J, et al. A review of soil heavy metal pollution from mines in China: Pollution and health risk assessment[J]. Science of Total Envoroment, 2014, (468-469C): 843-853.

[9] 郭伟, 赵仁鑫, 张君, 等. 内蒙古包头铁矿区土壤重金属污染特征及其评价 [J]. 环境科学, 2011, 32(10): 3099-3104.

[10] 石平, 王恩德, 魏忠义, 等. 青城子铅锌矿区土壤重金属污染评价 [J]. 金属矿山, 2010, 4: 172-175.

[11] 刘巍, 杨建军, 汪君, 等. 准东煤田露天矿区土壤重金属污染现状评价及来源分析 [J]. 环境科学, 2016, 37(5): 1938-1945.

[12] 刘勇, 王成军, 刘华, 等, 铅锌冶炼厂周边重金属的空间分布及生态风险评价 [J]. 环境工程学报, 2015, 9(1): 477-483.

[13] Hakanson L. An ecological Risk index for aquatic pollution control: A sedimentological approach[J]. Water Research, 1980, 14(1): 975-1001.

[14] 庞文品, 秦樊鑫, 吕亚超, 等. 贵州兴仁煤矿区农田土壤重金属化学性态及风险评估 [J]. 应用生态学报, 2016, 27(5): 1468-1478.

[15] 石占飞, 王力. 神木矿区土壤重金属含量特征及潜在风险评价 [J]. 农业环境科学学报, 2013, 32(6): 1150-1158.

湖州典型地区耕地土壤硒的分布特征及影响因素

陈小磊[1]，简中华[1,2]，陈国锋[1]

（1. 浙江省地质调查院，杭州 311203；2. 中国地质大学（武汉），武汉 430074）

摘要： 以湖州典型地区耕地土壤为研究对象，对该地区硒的分布特征及影响因素进行研究，结果显示，该地区土壤硒含量为 0.39±0.10mg/kg，有机质含量为 4.53±1.34%，pH 为 6.62±0.76，阳离子交换量为 19.04±3.26cmol（＋）/kg，以重黏土为主，土壤总硒、有机质和阳离子交换量之间呈显著正相关性。土壤中硒有向表层富集趋势，低硒地区沿 NE-SW 向分布，硒含量高于 0.5mg/kg 的地区零星分布于练市镇、南浔镇和旧馆镇。中－碱性环境土壤中总硒和有效硒含量较稳定，随着土壤深度增加，土壤由酸－中性变为碱性，土壤总硒、有效硒和有机质含量降低，总硒、有效硒均与有机质、黏粒含量的相关性增强。表层土壤硒含量主要受土壤环境和农业生产过程中秸秆还田的影响，成土母质对深层土壤硒含量有影响，农业耕作方式和成土母质共同影响土壤中硒的有效性。

关键词： 土壤；硒；分布；影响因素

硒作为人体必需的微量元素之一，直接影响人体健康，缺硒或硒过剩，都会导致人体产生病变，如大骨节病、克山病等[1-5]。人体中的硒来自外界摄取，主要通过吸收农作物中的硒，因此，人体中硒的摄入量和营养水平直接受到农作物种硒含量的影响。土壤中硒总量及存在方式均会影响农作物对硒的吸收[6-8]，因此，研究土壤中硒的分布特征和影响因素尤为重要。

我国土壤中硒的分布差异较大，整体属于缺硒地区，土壤硒含量特征主要受成土母质和人为活动的影响。湖州市硒含量呈西高东低的趋势分布，农田土壤成土母质以湖沼相沉积物为主，湖州市市本级农业地质环境调查成果显示，湖州市东南部土壤硒含量低于富硒土壤标准，部分稻米中硒含量达到富硒标准，该现象受到广泛关注，同时，前人对浙北地区土壤中硒的分布及成因研究发现，土壤硒含量分布具有一定差异，环境变化

基金项目：湖州市市本级农业地质环境调查项目（[省资]2013003）。

作者简介：陈小磊（1988—），男，硕士，工程师，研究方向为环境地球化学、农业地质。E-mail：cxiaolei@sina.cn。

会引起土壤中硒含量及有效性发生改变[1, 2]。因此，本文选取湖州典型地区耕地为研究对象，对该地区土壤硒的分布特征及影响因素进行研究讨论，同时对富硒土地资源开发提供重要科学依据。

1　材料与方法

1.1　研究区概况

湖州市地处浙江省北部，北接太湖，东临江苏省、嘉兴市。地理坐标为 119°14′～120°29′E，30°22′～31°11′N；全市面积 5818km²，境内西部地区地势较高，为山地丘陵区，中部和东部为平原区，占全区面积的 3/4。年均气温为 15.5～16℃，月均气温为 24.6℃。雨水充沛，年均降雨日 142～155 天，年均降水量 1273.7mm；湖州市东南部地区为水网平原耕地，以水田为主。

湖州市市本级农业地质环境调查成果显示，土壤硒含量低于富硒水平，稻米硒含量部分达到富硒标准，该现象具有地区性特征。因此，选择在湖州市东南部地区（包括旧馆镇、双林镇、石淙镇、善链镇、南浔镇和练市镇等乡镇）（图 1）开展富硒土壤研究工作，探讨土壤硒的分布特征及影响因素。

图 1　采样点示意图

1.2　样品采集

2014 年在研究区采集水稻田表层土壤（0～20cm）样品，共计 85 件；采集土壤剖面 6 条，按 0～20cm、20～50cm、50～100cm 分为三层，共 18 件样品；表层土壤样品采用梅花取样法进行组合，采用竹铲采集耕作层土壤约 2kg，土壤剖面采用在 2m² 范围内采集 4 条剖面，组合成一组剖面样品。采样时利用 GPS 导航和定位，利用 MapGIS 6.7 对采样点进行处理，形成采样分布图（图 1）。

1.3 样品分析测试

土壤样品在室温下自然风干，碾磨过 2mm 尼龙筛，用于土壤理化性质分析，从 2mm 的土壤样品中取 200g，用玛瑙研钵粉碎，过 100 目筛，装至样品瓶保存备用。

土壤理化性质采用常规分析方法，土壤 pH 采用 1∶2.5 土水比测定；土壤有机质采用重铬酸钾法测定；土壤质地采用比重计沉降法测定；土壤阳离子交换量采用乙酸铵交换法测定；土壤总硒含量采用 HF-HNO_3-$HClO_4$ 体系消解，采用原子荧光光度法（AFS）测定，测试过程中采用 GSS-5 进行质量控制，有效硒由国土资源部杭州矿产资源监督检测中心完成。测试所用试剂均为优级纯。

2 结果与分析

2.1 土壤描述性统计

研究区水网发达，成土母质以湖沼相沉积为主，土壤熟化程度较高，表层土硒含量均值为 0.39±0.10mg/kg，高于杭嘉湖平原和湖州市土壤中硒的背景值（0.3mg/kg、0.35mg/kg），变异系数为 25.36%，属于中等强度变异，表层土壤总硒含量集中在 0.39～0.49mg/kg，达到富硒土壤标准（≥0.4mg/kg）的样点数达 54.12%，硒含量较低的地区呈 NE-SW 向分布，位于双林镇—南浔镇和练市镇交界及周边地区，硒含量高于 0.5mg/kg 的地区呈斑点状零散分布，位于练市镇、南浔镇和旧馆镇；该地区土壤有机质较丰富，含量为 4.53%±1.34%（高于一级标准 ≥40g/kg），在 3.00%～5.99% 的区间分布较为集中，达到一级标准的土壤占总样点数的 65.88%，土壤 pH 平均为 6.62，碱性土壤占 16.47%，大部分为酸-中性土壤；阳离子交换量为 19.04±3.26cmol（+）/kg（表 1），该地区土壤质地较黏重，表层土壤 1 件样品为粉黏土，其他均为重黏土（图 2，图 3）。

表 1 土壤描述性统计特征（n=85）

指标	均值	变异系数	标准差	极小值	极大值	方差	偏度	峰度
Se/（mg/kg）	0.39	25.36	0.10	0.11	0.71	0.01	0.48	1.49
有机质 /%	4.53	30.75	1.34	1.18	8.21	19.36	0.15	-0.24
pH	6.62	11.48	0.76	5.18	8.58	0.58	0.43	-0.55
阳离子交换量 /（cmol（+）/kg）	19.04	17.12	3.26	6.44	26.90	10.62	-0.28	1.87

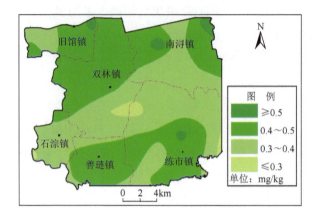

图 2 土壤中硒分布特征

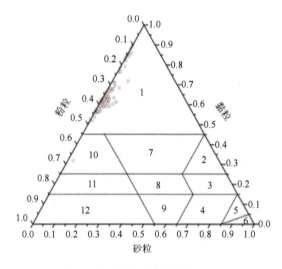

图 3 土壤质地分布特征（*n*=85）

1.重黏土；2.砂黏土；3.砂黏壤土；4.砂壤土；5.壤砂土；6.砂土；7.轻黏土；
8.黏壤土；9.壤土；10.粉黏土；11.粉黏壤土；12.粉壤土

2.2 土壤硒含量与理化性质相关性

土壤硒含量受土壤理化性质影响较明显，由表 2 可见，土壤硒含量、有机质和阳离子交换量存在极显著相关性，其中，土壤硒-有机质、硒-阳离子交换量和有机质-阳离子交换量相关系数分别为 0.826、0.613 和 0.658（*P*<0.01），土壤 pH 与硒、有机质、阳离子交换量无显著相关性。土壤黏粒含量与阳离子交换量呈极显著相关性，相关系数为 0.444（*P*<0.01），土壤黏粒含量高，Al$_2$O$_3$ 含量越高，对硒的吸附作用越强[9, 10]，但在该地区未表现出明显相关性，宋明义等研究发现[2]，杭嘉湖平原土壤硒与有机质呈显著相关性，与 pH 无明显相关性，本次调查结果与其相吻合。

表2 土壤硒含量与理化性质相关性（n=85）

指标	Se	有机质	pH	阳离子交换量
有机质	0.826**	—	—	—
pH	−0.196	−0.204	—	—
阳离子交换量	0.613**	0.658**	0.093	—
黏粒含量	−0.040	−0.074	0.125	0.444**

** 在置信度（双测）为 0.01 时，相关性是显著的

2.3 土壤中硒成因分析

土壤中硒的分布特征主要受土壤环境影响，有机质含量、酸碱性、质地均会影响土壤中硒的纵向分布情况。为研究该地区土壤中硒的成因及影响因素，在研究区选取6组剖面，剖面所在区域内，地势平坦，河网密集，以稻田和鱼塘为主，按 0～20cm、20～50cm、50～100cm 分为三层，共18件土壤样品，对土壤理化性质进行测定。

由表3可见，表层土壤 pH 均值显示为中性，随土壤深度的增加而增大至碱性；0～20cm 处土壤有机质含量为 3.42%，总硒和有效硒含量分别为 0.27mg/kg 和 0.0112mg/kg，随土壤深度的增加，土壤有机质、总硒和有效硒呈明显降低趋势；不同深度土壤黏粒含量未出现明显差异，0～20cm 与 20～50cm 处土壤 pH、有机质和总硒含量未出现显著性差异，当深度增加至 50cm 以下时，均出现显著性差异；0～20cm 与 20～50cm、50～100cm 深度土壤有效硒含量有明显差异。剖面样品 0～20cm 处土壤硒含量低于湖州市土壤硒背景值（0.35mg/kg），50～100cm 处土壤硒含量低于湖沼相成土母质（0.21mg/kg）[11]，表层土壤硒含量主要受成土母质影响，外界环境（气候、地形等）对土壤中硒的纵向分布有一定影响作用[12]，同时，农作物的根系分泌物及表层土壤环境会影响各元素向根系表层土壤迁移[13-16]，另外，淋溶作用和作物吸收共同导致土壤中硒的流失。

表3 土壤剖面中各指标统计特征

土壤深度 /cm	pH	有机质 /%	Se/（mg/kg）	有效硒 /（mg/kg）	黏粒 /%
0～20	6.86	3.42	0.27	0.0112	49.52
20～50	7.51	2.17	0.21	0.0052	48.88
50～100	8.05	1.44	0.14	0.0068	41.44

2.3.1 土壤 pH 对硒的影响

根据表层土壤酸碱性，将剖面分为酸性、中性和碱性。土壤 pH 对土壤中硒的纵向分布及有效性有明显影响（图4），碱性环境下表层土壤中总硒含量低于中性和酸性土壤，土壤中硒的纵向分布随深度增加而降低，中性和碱性土壤中总硒的纵向分布差异性较小，酸性土壤中总硒纵向分布差异较大。该地区表层土壤 pH 背景值为中性，20cm 以下土壤 pH 背景值呈中-碱性，人为农业耕种方式对表层土壤 pH 有一定影响，如化肥的使用和残余在农田中秸秆的腐烂过程产生酸性物质，均会引起土壤环境变化。酸性表层土壤有

效硒含量高于中性和碱性土壤，有效硒在土壤中纵向分布随深度增加而降低，其中，酸性土壤中有效硒含量有明显差异，中性和碱性土壤差异较小，该现象与其他地区土壤中硒的纵向分布特征类似[17-19]，土壤中有效硒的纵向分异受到土壤 pH 的影响[20]，主要是土壤酸性增强，引起电导率升高[21]，增强土壤中硒的活性[22]，使淋溶作用对硒的纵向分布影响明显。

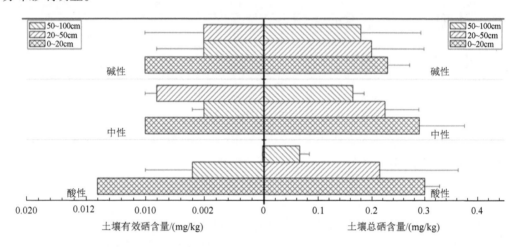

图 4 不同剖面中土壤总硒和有效硒的含量特征

2.3.2 土壤有机质对硒的影响

由表 3 和图 5 可见，有机质在土壤表层富集，随深度增加而递减，且 0～20cm 处土壤有机质含量与 50～100cm 处土壤存在显著差异。不同深度土壤中总硒含量均与有机质含量呈正相关性，同一剖面中表层土壤中硒含量最高，表层土壤有效硒占有量与有机质无明显关系，20～50cm 处土壤有效硒占有量与有机质呈负相关性，50～100cm 处土壤有效硒占有量随有机质含量增加先增大后降低，有机质含量在 2% 左右时，有效硒占有量最大。浙北地区表层土壤硒的富集系数达到 1.94，高于浙中和浙东地区，在成土过程中，不同地区均出现硒向表层富集现象[23]，浙北平原土壤中硒以有机结合态为主，腐殖酸态和残渣态其次，其中有机结合态和腐殖酸态占近 70%[1]，表层土壤富含铁、铝和有机质[17]。调查发现，该地区在收割水稻后，秸秆均采用还田的方式残留在农田中，酸性土壤中秸秆腐熟程度最高，其次为中性土壤，秸秆腐熟后使秸秆中的硒释放进入土壤硒容易被土壤腐殖质吸附和结合，降低硒在土壤中的淋溶和迁移作用[23]。

采用秸秆还田不仅能增加土壤的肥力，还能有效提高腐殖酸中胡敏酸的含量[24]，同时能将秸秆中各元素返还农田，残留在土壤表层，导致有机质与硒在表层富集。因此，该地区秸秆还田是导致表层土壤有机质和硒含量较高的主要原因，20cm 以下土壤有机质和硒含量主要受成土母质影响，其次受淋溶作用影响。

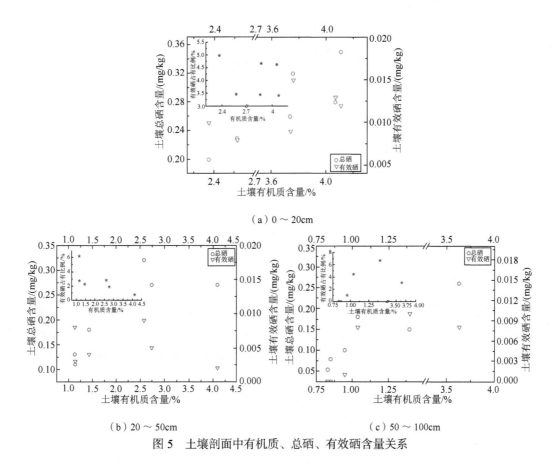

（a）0～20cm

（b）20～50cm　　　　　　　　　　（c）50～100cm

图 5　土壤剖面中有机质、总硒、有效硒含量关系

2.3.3　土壤质地对硒的影响

土壤质地主要受成土母质影响，但人类农业生产活动对表层土壤质地与紧实度有明显影响[25]，土壤质地差异对土壤的孔隙度、表面能，以及液体在土壤中的入渗能力有较大影响[26]，土壤质地由轻变重，液体的渗入速率降低。由图6可见，0～20cm处土壤硒和有效硒与黏粒含量无明显关系，20～50cm处土壤硒与黏粒有一定正相关性，但有效硒与黏粒含量无明显关系，50～100cm处土壤硒和有效硒与黏粒含量均呈明显正相关性。样品采集地区农业活动频繁，农田每间隔一年进行一次翻耕，在秸秆还田作用下，有机质含量急剧增加，导致0～20cm处土壤质地受成土母质影响较小，总硒与有效硒含量均无规则分布；50～100cm处土壤质地与总硒、有效硒均呈较好的正相关性，该深度土壤位于耕作层以下，受农业活动影响较小，土壤质地、总硒与有效硒主要受成土母质控制；20～50cm处土壤为过渡层，成土母质与农业生产活动均对其有一定影响。

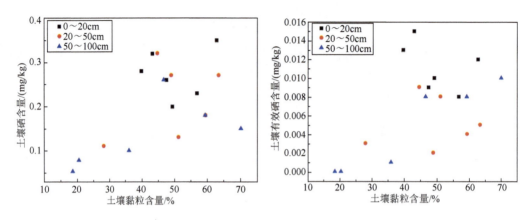

图 6　土壤剖面中质地与总硒、有效硒的关系

2.4　主成分分析

为研究影响土壤硒含量和理化性质的因素，采用主成分分析方法进行研究。研究区土壤硒含量和理化性质信息可由 2 个主成分（特征值：2.59+1.17=3.76）反映 75.10%，其中第一主成分贡献率为 51.73%，主要表现在 Se、有机质含量上有较高的正载荷量，主要是表层土壤环境与农业生产活动秸秆还田的影响；第二主成分的贡献率为 23.37%，主要表现在土壤 pH 和黏粒含量上有较高的正载荷量，主要受人类农业耕作方式的影响，其次受到成土母质的影响（表 4）。

表 4　主成分分析计算结果

项目	第一主成分	第二主成分
特征值	2.59	1.17
贡献率	51.73%	23.37%
累计贡献率	51.73%	75.10%
Se	0.87	−0.25
有机质	0.86	−0.33
pH	−0.24	0.60
阳离子交换量	0.89	0.33
土壤黏粒	0.49	0.72

3　结　　论

湖州典型地区表层土壤硒含量为 0.39mg/kg，高于该地区土壤硒背景值，有向表层富集趋势，达到富硒土壤标准的样点占 54.12%，硒含量较低的地区呈 NE-SW 向分布，硒含量高于 0.5mg/kg 的地区呈斑点状分布，位于练市镇、南浔镇和旧馆镇；该地区表层土壤有机质丰富，含量为 4.53%，土壤整体呈中性，pH 为 6.62，阳离子交换量为 19.04cmol（＋）/kg，以重黏土为主。土壤硒、有机质、阳离子交换量之间均有显著正相关性，土壤硒与 pH 无明显相关性。

土壤总硒、有效硒、有机质、酸碱性，以及黏粒含量的纵向分布存在差异，总硒、有效硒和有机质含量随深度的增加而降低，土壤酸碱性由中性变为碱性，土壤黏粒含量无明显变化。表层土壤总硒和有效硒在酸性环境中含量均高于中性和碱性，土壤质地与总硒、有效硒无明显相关性，总硒与有机质含量呈显著正相关性，有效硒与有机质无明显相关性，随着深度增加，总硒和有效硒含量降低，表层土壤及剖面中总硒与有效硒含量在中性–碱性环境中较稳定，随深度增加变化不大，土壤总硒、有效硒与有机质和土壤质地相关性增强。耕作层土壤有机质、总硒含量，以及阳离子交换量受表层土壤环境与农业生产活动秸秆还田的影响，土壤 pH 与黏粒含量主要受到农业耕作方式的影响，其次为成土母质的影响。

参 考 文 献

[1] 胡艳华, 王家恩, 颜铁增, 等. 浙北平原区土壤硒地球化学研究 [J]. 上海国土资源, 2010, 31(1): 103-106.

[2] 宋明义, 蔡子华, 黄春雷, 等. 杭嘉湖平原区富硒土壤特征与成因分析 [J]. 广东微量元素科学, 2011, 18(8): 20-26.

[3] Schomburg L, Schweizer U, Köhrle J. Selenium and selenoproteins in mammals: Extraordinary, essential, enigmatic[J]. Cellular & Molecular Life Sciences Cmls, 2004, 61(16): 1988-1995.

[4] 杨福愉. 克山病与心肌线粒体病 [J]. 中国科学, 2006, 36(6): 481-485.

[5] Zagrodzki P, Laszczykp. Selenium and cardiovascular disease: Selected issues[J]. Postepy Higieny I Medycyny Doświadczalnej, 2006, 60: 624-31.

[6] 王晓芳, 陈思杨, 罗章, 等. 植物对硒的吸收转运和形态转化机制 [J]. 农业资源与环境学报, 2014, (6): 539-544.

[7] 黄青青, 陈思杨, 王琪, 等. 亚硒酸盐 / 硒酸盐及相互作用对水稻吸收及转运硒的影响 [J]. 农业环境科学学报, 2014,(11): 2098-2103.

[8] 殷金岩, 耿增超, 李致颖, 等. 硒肥对马铃薯硒素吸收、转化及产量、品质的影响 [J]. 生态学报, 2015, 35(3): 823-829.

[9] 郑顺安, 常庆瑞, 齐雁冰. 黄土高原不同林龄土壤质地和矿质元素差异研究 [J]. 干旱地区农业研究, 2006, 24(6): 94-97.

[10] 杨琼, 侯叶青, 顾秋培, 等. 广西武鸣县典型土壤剖面 Se 的地球化学特征及其影响因素研究 [J]. 现代地质, 2016, 30(2): 455-462.

[11] 汪庆华, 董岩翔, 郑文, 等. 浙江土壤地球化学基准值与环境背景值 [J]. 地质通报, 2007, 26(5): 590-597.

[12] 王美珠, 章明奎. 我国部分高硒低硒土壤的成因初探 [J]. 浙江大学学报 (农业与生命科学版), 1996, (1): 89-93.

[13] 王建林, 刘芷宇. 水稻根际中铁的形态转化 [J]. 土壤学报, 1992, (4): 358-364.

[14] 王新, 吴燕玉. 重金属在土壤–水稻系统中的行为特性 [J]. 生态学杂志, 1997, (4): 10-14.

[15] 刘洪升, 宋秋华, 李凤民. 根分泌物对根际矿物营养及根际微生物的效应 [J]. 西北植物学报, 2002, 22(3): 693-702.

[16] 徐卫红, 黄河, 王爱华, 等. 根系分泌物对土壤重金属活化及其机理研究进展 [J]. 生态环境学报, 2006, 15(1): 184-189.

[17] 王世纪, 吴小勇, 刘军保. 浙北地区土壤硒元素特征及其生态环境效应评价 [J]. 中国地质, 2004, (s1): 118-125.

[18] 罗杰, 王佳媛, 游远航, 等. 硒在土壤–水稻系统中的迁移转化规律 [J]. 西南师范大学学报 (自然科学版), 2012, 37(3): 60-66.

[19] 宋萍, 封磊, 洪伟, 等. 闽江口湿地主要土壤–植物系统硒的分配特征 [J]. 华侨大学学报 (自然科学版), 2009, 30(6): 673-676.

[20] 武少兴, 龚子同, 黄标. 我国土壤中的溶态硒含量及其与土壤理化性质的关系 [J]. 中国环境科学, 1997, (6): 522-525.

[21] 李立平, 王亚利, 冉永亮, 等. 铅冶炼厂附近农田土壤 pH 和电导率与重金属有效性的关系 [J]. 河北农业科学, 2012, 16(9): 71-76.

[22] 周国华, 吴小勇, 周建华. 浙北地区土壤元素有效量及其影响因素研究 [J]. 第四纪研究, 2005, 25(3): 316-322.

[23] 郦逸根, 董岩翔, 郑洁, 等. 浙江富硒土壤资源调查与评价 [J]. 第四纪研究, 2005, 25(3): 323-330.

[24] 马俊永, 陈金瑞, 李科江, 等. 施用化肥和秸秆对土壤有机质含量及性质的影响 [J]. 河北农业科学, 2006, 10(4): 44-47.

[25] 龚冬琴, 吕军. 连续免耕对不同质地稻田土壤理化性质的影响 [J]. 生态学报, 2014, 34(2): 239-246.

[26] 解文艳, 樊贵盛. 土壤质地对土壤入渗能力的影响 [J]. 太原理工大学学报, 2004, 35(5): 272-275.

万宁市富硒土壤与农产品调查

王　鹏，马荣林，郭跃品，张固成，郝　宇，曾广骅，王诗宽，卢成鹏

（海南省地质调查院，海口 570100）

摘要： 经过对万宁市部分农产品及其根系土、灌溉水等介质进行系统调查，结果表明：研究区土壤环境质量良好，土壤 Se 平均含量为 0.51mg/kg，富硒土壤在海南省面积最大，分布最集中；本次调查的所有水样都达到了地表水的 I 类水质。研究区农产品整体安全性良好，硒含量水平较高，大部分样品中硒含量符合富硒农产品要求。万宁市清洁的土壤、水资源和得天独厚的自然地理环境，都使该市在发展热带特色高效农业方面具有很大潜力。

关键词： 万宁；富硒；土壤；灌溉水；农产品

硒（Se）是人体必需营养元素之一，也是环境中重要的生命元素[1,2]。研究表明，Se 可以减轻氧自由基对人体细胞的伤害，提高人体免疫功能，延缓衰老，并对防治心血管疾病、癌症、克山病有显著效果[3]。而且也是与长寿人口分布有关的关键元素之一[4,5]。

近年来，已有学者对各地土壤中 Se 含量、分布规律、影响因素，以及农作物中 Se 含量等特征进行了大量研究。黎敦明对陕西紫阳地区基岩、土壤、农作物中的硒含量关系进行了研究，结果表明土壤硒含量、农作物硒含量与基岩硒含量呈正相关关系[6]。任明强等对贵州省普安县茶叶及其产地土壤环境进行了研究，发现普安县江西坡茶场春茶达国家富硒茶标准，其重金属含量低于国家相关标准规定，品质安全可靠，并且认为该县发展优质富硒茶叶生产具有很大的潜力[7]。李娟等对贵州开阳县不同地层、土壤表层的硒含量及其综合开发利用进行了研究，发现开阳县蕴藏着丰富的硒资源，但宝贵的硒资源没有得到合理的开发利用[8]。本文以"万宁市富硒土壤及富硒农产品调查与评价"项目为基础，对研究区表层土壤 Se 元素含量情况、土壤环境质量状况、灌溉水环境质量、农产品 Se 元素含量情况及农产品安全性等进行了总结，旨在为当地的富硒土壤及富硒农产品资源开发与保护提供技术依据。

作者简介：王鹏（1985—），男，陕西宝鸡人，地球化学勘查助理工程师，主要从事地球化学勘查及农业地质调查方面的研究。E-mail: wangpeng767@163.com。

1 研究区概况

万宁市位于海南岛东南部,面积约 1889km^2。研究区地质背景主要为二叠纪至白垩纪的黑云母二长花岗岩、黑云母正长花岗岩和黑云母花岗闪长岩等。北部山区有少量古生代沉积-变质岩,主要为碎屑岩类变质岩,少量结晶灰岩和变质基性火山岩。东部直至沿海为第四系,主要为砂砾、砂、黏土、含玻璃陨石砂砾和海滩岩等。土壤类型主要为砖红壤,其次为水稻土,土壤以酸性为主(pH 为 4.5 ～ 5.5)。土地利用方式主要为园地、耕地和林地,耕地以水稻田为主。万宁市属热带海洋性季风气候,年平均气温为 24.8℃。

2 研 究 方 法

2.1 样品采集与处理

此次根据研究区优势农作物种植情况,采集菠萝、水稻、槟榔和荔枝样,同时配套采集相应根系土样品。水样主要为农田灌溉水,根据农田的分布情况采集。

2.1.1 样品采集

农产品样品采集具有充分的代表性,采样时避开样体过大过小、遭受病虫害或机械损伤,以及田边路旁的植株。菠萝样品选择在 100 ～ 200 亩连片的园地,采用对角线方法选取 4 ～ 5 个样点,样品接近成熟,重量均在 3kg 左右。水稻样品选择在 5 亩以内,长势整齐的水稻田中,采用对角线方法选取 4 ～ 5 个样点,四周样点距地边 1m 以上,样品重量 1kg 左右。槟榔样品选择生长发育较好的槟榔园,取代表性植株 3 ～ 5 株,样品重量 1kg 左右。荔枝样品选择生长发育较好的荔枝园,取代表性植株 5 ～ 10 株,样品重量 1kg 左右。

土壤样品的采集与农作物采集相配套,取植株根系上附着的土壤,剔除植物根系和粗大石块,装入洁净布袋,编号标记正确。

农田灌溉水的采集在自然水流状态下进行,不扰动水流与底部沉积物,以保证样品代表性。水样采集量满足分析方法所需水样量及备用量。容器在装入水样前,先用该采样点水样冲洗三次。装入水样后,加入相应的保护剂,之后摇匀,并填写水样标签。

2.1.2 样品加工

农产品样品在刚采集的新鲜状态冲洗,用湿布擦净表面污染物,然后再用蒸馏水冲洗。水稻籽粒样品在脱粒后,混匀铺平,用方格法和四分法缩分,取得约 250g 样品;瓜果样品剪碎后,用四分法缩分至所需重量(保证干样约 100g)。

土壤样品在阴凉处自然风干,在样品干燥过程中揉搓样品,以免胶结。干燥后使用木槌轻轻敲打，使土壤样品恢复至自然粒级状态，然后用尼龙筛，截取小于 20 目粒级的样品 500g。样品加工过程中保持每个环节干净、无污染。

2.2 样品的分析测试方法

土壤及农作物样品分析项目与测试方法见表 1。

表 1 土壤及农作物样品分析测试方法

元素	土壤样品	农产品样品
Se	氢化物发生-非色散原子荧光光谱法	氢化物发生-非色散原子荧光光谱法
F	氟离子选择电极法	氟离子选择电极法
Cr	电感耦合等离子体原子发射光谱法	电感耦合等离子体质谱法
Cd	电感耦合等离子体质谱法	电感耦合等离子体质谱法
As	氢化物发生-非色散原子荧光光谱法	氢化物发生-非色散原子荧光光谱法
Pb	电感耦合等离子体质谱法	电感耦合等离子体质谱法
Zn	电感耦合等离子体质谱法	电感耦合等离子体质谱法
Cu	电感耦合等离子体质谱法	电感耦合等离子体质谱法
Hg	氢化物发生-非色散原子荧光光谱法	氢化物发生-非色散原子荧光光谱法
Ni	电感耦合等离子体质谱法	—

2.3 评价方法与标准

2.3.1 土壤环境质量及富硒评价方法及标准

为定量反映研究区土壤中各种重金属指标在土壤环境中的富集程度，采用单因子指数法对研究区污染要素进行分析和评价，单个污染物污染指数的计算公式[9]为

$$C_f^i = \frac{C_s^i}{C_n^i}$$

式中，C_f^i 为单一金属 i 的污染系数；C_s^i 为土壤中金属 i 的实测含量，mg/kg；C_n^i 为计算选用的参比值，mg/kg，为增强评价结果的可比性，重金属的背景值选用土壤的环境评价依据《土壤环境质量标准》（GB 15618—1995）（表 2）。

表 2 土壤环境质量及富硒评价标准 （单位：mg/kg）

元素	Cd	As	Pb	Cu	Cr	Zn	Hg	Ni	富硒土壤
C_n^i	0.3	40	250	50	150	200	0.3	40	0.4 ~ 3.0

土壤富硒评价依据《中华人民共和国地方病与环境图集》提出的划分生态景观硒的标准，详见表 2。

2.3.2 农产品安全质量评价标准

农产品安全质量标准依据《食品中污染物限量》（GB 2762—2005）、《农产品安全质量无公害蔬菜安全要求》（GB 18406.1—2001）、《农产品安全质量无公害水果安全要求》（GB 184062—2001）和《粮食（含谷物）、豆类、薯类及制品中铅、铬、镉、汞、硒、砷、铜、锌等八种元素限量》（NY 861—2004），本文所采用农产品安全限量标准详见表 3。

表 3　农产品（可食部分）元素限量值　　　　　　　（单位：mg/kg）

元素	Cd	Pb	Hg	As	Cr	F	Cu	Zn
稻谷	0.2	0.2	0.02	0.7	1	1	10	50
薯类	0.1	0.2	0.01	0.5	0.5	—	6	15
水果	0.05	0.1	0.01	0.5	0.5	0.5	—	—
槟榔	0.05	0.1	0.01	0.5	0.5	—	—	—

2.3.3 富硒农产品评价标准

目前，除稻谷外［卫生部颁布的《富硒稻谷》（GB/T 22499—2008）、《食品中硒限量卫生标准》（GB 13105—1991）］，其他农产品国内外无统一富硒标准，因此本文标准参考已有地方富硒食品标准制定的［湖北省富硒食品标签（DB 42/211—2002）、湖北省恩施富硒食品硒含量标准（（QB）Q/EFZ-01-93）］（表 4）。

表 4　农产品含量标准　　　　　　　　　　　　（单位：mg/kg）

品种	富硒下限	富硒上限
富硒水稻	≥0.04	≤0.3
豆类及制品	≥0.1	≤0.3
薯类	≥0.01	≤0.1
蔬菜类	≥0.01	≤0.1
水果	≥0.01	≤0.05

注：槟榔参照水果富硒标准

3　结果与讨论

3.1　土壤环境质量评价

根据单因子指数法[10]，用 C_f^i 来表征沉积物中单个污染物的污染程度：C_f^i <1 时为低污染；1≤ C_f^i <3 时为中污染；3≤ C_f^i <6 时为较高污染。

由表 5 可知，研究区土壤 8 项重金属影响因子的顺序为 Zn>Cd>Ni>Cr>Cu>Hg>Pb>As，其污染因子均远小于 1，均未达到污染水平。可见，研究区土壤环境质量良好，土壤无污染，属清洁水平。土壤中 Cr、Cu、Hg、Ni、Zn、Pb 等重金属元素含量均符合二类土壤标准。

表5　研究区土壤重金属含量及单因子污染指数　　　（单位：mg/kg）

元素	Zn	Pb	Hg	Cd	Cr	Cu	As	Ni
均值	47.64	25.96	0.04	0.06	27.65	8.01	1.97	7.47
C_f^i	0.24	0.10	0.13	0.20	0.18	0.16	0.05	0.19

3.2　土壤富硒评价

研究区土壤 Se 含量为 0.05 ～ 2.75mg/kg，平均含量为 0.51mg/kg；Se 含量变异系数仅为 0.54，表明 Se 元素空间自相关性较强，区域含量波动性较小。

依据《中华人民共和国地方病与环境图集》提出的划分生态景观硒的标准，对万宁市土壤进行富硒评价，结果表明万宁市富硒土壤资源丰富，富硒土壤面积占万宁市土地面积的 66%，是海南省面积最大，分布最集中的硒土（图 1）。

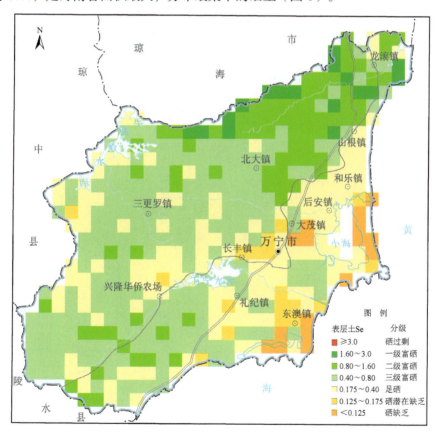

图 1　研究区富硒土壤分布图

富硒区的地质背景主要是花岗岩和变质岩，土壤类型以砖红壤为主，地貌类型主要是山地丘陵，从其所处的空间位置和地质背景分析，富硒土壤与成土母岩关系密切，变质岩背景区土壤硒含量最高、花岗岩背景区土壤硒含量较高，第四系沉积物背景区土壤中硒含量最低。

3.3 灌溉水环境质量评价

根据海南岛多目标调查所获取的万宁市地表水数据，按照国家《地表水环境质量标准》（GB 3838—2002）的地表水质量分类（五级）指标要求及地表水质量综合评价方法，采用 As 等 16 项地表水指标对万宁市地表水质量进行了初步评价，结果表明万宁市地表水质量总体良好，Ⅰ类、Ⅱ类水面积分别为 260.96km² 和 392.91km²，分别占全区面积的 13.87% 和 20.88%，主要分布在西南面；Ⅲ类水面积为 1225.07km²，占全区面积的 65.10%。

相对国家《农田灌溉水质标准》（GB 5084—2005），本次调查采集的 10 个水样全部符合要求。与前期（多目标时期）的调查成果对比，本次调查的所有水样都达到了地表水的Ⅰ类水质（图 2）。

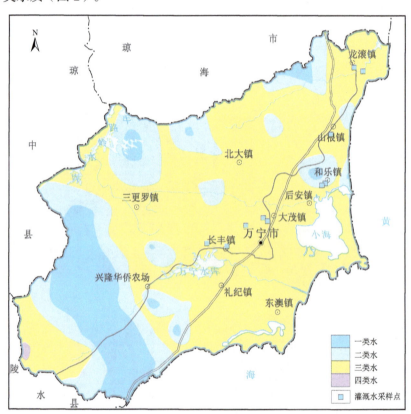

图 2　研究区地表水综合环境质量分级图

3.4 农产品安全性评价

农产品安全性评价结果表明（图 3），研究区农产品整体安全性良好。菠萝、荔枝和槟榔安全性较好，安全率均在 90% 以上；地瓜全部样品中元素含量都低于安全限量值；稻谷安全性一般，Cd 安全率接近 80%，共有 17 件稻谷样品中 Cd 超标，超标样品多分布在龙滚镇和大茂镇。所有菠萝中 Cd、Pb、Hg、As、F、Cr 均低于安全限量；所有荔枝中 Cd、Pb、Hg、As、Cr 均低于安全限量，在大茂镇仅有 1 件样品 F 含量超标；槟榔样品中 Hg 和 Cr 安全性良好，部分地区槟榔中 Cd、Pb、As 超标，超标样品各为 1 件。

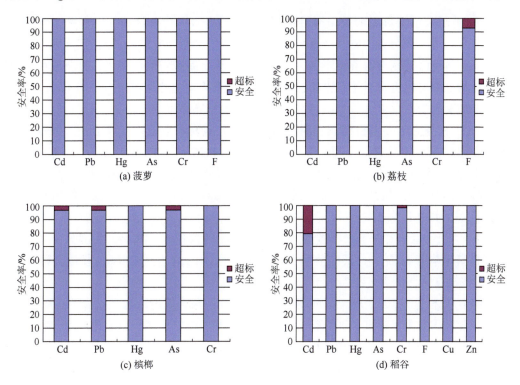

图 3　万宁市农产品安全性评价图

3.5　农产品富硒评价

参照农产品富硒标准对研究区菠萝、稻谷、槟榔和荔枝进行评价，结果表明（图 4），研究农产品硒含量水平较高，大部分样品中硒含量符合富硒农产品要求。其中菠萝、稻谷样品富硒比例达到 100%，荔枝富硒比例为 31%，槟榔富硒比例为 87%，其他槟榔样品中 Se 含量超出限量范围。

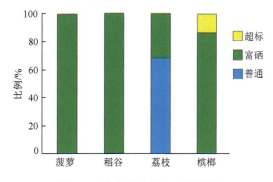

图 4　万宁市农产品富硒评价图

4 结 论

（1）研究区土壤 8 项重金属污染因子均远小于 1，均未达到污染水平。土壤环境质量良好，土壤无污染，属清洁水平。土壤 Se 平均含量为 0.51mg/kg，且区域含量波动性较小。研究区富硒土壤资源丰富，富硒土壤面积是海南省面积最大，分布最集中的硒土。富硒土壤与成土母岩关系密切，富硒区的地质背景主要是花岗岩和变质岩，土壤类型以砖红壤为主。

（2）根据海南岛多目标调查所获取的研究区地表水数据初步评价，结果表明研究区地表水质量总体良好，Ⅰ类、Ⅱ类水面积为 260.96km² 和 392.91km²，分别占全区面积的 13.87% 和 20.88%，主要分布在西南面；Ⅲ类水面积为 1225.07km²，占全区面积的 65.10%。相对国家《农田灌溉水质标准》（GB 5084—2005），本次调查的所有水样都达到了地表水的Ⅰ类水质。

（3）研究区农产品整体安全性良好。农产品硒含量水平较高，大部分样品中硒含量符合富硒农产品要求。其中菠萝、稻谷样品富硒比例达到 100%，荔枝富硒比例为 31%，槟榔富硒比例为 87%。

综上所述，研究区表层土壤环境质量良好，无污染，属清洁水平。水环境质量较好，不仅符合农田灌溉水标准，而且符合生活饮用水源二级保护区，以及适用水生生物栖息等标准。清洁的土壤、水资源和得天独厚的自然地理环境，都使万宁市具备了发展热带特色高效农业的基础条件。

参 考 文 献

[1] 张秀芝, 马忠社, 王荫楠, 等. 唐山开滦煤矿区土壤及地表水中 Se 元素赋存状态及其生态效应研究 [J]. 环境科学, 2012, 33(10): 3404-3410.

[2] 薛瑞玲, 梁东丽, 王松山, 等. 外源亚硒酸盐和硒酸盐在土壤中的价态转化及其生物有效性 [J]. 环境科学, 2011, 32(6): 1726-1733.

[3] 谭见安. 环境生命元素与克山病——生态化学地理研究 [M]. 北京: 中国医药科技出版社, 1996.

[4] 邹晓燕, 李永华, 杨林生, 等. 河南夏邑县长寿现象与土壤环境的关系 [J]. 环境科学, 2011, 32(5): 1415-1421.

[5] Huang B, Zhao Y C, Sun W X, et al. Relationships betweendistributions of longevous population and trace elements in theagricultural ecosystem of Rugao County, Jiangsu, China[J]. Environmental Geochemistry and Health, 2009, 31(3): 379-390.

[6] 黎敦明. 紫阳地区微量元素特征及富硒作物开发建议 [J]. 陕西地质, 1999, 17(1): 67-73.

[7] 任明强, 赵宾, 陈旭辉. 贵州普安县优质富硒茶及土壤环境调查 [J]. 贵州农业科学, 2012, 40(7): 136-138.

[8] 李娟, 汪境仁. 贵州省开阳县硒资源及其综合开发利用研究 [J]. 贵州农业科学, 2003, 31(3): 73-74.

[9] 张勇, 刘树函. 广州入海河口沉积物重金属污染及潜在生态风险初步评价 [J]. 广州环境科学, 2007, 22(1): 37-39.

[10] Hakanson L. An ecological risk index for aquatic pollution control: Asedimentological approach[J]. Water Research, 1980, 14(8): 975-1001.

Selenium Fractionation and Speciation in Paddy Soils and Accumulation in Rice under Field Conditions in Jinhua Zhejiang Province, China

Shao Yixian[1, 2], Cai Zihua[1, 2], Song Mingyi[1, 2]

(1. Geological Research Center for Agricultural Applications of China Geological Survey, Hangzhou 311203, Zhejiang, China; 2. Geology Investigation Institute of Zhejiang Province, Hangzhou 311203, Zhejiang, China)

Abstract: Soils, as well as paddy tissue samples, were collected in the Se-rich area of Jinhua County, Zhejiang Province, China. Sequential extraction procedure was used for selenium (Se) fractionation, including soluble Se, exchangeable Se and carbonate-bound Se, iron and manganese oxide-bound Se, humic acids-bound Se, organic matter-bound Se, and the residual Se fraction. The results showed that soluble Se, exchangeable Se, carbonate-bound Se, iron and manganese oxide-bound Se fractions accounted for less than 2% of the total Se, respectively. Organic matter-bound Se was the dominant fractions. Average concentrations (mg/kg) of Se in the paddy tissues were 0.069 in seed, 0.263 in root, 0.09 in stalk, and 0.17 in leaf. The organic matter-bound Se had a significant indirect effect on Se accumulation in paddy tissues. In conclusion, organic matter-bound Se was an important fraction and source of plant Se in agricultural soil.

Key words: selenium; fractionation; speciation; accumulation; rice

1   Introduction

Selenium (Se) has been recognized as an essential trace element for humans and animals[1] because of its critical role in organic antioxidant defense systems[2] and cancer prevention[3].

Corresponding author: Shao Yixian. E-mail: grcacgs syx@163.com.

Therefore, an adequate daily Se intake is required to maintain health. However, in many regions worldwide, such as in central China, Finland, and Sweden, the estimated Se intake rate from food consumption is generally lower than 40 µg per day recommended by the World Health Organization[4, 5].

This condition is attributable to the generally insufficient Se content in the environment (i.e. soil), resulting in inadequate Se in food[6]. Se supplementation by spraying and soil amendment with Se-enriched fertilizers to increase Se concentrations in agricultural products are some prevalent approaches[7], for example, the crop plant and vegetation Se biofortification strategy in the UK[8]. By contrast, it might be a more efficient and effective option to exploit Se-enriched food in soils naturally abundant in Se, which is distributed in some certain regions of the world, such as Enshi and Ziyang, China[9, 10], South Dakota, USA[11] and Punjab, India[12]. Among them, 10 to 30 Se in soil from Ziyang County in Shaanxi Province, China has been reported[9] and soils containing more than 3.0mg/kg total Se can be defined as excessive for human nutrition[13].

However, Se uptake and accumulation by plants depend more on the abundance of Se in different fractions and species of Se than the total Se concentration in the soil[14-16]. Extensive studies have been conducted previously on the uptake and accumulation, as well as translocation and distribution, of selenate or selenite in higher plants utilizing exogenic Se in laboratory or field experiments[17, 18]. Se from anthropogenic sources often greatly differs from that in natural soils. To date, studies have primarily focused on the sources and distribution of Se in the environment in Jinhua, and little is known about the fractions and species of Se in these soils, as well as plant Se accumulation, distribution, and translocation.

Sequential extraction procedures have previously been used to evaluate the fractions of metals or metalloids based on the difference in binding forces with various soil components[19]. In particular, soil Se fractionation has been operated by multiple approaches, and several common trends have been identified in earlier studies. For instance, soluble Se is often extracted using KCl solution[19] or deionized water[20]. The adsorbed or ligand exchangeable Se can be quantified using phosphate solution, whereas elemental Se is soluble in Na_2SO_3 solution. Se associated with organic matter has been extracted using NaOH or $K_2S_2O_8$[21, 22]. In the environment, Se can be found in four oxidation states (Se^{2-}, Se^0, Se^{4+}, and Se^{6+}), recognized as Se species.

Therefore, the specific objectives of the present study were mainly to: ① determine Se fractions in naturally seleniferous soil in Jinhua; ② investigate the effects of soil Se fractions on Se accumulation in paddy tissues; ③ establish the relationship between plant Se accumulation and soil Se bioavailability quantified using sequential extraction procedures.

2 Methodology

2.1 Field sampling

Field survey and sampling were performed in Wucheng District, Jinhua County, Zhejiang Province (Figure 1). 64 surface topsoil samples and 33 rice samples along with soil samples in the same sampling fields were collected. Additionally, 10 paddy tissues samples were also collected. Surface samples of standing water were stored in airtight fabric bags, and paddy tissues samples were stored in plastic bags during transport from the field to the laboratory.

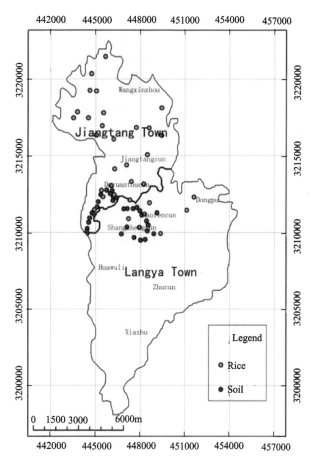

Figure 1　Locations of different samples

2.2 Sample preparation

After removal of plant and detrital materials, soil samples were ground to pass through a

No. 100 mesh nylon sieve (0.15 mm) for chemical analyses of soil Se concentration.

Paddy tissues samples were washed with running tap water and then with deionized water to remove dust and soil. Washed paddy tissues samples were separated into the various plant parts (roots, stalks, leaves, and seeds), and then oven-dried at 95 ℃ for 30 min, and then at 60 ℃ to a constant weight. All plant samples were ground into fine powder using a steel mill and then kept in a dark room at room temperature.

2.3 Chemical analysis

2.3.1 Extraction of Se fractionations in soil

Soil samples were analyzed for Se fractions using the five-step sequential extraction method described as follows:

(1) Soluble Se: 10 mL 0.25 mol/L KCl was added to 1.0 g soil in a 100 mL polypropylene centrifuge tube. Then, the tube was shaken at 200 r/min at 25 ℃ for 1 h. The mixture was centrifuged for 10 min at 4000 r/min, and filtered through a 0.45 μm filter. The supernatant was collected for further speciation analysis, and the remaining precipitate was used for the next step of extraction. The same centrifugation and filtration steps were conducted after each of the following extraction procedure.

(2) Exchangeable Se and carbonate-bound Se: 10 mL 0.7 mol/L KH_2PO_4 (pH 5.0) was added to the above tube and was shaken at 200 r/min and 25 ℃ for 4 h.

(3) Iron (Fe)/manganese (Mn) oxide-bound Se: 10 mL 2.5 mol/L HCl was added to the remaining soil. The capped vials were then heated in a water bath at 90 ℃ for 50 min. The centrifuge vials were also shaken intermittently.

(4) Organic matter-bound Se and humic acid Se: 8 mL 5% $K_2S_2O_8$ and 2 mL concentrated HNO_3 were added to each remaining soil sample, and the vial was heated for 3 h in a water bath at 95 ℃ . The tube was intermittently shaken from time to time.

(5) Residual Se: the soil residuals were transferred into a Teflon crucible with 8 mL concentrated HNO_3 and 2 mL concentrated $HClO_4$. The crucibles were covered and heated at 170 ℃ in a sand bath until the soil appeared white or gray. After acid digestion, the solution was transferred to a 25 mL volumetric flask with deionized water.

The centrifuge tube was weighed before and after each extraction to calculate the remaining extractant entrained in the soil residue. Se concentration in the remaining solution was subtracted from the measured Se concentration of each extraction.

2.3.2 Digestion of rice tissues

Concentrations of total Se in rice samples were determined using the Standard Method (GB/T 5009.93—2003) developed by the Ministry of Health of China. Briefly, 1.0 g of each sample was weighed into a 100 mL glass tube. Concentrated HNO_3 (8 mL) and 2 mL concentrated $HClO_4$ were added, and the digestion tubes were kept overnight at room temperature (25℃). Acid digestion was conducted at 170℃ in an automatic temperature control furnace until the digestion solution became clear. After acid digestion, sample solutions were cooled and transferred into a 25 mL volumetric flask with deionized water.

2.3.3 Determination of Se concentration

Se concentration in the solution was determined using atomic fluorescence spectrophotometer with hydride generation according to the Standard Method (GB/T 5009.93—2003). Atomic fluorescence spectroscopy is sensitive to Se^{4+}, and therefore, solutions obtained by extraction steps 1 and 2 were treated as described in Section 2.3.1 before determination; solution obtained by extraction steps 4 and 5 and acid digestion were heated at 100 ℃ for 15 min in 6 mol/L HCl solution.

3　Results

3.1　Distribution of Se in soils

The total Se concentrations in paddy soil samples ranged from 0.23 to 0.58 mg/kg with an average of 0.38±0.08 mg/kg (Table 1). 63 of the 64 soil samples fell within this range. The only one sample contained extremely high concentration of Se, which were located at cropland with the concentration of 1.58 mg/kg. This indicated a different process that might lead to the extreme Se enrichment and further study should be required. Accordingly, we suggested that the mean of the 64 results represents a normal range for soils in most of the field area. The geometric mean of Se concentration in these soils is 0.39 mg/kg, is approximately 3 times greater than the average Se content (0.125 mg/kg) in Se-deficient areas and approximated that in Se-rich areas (0.4 mg/kg) in China, respectively [23]. However, the moderate coefficient of variation (45%) for Se in soil indicates that distribution of Se in soils is uneven.

Table 1　Summary of Se concentrations in the different samples

Samples	Min/（mg/kg）	Max/（mg/kg）	A/（mg/kg）	N
Soil	0.23	1.58	0.39	64
Rice	0.023	0.32	0.069	34
Root	0.21	1.00	0.263	10
Stalk	0.055	0.12	0.09	10
Leaf	0.11	0.25	0.17	10

N: number of samples; A: average concentration

3.2　Se fractions in soil

The Se fractionation results were shown in Figure 2. Concentrations of soluble, exchangeable, carbonate-bound and Fe-Mn oxides Se in soils were 0.005 mg/kg, only accounted for approximately 1.3%, which suggested these four fractions have reached saturated state.

OM-Se is the main fraction of Se in the soil, ranged from 0.114 to 0.193 mg/kg with an average of 0.155 mg/kg. And its corresponding ratio to total Se in the soil was 44.50%±6.75%. OM-Se primarily originates from plant decomposition, with a small contribution from rainfall. Se is a pro-biological element that exists and bio-accumulates as organic compounds in plants or organisms[24].

The range of the RES-Se content in soils was 0.029 ～ 0.080 mg/kg, and its corresponding ratio to the total Se was 15.29%±2.76%. Residual Se primarily occurs in silicate minerals (e.g., feldspar, quartz, mica, etc.) and cannot be easily damaged by acide base reactions. Obviously, such forms of Se are unavailable to plants.

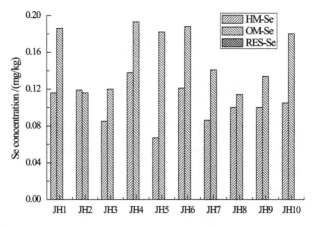

Figure 2　Se fractions in the paddy soils

3.3　Distribution of Se in rice

In the whole study area, the concentration of Se in the rice samples ranged from 0.023 to 0.10 mg/kg with an average of 0.069 ± 0.05 mg/kg (Table 1). The most samples fell within this range except only one sample with the concentration of 0.32 mg/kg, which were located at brickkiln. This suggests a coal combustion that might lead to the extreme Se enrichment. The average concentration exceeded the national standard of Se-rich rice, which suggested that eating the rice was beneficial to our human health. However, the spatial distribution of Se in rice was also uneven. The highest Se concentration samples was located at the village of Dayuantou, and the lower Se concentration samples was located at the southern of the town of Langya.

3.4　Accumulation and distribution of Se in paddy tissues

Se concentrations of root, stalk and leaf were 0.263±0.04 mg/kg, 0.09±0.02 mg/kg and

0.17±0.04 mg/kg, respectively (Table 1). And the Se concentration of rice was 0.041±0.01 mg/kg. Overall, the total Se concentrations in the various paddy tissues were in the following order: root>leaf>stalk>rice. A significant correlation ($p<0.05$) was found among the Se concentrations of the different paddy tissues.

Se concentration in paddy tissues was significantly correlated with the OM-Se concentration in soil, and the correlation coefficient reduced gradually in leaf and rice (Table 2). This Se fraction indirectly exerted positive effects via Se^{6+} in soluble and exchangeable Se, which were relatively more available to higher plants. However, HM-Se had relatively greater positive effect on Se accumulation in paddy root than in stalk, leaf and rice. RES-Se had no direct effect on Se accumulation in rice, leaf, stalk and root.

Table 2 Correlations between Se contents in paddy tissues and Se concentrations in different fractions in the soils

Se fractions	Root	Stalk	Leaf	Rice
HM-Se	0.454*	0.221	0.195	0.112
OM-Se	0.772*	0.665*	0.678*	0.588*
RES-Se	0.321	0.191	0.171	0.122

* Statistically significant ($p<0.05$)

4 Discussion

The total Se concentration in soil varied in a range of 0.23 ～ 0.58 mg/kg. The Se concentration in corn seed ranged between 0.023 and 0.1 mg/kg. The bioconcentration factor (BCF=[Se]plant/[Se]soil) of Se in the present study was 0.181, while a markedly higher BCF(>1) was reported by Munier-Lamy[25] in pot experiments with selenate or selenite treated soil. Investigation on soil from seleniferous area in Enshi (China) showed the average ratio of whole grain Se concentrations to soil Se concentrations (BCF) was 0.23[26]. Similarly, Dhillon and Dhillon[27] found that, in two types of weed plants, Se accumulation in natural seleniferous soil was almost 50% of that in the selenate-enriched soil. These results implied moderate soil Se bioavailability in the study soil, relatively lower than in soil treated with inorganic Se, which was easily conceivable given the soluble Se concentration in soil. Therefore, the limitation of Se bioavailability was one key obstacle to the exploitation of Se resource in the study region.

The bioavailability of Se depends on its fractions in the environment. Sequential chemical extraction procedure has been widely applied with considerable success to obtain valuable information on the bioavailability and biogeochemistry of trace elements such as Se. In addition to the variation in total Se concentration, the fractions of Se differed individually among the soil samples in this study (Figure 2). Soluble, exchangeable, carbonate-bound and Fe-Mn oxide-bound Se accounted for less than 2%, respectively. Tan et al.[23] found that the percentage of water-soluble Se varied from 1.07% to 6.69% in 20 main soil types in China. Experiments using parallel single extraction procedure also indicated that water soluble Se accounted for 1.4% to 14% of the total soil Se[28]. In contrast with other high selenium soil, concentrations of water-soluble and exchangeable Se in upland soil from Enshi (China) and surface soil from polluted surface mine environment showed similar results with the present study[29]. However, an investigation in the states of Punjab and Haryana found that more than 50% of the total Se was extracted by water and phosphate buffer solution in seleniferous soil. Whereas in soils of nonseleniferous regions, 90% and more of Se could be determined in the remaining fraction[30].

In the long-term process of bedrock weathering and atmospheric deposition, Se primarily existed in the form of inorganic colloids or was bound to organic matter[31]. Organic matter-bound Se accounted for the majority of soil Se, approximately 50% of the total Se which was also true in seleniferous soil from Enshi. Hence, it might be inferred that the ultimate accumulation of Se in the organic matter-bound fraction would be the main process in the biogeochemical cycle of Se in the study region. Concentrations of Se in paddy tissues significantly correlated with OM-bound Se. Thus, Se releasing from the organic matter-bound fraction became dominant over other fractions during plant-growing season. This might attenuate Se deficits in soil solution and enhance Se accumulation in rice. Soil organic matter-bound Se, affected by soil microbial activity, was recognized as potentially available to higher plants. Larsen et al.[32] reported that the addition of symbiotic fungi (*mycorrhiza*) to natural soil increased garlic Se accumulation up to 15 mg/kg or by 10 times more compared with the control. Therefore, clarifying the biotransformation of Se might be crucial to understand soil capability of supplying Se and Se accumulation in plants.

HM-Se accounted for approximately 30% of the total Se. Humic acid is a polymer with a stable structure, thus, plants have difficulty absorbing the Se bound by humic acid. In comparison, the structure of fulvic acid is relatively simple, and the fulvic-acid-bound Se can be easily mineralized and decomposed into inorganic forms and low-molecular-weight organic compounds, such as Se amino acids, for easy absorption by plants. The corresponding ratio of RES-Se to the total Se was approximately 15%. No significant correlation ($p > 0.05$) was observed between the residual Se in the soils and the total Se in the paddy tissues. Residual Se primarily occurs in silicate minerals (e.g., feldspar, quartz, mica, etc.) and cannot be easily damaged by acide base reactions. Obviously, such forms of Se are unavailable to plants. However, under certain condition, residual Se could be converted into available Se to plants, so RES-Se was usually considered a library source of Se.

5 Conclusions

Concentrations of Se in agricultural soils of this study ranged from 0.23 to 0.58 mg/kg, and 0.023 to 0.010 mg/kg in rice. Organic matter-bound Se accounted for the majority of total Se in soil. So the ultimate accumulation of Se in the organic matter-bound fraction remained as the main process in the biogeochemical cycle of Se. Concentrations of soluble, exchangeable, carbonate-bound and Fe-Mn oxide-Se have no significant change with a saturated state, which had no indirect effect on Se accumulation in rice. Therefore, Se released from the organic matter-bound fraction was dominant during short planting season, which might attenuate the deficit of Se in soil and enhance Se accumulation in rice.

Acknowledgements

This project was supported by provincial finance of Zhejiang (No. 2014002).

References

[1] Rayman M P. The importance of selenium to human health[J].Lancet,2000, 356(9225): 233-241.

[2] Tapiero H, Townsend D M, Tew K D. The antioxidant role of selenium and seleno-compounds[J]. Biomedicine & Pharmacotherapy, 2003, 57(4): 134-144.

[3] Reid M E, Duffield-Lillico A J, Slate E, et al. The nutritional prevention of cancer: 400 mcg per day selenium treatment[J]. Nutrition & Cancer, 2008, 20(2):155-163.

[4] Jr C G. Selenium in global food systems[J].British Journal of Nutrition, 2001, 85(5): 517-547.

[5] Navarro-Alarcon M, Cabrera-Vique C. Selenium in food and the human body: A review[J].Science of the Total Environment, 2008, 400(1-3): 115-141.

[6] Jardine T D, Kidd K A. Low concentrations of selenium in stream food webs of eastern Canada[J]. Science of the Total Environment, 2011, 409(4):785-791.

[7] Lyons G, Ortiz-Monasterio I, Stangoulis J, et al. Selenium concentration in wheat grain: Is there sufficient genotypic variation to use in breeding?[J]. Plant & Soil, 2005, 269(1-2): 369-380.

[8] Seppänen M M, Kontturi J, Heras I L, et al. Agronomic biofortification of Brassica with selenium—enrichment of SeMet and its identification in Brassica seeds and meal[J]. Plant & Soil, 2010, 337(1):273-283.

[9] Luo K, Xu L, Tan J A, et al. Selenium source in the selenosis area of the Daba region, South Qinling Mountain, China[J].Environmental Geology, 2004, 45(3):426-432.

[10] Zhu J, Ning W, Li S, et al. Distribution and transport of selenium in Yutangba, China: Impact of human activities[J]. Science of the Total Environment, 2008, 392(2-3): 252-261.

[11] Gerla P J, Sharif M U, Korom S F. Geochemical processes controlling the spatial distribution of selenium in soil and water, west central South Dakota, USA[J]. Environmental Earth Sciences, 2010, 62(7):551-1560.

[12] Sharma N, Prakash R, Srivastava A, et al. Profile of selenium in soil and crops in seleniferous area of Punjab, India by neutron activation analysis[J]. Journal of Radioanalytical & Nuclear Chemistry, 2009, 281(1): 59-62.

[13] Hawkesford M J, Zhao F J. Strategies for increasing the selenium content of wheat[J]. Journal of Cereal Science, 2007, 46(3): 282-292.

[14] Chen Q X, Shi W M, Wang X C. Selenium speciation and distribution characteristics in the rhizosphere soil of rice (Oryza sativa L.) seedlings[J]. Communications in Soil Science & Plant Analysis, 2010, 41(12): 1411-1425.

[15] Harada T, Takahashi Y. Origin of the difference in the distribution behavior of tellurium and selenium in a soil–water system[J]. Geochimica Et Cosmochimica Acta, 2008, 72(5):1281-1294.

[16] Shardendu, Salhani N, Boulyga S F, et al. Phytoremediation of selenium by two helophyte species in subsurface flow constructed wetland[J]. Chemosphere,2003, 50(8): 967-973.

[17] Li H F, Mcgrath S P, Zhao F J. Selenium uptake, translocation and speciation in wheat supplied with selenate or selenite[J]. New Phytologist, 2008, 178(1): 92-102.

[18] Yu X Z, Gu J. D. Differences in uptake and translocation of selenate and selenite by the weeping willow and hybrid willow[J]. Environmental Science & Pollution Research,2008, 15(15): 499-508.

[19] Tessier A, Campbell P G C, Bisson M. Sequential extraction procedure for the speciation of particulate trace metals[J]. Analytical Chemistry, 1979, 51(7): 844-851.

[20] Kulp T R, Pratt L M. Speciation and weathering of selenium in Upper Cretaceous chalk and shale from South Dakota and Wyoming, USA[J].Geochimica Et Cosmochimica Acta, 2004, 68(18): 3687-3701.

[21] And Y Z, Moore J N. Selenium fractionation and speciation in a wetland system[J]. Environmental Science & Technology, 1996, 30(8): 2613-2619.

[22] Zhang Y L, Pan G X, Qiu-Hui H U, et al. Selenium fractionation and bio-availability in some low-Se soils of central Jiangsu Province[J]. Plant Natrition & Fertilizen Science, 2002, 8(3):355-359.

[23] Tan J A, Zhu W, Wang W, et al. Selenium in soil and endemic diseases in China[J]. Science of the Total Environment, 2002, 284(1-3): 227-235.

[24] Li H F, Lombi E, Stroud J L, et al. Selenium speciation in soil and rice: Influence of water management and Se fertilization[J]. Journal of Agricultural & Food Chemistry, 2010, 58(22): 11837-11843.

[25] Munier-Lamy C, Deneux-Mustin S, Mustin C, et al. Selenium bioavailability and uptake as affected by four different plants in a loamy clay soil with particular attention to mycorrhizae inoculated ryegrass[J]. Journal of Environmental Radioactivity, 2007, 97(2-3): 148-158.

[26] Sun G X, Liu X, Williams P N, et al. Distribution and Translocation of Selenium from Soil to Grain and Its Speciation in Paddy Rice (Oryza sativa L.)[J]. Environmental Science & Technology, 2010, 44(17): 6706-6711.

[27] Dhillon K S, Dhillon S K. Selenium concentrations of common weeds and agricultural crops grown in the seleniferous soils of northwestern India[J]. Science of the Total Environment, 2009, 4007(24): 6150-6156.

[28] Tolu J, Hécho I L, Bueno M, et al. Selenium speciation analysis at trace level in soils[J]. Analytica Chimica Acta,2011, 684(1-2): 126-133.

[29] Zhu J, Haibo Q I, Lu L I, et al. Fractionation of selenium in high-Se soils from Yutangba, Enshi,Hubei[J]. Acta Scientiae Circumstantiae, 2008.

[30] Bajaj M, Eiche E, Neumann T, et al. Hazardous concentrations of selenium in soil and groundwater in North-West India[J]. Journal of Hazardous Materials,2011,189(3): 640-646.

[31] Malisa E P. The Behaviour of Selenium in Geological Processes[J]. Environmental Geochemistry & Health, 2001, (2):137-158.

[32] Larsen E H, Lobinski R, Burger-Meÿer K, *et al*. Uptake and speciation of selenium in garlic cultivated in soil amended with symbiotic fungi (mycorrhiza) and selenate[J]. Analytical & Bioanalytical Chemistry, 2006, 385(6):1098-1108.

基础研究

广东阳江—茂名地区土壤碳储量及其时空变化规律

李婷婷

（广东省地质调查院，广州 510080）

摘要： 本文参照《多目标区域地球化学调查规范（1：250000）》（DZ/T 0258—2014），对调查区碳储量进行计算研究。精确计算阳江—茂名地区土壤碳储量，并利用多目标区域地球化学调查实测土壤有机碳密度与1985年广东省第二次土壤普查取得的土壤有机碳密度进行对比，分析30年来，调查区内土壤碳密度及碳储量的时间变化规律，为该区土壤碳循环研究提供数据支撑。研究发现，土壤总有机碳储量为1.19×10^8t，各层位有机碳占碳总储量的比例与全球土壤水平相当，无机碳储量远小于有机碳储量。从空间分布来看，各层位总碳和有机碳区域分布较为相似，土壤碳密度表现出了明显的垂直地带性和水平地带性特征。水田土壤较旱地土壤有机碳含量多，花岗岩母质对表层土壤有机质的贡献较大，而林地对中层和底层土壤有机碳贡献较大。30年来，通过研究阳江—茂名地区在高强度人类活动改造下土壤有机碳的变化情况发现，阳江—茂名地区土壤有机质含量略有增加，其增加趋势及强度在空间上具有较大差异。而林地和农用地这两种利用类型土壤有机碳的改变是影响区域土壤有机碳储量的主要因素。

关键词： 土壤碳储量；空间分布特征；时间变化规律

　　土壤碳库是陆地生态系统中最大的碳库，土壤碳库动态是陆地生态系统碳循环及全球变化研究的重点和热点之一[1]，自然因素和人为因素都会影响土壤有机碳储量。而土壤碳库以土壤有机质的形态储存于土壤中，其稳定、增长或释放都与大气碳库的变化有重要的关系。近年来，人类对自然资源，尤其是化石燃料的燃烧、开荒毁林和改变土地利用方式等活动，对碳在地球各圈层之间的平衡有相当大的影响，尤其是大气圈和土壤圈[2]，造成大气CO_2浓度增高，而CO_2作为温室气体的主要成分之一，对全球温度的

作者简介：李婷婷(1987—)，女，宁夏隆德人，助理工程师，主要从事农业地质工作。E-mail:314825424@qq.com。

上升有直接影响。土壤是陆地生态系统最大且周转时间最慢的碳库，由有机碳库和无机碳库组成，土壤无机碳库所占比例较小，土壤有机碳的积累和分解的速率决定着土壤碳库的储量；土壤有机碳也是土壤肥力的重要体现 [3]。因此，无论是研究地球各圈层的物质循环，还是维护农业经济的可持续发展，都需对土壤有机碳的储量和分布特征进行研究。目前对于土壤有机碳储量研究有很多种方法和模型，但由于资料来源不同，所得结果存在一定的差异。本文参照《多目标区域地球化学调查规范（1：250000）》（DZ/T 0258—2014），对调查区碳储量进行计算研究。

1 材料和方法

1.1 研究区概况

阳江－茂名调查区地处广东省西南部，东毗珠江三角洲，西临湛江，北连广西壮族自治区，南临中国南海。境内海岸线曲折，港湾多，海岸线总长达 589.9km。区内海陆空交通便利，三茂、阳阳、河茂、茂湛铁路和阳湛、广东西部沿海高速公路，以及 207 国道、325 国道连成网络，还有茂名港、阳江港及阳江民航机场。交通基本已形成立体网络，靠近东部的阳江更是已融入珠江三角洲两小时经济圈。

阳江－茂名地区在大地构造上属华南褶皱系，涉及范围横跨云开大山隆起及粤中凹陷两个构造单元，区内地貌结构包括山地、丘陵、台地、平原，以山地、丘陵面积较广，属粤西沿海流域区，河川发达，溪流密布。地处北回归线以南，属亚热带季风气候，温和湿润，雨量充沛。全年平均气温在 22℃ 以上，年平均降水量在 1530 ～ 2346mm。夏秋季台风较多，有利于环境自净，但自然灾害也比较多；阳江市江城区及阳东县也是广东暴雨中心之一。据载，每年 7 ～ 9 月有 2 ～ 3 次台风袭击，风力 7 ～ 8 级，最大可达 12 级；每年 11 月到次年 3 月迷雾较多，海拔 500m 以上的山区，云雾环绕，终日不散。

1.2 土壤碳储量的计算方法

土壤碳密度是指单位面积（km²）内一定深度土体中碳元素（包括有机碳和无机碳）的储量（质量），单位一般为 kg/m²、t/km²。土壤碳储量是指一定面积内一定深度土壤的碳储量（质量），一般用质量单位表示，常用单位有 t、Gt、Pg 等。分别计算表层（0 ～ 20cm）、中层（0 ～ 100cm）、深层（150 ～ 180cm）、全层（0 ～ 180cm）等不同层位土壤全碳、有机碳、无机碳储量及密度。本文参照《多目标区域地球化学调查规范（1：250000）》（DD2005-01），对调查区碳储量进行计算研究，具体计算方法如下 [4]。

1.2.1 土壤碳密度

土壤碳密度计算公式为

$$SCD=D\times\rho\times C\div10$$

式中，SCD 为土壤碳密度（kg/m^2）；D 为土壤深度（cm）；ρ 为土壤容重（g/cm^3）；C 为土壤碳含量（%）；10 为单位换算系数。

土壤碳密度计算深度不同，土壤有机碳和无机碳含量取值不同。

（1）D=20cm 时，C 为表层土壤碳含量（无机碳和有机碳）。

（2）D=100cm 时，计算公式为

有机碳含量：

$$TOC = \frac{(TOC_{表} - TOC_{深}) \cdot [(d_1 - 100) + 100 \cdot (\ln 100 - \ln d_2)]}{100(\ln d_1 - \ln d_2)} + TOC_{深}$$

无机碳含量：

$$TIC = \frac{(TIC_{表} - TIC_{深}) \cdot (d_2 - 100)}{100(d_2 - d_1)} + TIC_{深}$$

（3）D=180cm 时，计算公式为

有机碳含量：

$$TOC = \frac{(TOC_{表} - TOC_{深}) \cdot (d_1 - d_2)}{d_2(\ln d_1 - \ln d_2)} + TOC_{深}$$

无机碳含量：

$$TIC = \frac{TIC_{表} + TIC_{深}}{2}$$

式中，$TOC_{表}$ 和 $TIC_{表}$ 分别为表层土壤有机碳和无机碳含量（%）；$TOC_{深}$ 和 $TIC_{深}$ 分别为深层土壤有机碳和无机碳含量（%）；d_1=10；d_2 为深层土壤实际采样深度（cm）。

1.2.2 单位土壤碳量

单位土壤碳量是指以 $4km^2$ 为单位的范围内，一定深度土体中的碳量。

单位土壤碳量计算公式为

$$USCA = 4\times10^3\times SCD$$

式中，USCA 为单位土壤碳量（t）；4×10^3 为换算系数；SCD 为土壤碳密度（kg/m^2）。

1.2.3 土壤碳储量

土壤碳储量计算公式为

$$SCR=\sum_{i=1}^{n}USCA_i$$

式中，SCR 为土壤碳储量（t）；USCA 为单位碳储量（t）；n 为土壤碳储量统计范围内，单位土壤碳量的加和个数。

2　结果与分析

2.1　不同深度碳储量及区域分布特征

按照上述不同层位土壤碳储量计算方法，分别计算了调查区表层（0～20cm）、中层（0～100cm）、深层（150～180cm）、全层（0～180cm）等不同深度土壤总有机碳（TOC）、总碳（TC）和总无机碳（TIC）量，计算结果见表 1。

表 1　研究区不同层土壤各种形式的元素量

深度 /cm	总量 /t			本区碳密度 / （kg/m²）			珠三角地区碳密度 / （kg/km²）		
	TC	TOC	TIC	TC 密度	本区 TOC	TIC 密度	TC 密度	TOC	TIC
表层	$2.56×10^7$	$2.18×10^7$	$3.85×10^6$	2.82	2.39	0.42	3.00	2.27	0.73
中层	$9.74×10^7$	$7.81×10^7$	$1.93×10^7$	10.71	8.59	2.12	11.87	8.67	3.20
深层	$1.63×10^7$	$1.36×10^7$	$2.63×10^6$	1.79	1.50	0.29	1.13	1.16	0.40
全层	$1.44×10^8$	$1.19×10^8$	$2.52×10^7$	15.88	13.10	2.77	18.83	13.72	5.11

注：表层深度为 0～20cm，中层为 0～100cm，底层为 150～180cm，全层为 0～180cm

由表 1 可知，调查区内表层土壤（0～20cm）碳密度平均值为 2.82kg/m²，低于全国水平，这可能是由于阳江—茂名地区地处热带亚热带地区，水热条件较好，土壤有机质分解快，加上土壤过度开垦，易造成土壤有机质的损失[5]；深层土壤碳密度平均值为 1.79kg/m²，土壤表层碳密度大于深层土壤碳密度，是深层土壤碳密度的 1.59 倍。表层土壤碳储量是深层土壤碳储量的 1.57 倍，大于深层土壤碳储量。调查区内表层、中层、全层土壤碳储量分别为 $2.56×10^7$t、$9.74×10^7$t、$1.44×10^8$t，其中有机碳分别为 $2.18×10^7$t、$7.81×10^7$t、$1.19×10^8$t，占相应层位总碳储量的比例分别为 85.16%、80.18% 和 82.64%，各层位有机碳占碳总储量的比例与全球土壤水平相当。无机碳储量远小于有机碳，分别为 $3.85×10^6$t、$1.93×10^7$t、$2.52×10^7$t，占相应层位总碳储量的比例分别为 14.84%、19.82% 和 17.36%。一般认为，土壤碳库主要是由土壤有机碳库贡献的，而土壤无机碳库对整个土壤碳库的贡献是极少的，可以忽略。

与广东省珠三角地区土壤相比（表 1），调查区表层土壤碳密度与珠三角地区表层土壤碳密度相当，表层和中层土壤有机碳碳密度略高于珠三角地区有机碳密度。

从空间分布来看，各层位总碳和有机碳区域分布较为相似。表层土壤有机碳与全碳密度高值区主要分布在茂名市茂南区公馆圩以西—茂名市市区以东—茂名市电白区坡心镇—茂名市电白区大衙镇—茂名市电白区观珠镇—茂名市电白区马踏镇北西—茂名市茂南区新圩镇—茂名市高州市塘口镇—茂名市茂南区白沙镇—阳江市阳东县双捷镇，呈带状分布，零星分布于茂名市茂南区溪头镇，阳西县、茂名市电白区笪桥镇、化州市新安镇，并在化州市以西、高州市石板镇以西、高州市潭头—大井东部出现极值点。从地貌上看主要分布于盆地、平原、丘陵、岗地等地势较低处，水田较多的区域。其次，花岗岩出露地区表层有机碳含量较高。全层土壤有机碳与全碳密度高值区主要分布在调查区的北西（大片分布）及东部少数地区。并在高州市荷花镇南西，化州市那务镇以东，高州市大井镇南部，茂名市茂南区金塘镇北东，阳西县，茂名市茂南区白沙镇以南出现极值点。中层土壤有机碳和全碳密度高值区分布与深层土壤有机碳和全碳密度高值区分布相似，主要分布于地势较高的丘陵、台地及山区，主要为旱地和林地区。有机碳的这种分布特征说明，调查区内，水田土壤较旱地土壤有机碳含量多，花岗岩母质对表层土壤有机质的贡献较大，而林地对中层和底层土壤有机碳贡献较大。

2.2 区内土壤有机碳不同时空变化规律

利用多目标区域地球化学调查实测土壤有机碳密度与1985年广东省第二次土壤普查取得的土壤有机碳密度进行对比，分析30年来，阳江—茂名地区在高强度人类活动改造下土壤有机碳的变化情况。其中依据《广东土壤》第二次土壤普查数据制作的耕层土壤有机质含量分布图，对应多目标区域地球化学调查采样网格提取土壤有机质平均含量值，除以转换系数1.724换算为有机碳含量值。

对比结果表明，30年来，阳江—茂名地区土壤有机质含量略有增加。1985年调查区表层土壤有机质平均含量为1.66%，2013年表层土壤有机质平均含量为1.93%，略有增加。从空间变化上来看，其增加趋势及强度在空间上具有较大差异（图1），增加高值点主要出现在茂名市茂南区白沙镇、阳江市及北东部分区域、高州市塘口镇、茂名市电白区黄岭镇、茂名市电白区马踏镇—望夫镇、茂名市电白区观珠镇、茂名市电白区小良以西、茂名市茂南区公馆镇、化州市官桥镇、化州平定以南、化州市文楼、化州市那务、高州市荷花镇南西。在阳江市南西、高州市塘口镇、茂名市电白县黄岭镇、化州平定以南，增加强度最大。调查区西部存在大片有机质含量降低的区域，高州市大井镇以西、高州市沙田镇—化州市江湖镇、茂名市电白区坡心镇及其西部地区降低趋势尤为显著；东南沿海地带存在较大面积弱降低区域。

不同利用类型土壤有机碳密度统计结果见表2。与2013年土壤有机碳密度相比，30年间阳江—茂名地区土壤有机碳密度和有机碳储量均有所增加，增加幅度为15.4%。农用地、城镇用地、林地有机碳密度均有所增加，有机碳密度分别增加0.08kg/km^2、0.94kg/km^2、0.25kg/km^2，增加幅度分别达17.4%、30.3%、11.8%。仅滩涂土壤有机碳密度降低0.27 kg/km^2，降低幅度为16.4%。林地和农用地分布面积较大，所以这两种利用类型土壤有机碳的改变是影响区域土壤有机碳储量的主要因素，且林地和农用地有机碳储量分别增加1.01×10^6t和0.19×10^7t，占全区有机碳储量变化量的比例分别为11.8%和17.4%。

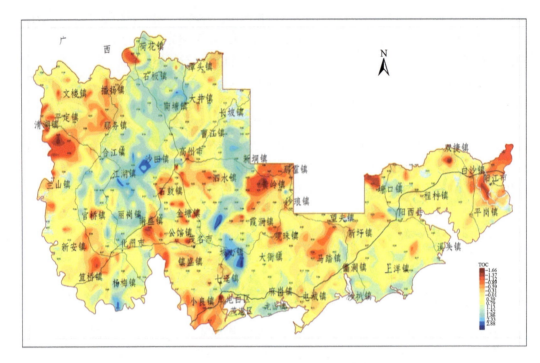

图 1　表层土壤有机碳含量变化空间分布图

表 2　广东阳江—茂名地区不同时期土地利用类型表层土壤有机碳储量分布对比

土地利用类型	面积/km²	多目标调查（2015 年）		第二次普查（1985 年）		变化趋势		
		有机碳储量/t	有机碳密度/（kg/m²）	有机碳储量/t	有机碳密度/（kg/m²）	有机碳储量/t	有机碳密度/（kg/m²）	比例/%
农用地	5332	1.28×10^7	2.11	1.09×10^7	2.03	0.19×10^7	0.08	17.4
城镇用地	46	1.13×10^5	2.82	8.67×10^4	1.88	2.63×10^4	0.94	30.3
林地	3531	8.54×10^6	2.42	7.53×10^6	2.17	1.01×10^6	0.25	11.8
滩涂	191	2.49×10^5	1.32	2.98×10^5	1.59	-0.49×10^5	-0.27	-16.4
汇总	9100	2.17×10^7	2.17	1.88×10^7	1.92	0.29×10^7	0.25	15.4

3　结果与讨论

　　阳江—茂名地区土壤有机碳储量计算结果显示，调查区内表层土壤碳密度平均值为 2.82kg/m²。土壤总有机碳储量为 1.19×10^8t，深层土壤碳密度平均值为 1.79kg/m²，土壤表层碳密度大于深层土壤碳密度，是深层土壤碳密度的 1.59 倍。表层土壤碳储量是深层土壤碳储量的 1.57 倍，大于深层土壤碳储量。各层位有机碳占碳总储量的比例与全球土壤水平相当，无机碳储量远小于有机碳储量。从空间分布来看，各层位总碳和有机碳区域分布较为相似，土壤碳密度表现出了明显的垂直地带性和水平地带性特征。表层土壤有机碳与全碳密度高值区从地貌上看主要分布于盆地、平原、丘陵、岗地等地势较低处，水田较多的区域。其次，花岗岩出露地区表层有机碳含量较高。而中层土壤有机碳和全碳密度高值区分布与深层土壤有机碳和全碳密度高值区分布相似，主要分布于地势较高的丘陵、台地及山区，主要为旱地和林地区。

利用多目标区域地球化学调查实测土壤有机碳密度与 1985 年广东省第二次土壤普查取得的土壤有机碳密度进行对比，分析 30 年来，阳江—茂名地区在高强度人类活动改造下土壤有机碳的变化情况发现，阳江—茂名地区土壤有机质含量略有增加，其增加趋势及强度在空间上具有较大差异。调查区西部和东南沿海地带存在大片有机质含量降低的区域。对不同利用类型土壤有机碳密度统计发现，30 年间阳江—茂名地区土壤有机碳密度和有机碳储量均有所增加，仅滩涂土壤有机碳密度有所降低。由于林地和农用地分布面积较大，所以认为这两种利用类型土壤有机碳的改变是影响区域土壤有机碳储量的主要因素。

参 考 文 献

[1] 许文强, 陈曦, 罗格平, 等. 干旱区三工河流域土壤有机碳储量及空间分布特征 [J]. 自然资源学报, 2009, 24(10): 1740-1747.

[2] 王绍强, 周成虎, 李克让, 等. 中国土壤有机碳库及空间分布特征分析 [J]. 地理学报, 2000, 55(5): 533-544.

[3] 甘海华, 吴顺辉, 范秀丹. 广东土壤有机碳储量及空间分布特征 [J]. 应用生态学报, 2003, 14(9): 1499-1502.

[4] 中国地质调查局. 多目标区域地球化学调查规范 (1 : 250000)(DZ/T 0258—2014)[S]. 北京 : 中国标准出版社, 2014.

[5] 唐晓红, 吕家恪, 魏朝富, 等. 区域稻田土壤碳储量的空间分布特征 [J]. 中国农业通报, 2009, 15(14): 173-177.

基于农产品安全的浙江省稻田土壤 Cd 临界值研究

殷汉琴 [1,2]，傅野思 [1,2]，杨　立 [3]，范燕燕 [1,2]

（1. 浙江省地质调查院，杭州 311203；2. 中国地质调查局农业地质应用研究中心，杭州 310007；3. 中国地质大学（北京），北京 100083）

摘要：利用元素的聚类对浙江省进行土壤地球化学分区，在分区的基础上选择典型区域采样、分析，以达到样品的代表性和合理性。利用全量 Cd、有效态 Cd 在土壤-农产品中的配对数据建立多元回归和一元回归方程，通过预测效果的比较选择最优回归模型。在此基础上建立了浙江省 Cd 全量临界值和 Cd 有效态临界值，为浙江省土壤环境质量标准建设提供理论依据。

关键词：Cd；富集；回归模型；土壤临界值

　　Cd 在土壤-植物系统中的迁移较为活跃，易通过食物链途径进入生物体并造成危害，对于动物和大多数人群来说，饮食摄入是 Cd 暴露的首要途径 [1-3]。世界卫生组织规定人体对 Cd 的最大允许摄入量为 $1\mu g/(g\cdot t)$，各国也均规定了粮食中 Cd 的最高允许含量。我国土壤 Cd 污染农田面积达 28 万 hm^2，Cd 超标农产品多达 150 万 t [4]。Cd 也是浙江省土壤的主要污染物，农田 Cd 污染面积达到 42.5% [5]。此外，我国《土壤环境质量标准》（GB 15618—1995）颁布于 1995 年，随着经济的高速发展和污染不断加剧，凸显出污染物种类过少和污染物标准定值不尽合理等缺陷，已经不适应新形势下的环境保护需求 [6, 7]。而且中国幅员辽阔，土壤环境差异较大，全国使用统一的土壤环境质量标准，势必会有很多问题，如浙江省金华地区，土壤 Cd 污染与农产品 Cd 超标在空间上无很好的对应关系，而且稻米 Cd 超标率远高于稻田土壤 Cd 污染率，也就是说农田土壤环境质量无法反映其生态效应指标，更无法指导粮食安全生产，基

作者简介：殷汉琴（1978—），女，硕士，高级工程师，长期从事地球化学与农业地质研究工作。E-mail：411097867@qq.com。

于农产品安全的土壤风险评价已经在发达国家广泛应用[8]，而在我国还处于发展初期，亟须开展针对我国土壤污染实际的风险评估和环境临界值研究。因此，研究 Cd 在土壤-作物系统中迁移、富集规律，推导基于人体健康风险的土壤临界值，对保障我国农产品质量安全具有重要意义。

1 材料与方法

1.1 土壤地球化学分区

浙江省面积 10.55 万 km²，地形地貌、土壤类型和土壤地球化学性质复杂多样，为使采集的样品有代表性和典型性，本文先对全省进行土壤地球化学分区。

土壤的地球化学性质，反映土壤中元素的含量、分布特征，以及其迁移转化的规律特点。在一定程度上，它可以同土壤的发生发展特征所联系，影响着土壤的性质和土壤中农作物的质量和安全性。利用元素地球化学聚类方法分析不同区域元素地球化学特征。

浙江省农业地质环境调查数据采集了浙江省浙中、浙北、浙东三块典型区域表层的土壤，并进行了 54 种土壤元素及 pH、有机碳等重要指标的分析，为土壤的地球化学分区提供了海量数据。如果将 54 种元素全部进行聚类，势必对本次聚类的目的（农产品安全研究分区）产生干扰，所以这里根据研究需要的原则选取元素，选取原则如下。

8 大重金属元素：Cd、Hg、Pb、As、Cr、Cu、Ni、Zn。土壤中的重金属含量直接影响作物中重金属的含量。

影响土壤重金属活性或者影响重金属生态效应的因素：pH、Cl、S、有机质、Se 等。

土壤母质的重要组成成分，这是土壤形成的物质基础，决定土壤的性状，如分类、质地等。这类包括 Fe_2O_3、MgO、CaO、Al_2O_3、SiO_2。

根据土壤样点地球化学聚类结果可将浙江省主要农耕区土壤样点分为 8 类，为区分不同类型的样点，每一类样点赋予不同的颜色，从图 1 可以看出，不同类型的样点区域分布较明显。在地球化学聚类的基础上，综合考虑浙江省区域地质背景，对浙江省进行土壤地球化学分区（图 1）。

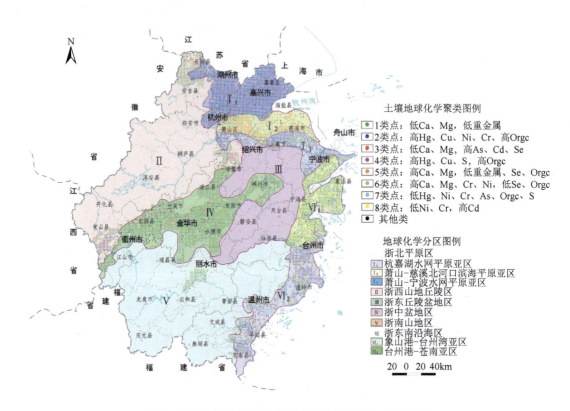

土壤地球化学聚类图例
- 1类点：低Ca、Mg，低重金属
- 2类点：高Hg、Cu、Ni、Cr，高Orgc
- 3类点：低Ca、Mg，高As、Cd、Se
- 4类点：高Hg、Cu、S，高Orgc
- 5类点：高Ca、Mg，低重金属，Se、Orgc
- 6类点：高Ca、Mg、Cr、Ni，低Se、Orgc
- 7类点：低Hg、Ni、Cr、As、Orgc、S
- 8类点：低Ni、Cr，高Cd
- 其他类

地球化学分区图例
浙北平原区
- I₁ 杭嘉湖水网平原亚区
- I₂ 萧山-慈溪北河口滨海平原亚区
- I₃ 萧山-宁波水网平原亚区
- II 浙西山地丘陵区
- III 浙东丘陵盆地区
- IV 浙中盆地区
- V 浙南山地区
VI 浙东南沿海区
- VI₁ 象山港-台州湾亚区
- VI₂ 台州港-苍南亚区

20 0 20 40km

图 1   浙江省土壤地球化学聚类及土壤地球化学分区图

1.2   样品布设、采集与分析测试

在分区的基础上，选择典型区域进行采样、分析，样品采集区域分布如图 2 所示。

本文共采集稻米样品 822 件，对应的根系土样品 822 件。土壤样品分析 Cd、有机质、pH，其中 280 件分析 Cd 形态。土壤样品 Cd、有机碳、pH 分析及稻米样品 Cd 分析方法及检出限依据中国地质调查局《生态地球化学评价样品分析技术要求（试行）》（DD2005-03）执行，土壤形态分析用七步提取法和 BCR 法。七步提取法是在 Tessier 五步提取法的基础上进行改进形成的。利用以下方法计算重金属的有效态。方法一：以七步提取的水溶态、离子交换态和碳酸盐态之和计算土壤 Cd 有效态[9,10]。方法二：直接参照 BCR 法一步提取醋酸提取态作为重金属的有效态，称 1.00 g 过 0.25 mm 筛的土壤样品于 100 mL 离心管内，按 1：40 固液比加入 0.11 mol/L 的醋酸（CH_3COOH），把管口塞紧密封，然后放到往复振荡机上振荡 16 h，离心分离，并收集醋酸提取液于塑料瓶中，并采用 ICP-MS 测定其中的重金属含量。

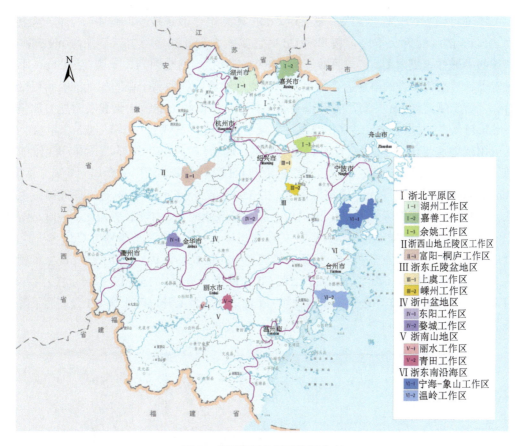

图 2   各研究区典型工作区分布

1.3   Cd 在土壤-水稻系统的迁移富集特征

从图 3 可以看出，稻米中重金属含量与 Cd 全量和土壤有效态 Cd 呈显著正相关关系。其中稻米 Cd 与土壤 Cd 散点有 2 条不同的拟合回归线，造成 2 条回归曲线的原因是稻米 Cd 的含量除受土壤 Cd 含量的影响，还受土壤 pH、有机质、氧化还原点位等因素的影响。

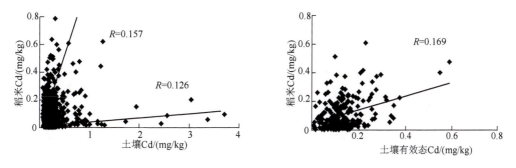

图 3   稻米 Cd 与土壤 Cd、有效态 Cd 含量散点图

随着土壤 pH 升高，稻米、蔬菜对 Cd 的富集能力不断减小 [图 4 （a）]，当土壤为 pH≤5.5 的强酸性土壤时，稻米对 Cd 的富集能力为 0.62～0.75，当土壤 pH 升高到 >7.5 的中碱性土壤时 Cd 富集系数下降到 0.03～0.12。这是因为，土壤溶液的 pH 不仅决定了各种土壤矿物的溶解度，而且影响着土壤溶液中各种离子在固相上的吸附程度。首先，随土壤溶液 pH 升高，各种重金属元素在土壤固相上的吸附量和吸附能力加强。Boekhold 等 [11] 对酸性砂土中 Cd 的吸附现象进行研究，发现 pH 每增加 0.5 个单位，Cd 的吸附就增加一倍；廖敏等 [12] 的研究则表明，随 pH 的升高，Cd 的吸附量和吸附能力急剧上升，最终发生沉淀。其次，土壤溶液的 pH 影响土壤溶液中重金属元素离子活度。Temminghoff 等 [13] 发现当土壤溶液的 pH 由 3.9 升高到 6.6 时，溶液中的有机铜由 30% 上升到 99%，极大地降低了 Cu^{2+} 的活度。当土壤溶液的 pH 由较低变为近中性时，溶液中有机 Pb 也急剧增高。Sauvé 等 [14] 的研究也证明了 pH 是决定土壤中 Cu^{2+} 和 Pb^{2+} 活度的重要因素之一，大多数的研究都表明植物中的重金属含量与土壤溶液 pH 呈负相关关系。通过稻米中的 Cd 含量相对于土壤 Cd 含量和土壤 pH 的偏相关拟合 [图 4 （b）] 可以看出：稻米中 Cd 含量有明显随土壤 Cd 含量升高而上升，随土壤 pH 升高而下降的趋势。

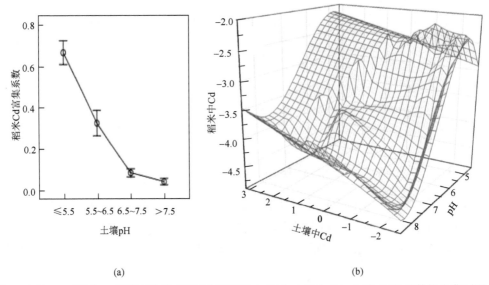

(a)   (b)

图 4　土壤 pH 对稻米 Cd 富集系数散点图 (a) 和稻米中 Cd 与土壤中 Cd、土壤 pH 的函数拟合曲面图 (b)

有机质是土壤的最重要的组成部分之一，土壤中有机质含量的多少不仅决定土壤的营养状况，而且通过与土壤中的重金属元素形成络合物来影响土壤中重金属的移动性及其生物有效性。从图 5 中可以看出，土壤中有机质的含量与稻米 Cd 富集系数呈显著负相关关系。首先，有机质加入土壤中能改变土壤对重金属元素的吸附作用。McBride 等 [15] 的研究也表明天然有机质是一种有效的吸附剂，能极大地降低离子的活度。Spark 等 [16] 发现土壤中加入腐殖酸会改变重金属的吸附，但这种改变依赖于腐殖酸在固相上的吸附和重金属-腐殖酸络合物的溶解度等因素。其次，土壤中有机质的增加会改变土壤中重金属的化学形态分布，增加重金属的移动性。He 和 Singh[17] 利用苔藓泥炭作为有机质加入不同类型的土壤中时发现，在砂质土壤中加入 320g/kg 有机质，水溶及可交换态的 Cd 由 27% 上升到 54%；而 Fe-Mn 氧化物结合态则由 19% 下降到 13%。在其他类型的土壤中也观察到了类似的现象。

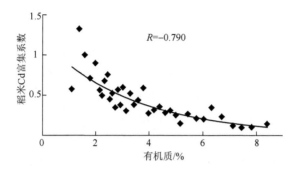

图 5　土壤有机质对稻米 Cd 富集系数散点图

1.4　模型建立与检验

依据 1.3 节的分析，可以看出 Cd 在土壤-水稻界面的迁移富集主要受土壤 Cd 含量、土壤 pH、土壤有机质的影响，因此给出稻米 Cd 浓度的经验模型如下：

$$\ln C_{crop} = \alpha + \alpha_1 \ln C_{soil} \tag{1}$$

$$\ln C_{crop} = \alpha + \alpha \ln C_{soil\,有效态} \tag{2}$$

$$\ln C_{crop} = \alpha + \alpha_1 \ln C_{soil} + \alpha_2 pH + \alpha_3 \ln(OM) \tag{3}$$

式中，α、α_1、α_2、α_3 均为系数；C_{crop} 与 C_{soil} 分别为稻米与土壤中重金属的浓度（mg/kg，干重）；pH 为土壤 pH；OM 为土壤有机质（%）。由于本文的目的是由稻米重金属限量标准推导土壤重金属临界值，所以将上述回归方程进行转换得出：

由式（1）可转换为 $\ln C_{soil} = (1/\alpha_1) \ln C_{crop} - (\alpha/\alpha_1)$

即

$$\ln C_{soil} = \beta + \beta_1 \ln C_{crop} \tag{4}$$

同理式（2）、式（3）可分别转换为

$$\ln C_{soil\,有效态} = \beta + \beta_1 \ln C_{crop} \tag{5}$$

$$\ln C_{soil} = \beta + \beta_1 \ln C_{crop} + \beta_2 pH + \beta_3 \ln(OM) \tag{6}$$

式中，β、β_1、β_2、β_3 均为系数。

应用式（4）、式（5）一元回归分析和式（6）多元回归分析可得到模型中各系数的实际值。

将 822 对稻米 Cd-土壤 Cd 全量数据和 280 对稻米 Cd-土壤有效态 Cd 数据随机分成 3∶1，其中 3/4 的数据用于建模，1/4 的数据用于模型检验。模型检验方法如下。

采用 Wilcoxon 符号秩检验评价模型，若 $p \leqslant 0.05$ 则认为模型预测值与实际值之间有显著差异。引入比例偏差 PD（Proportional Deviation）评价模型预测能力：

$$PD = \frac{C_a - C_p}{C_d} \tag{7}$$

式中，C_a 为 C_{crop} 的实际值，C_p 为 C_{crop} 的模型预测值。

模型的评价标准采用 Sample 等[18] 和 Efroymson 等[19] 提出的方法：①PD 中位值≈0（模型预测均值接近实际值）；②PD 全距范围窄（预测精度相对较高）；③PD≥0 的百分比约为 50%（预测中心接近实际值）；④ Wilcoxon 符号秩检验模型预测值与实际值无显著差异。模型保守检验的评价标准为 PD 中位值最小且 PD<0，PD 全距范围相对较窄。模型验证数据和初始数据同样用来建立回归模型，用 F- 检验对两组数据所建模型进行检验，若 $p \leqslant 0.05$ 则认为两组回归方程有显著差异。最后，将数据合并建立最终的回归模型，根据一元回归模型和多元回归模型的 95% 预测上限，分别得出稻米、蔬菜含量的保守预测值。

2　结果与讨论

2.1　模型建立与检验

2.1.1　土壤重金属全量预测模型与预测效果检验

利用稻米重金属、根系土重金属全量和土壤 pH、土壤有机质建立了土壤 Cd 的预测模型，模型参数见表 1，从回归方程的显著性 P 和回归系数 R 值来看，以稻米 Cd、土壤 Cd、pH、有机质建立多元回归模型优于稻米 Cd、土壤 Cd 建立的一元回归模型。

表 1　土壤重金属全量预测模型参数（建模数据）

模型编号	N	β	β_1	β_2	β_3	P	R
1	662	−2.836	0.156	0.32		0.000	0.390
2	662	−1.994	0.093		0.636	0.000	0.464
3	662	−1.327	0.041			0.038	0.082

注：β、β_1、β_2、β_3 分别为式（4）、式（6）的参数

比较利用 3 种类型的土壤重金属全量预测模型的预测效果（表 2）：1、3 号模型 Cd 土壤重金属预测模型预测值和实测值无明显差异，2 号模型土壤 Cd 的预测值与实测值有明显差异；从中位值来看，1 号模型较 2 号、3 号模型更接近于 0，说明模型预测均值接近实际值。1 号模型 PD≥0 概率较 2 号、3 号模型更接近于 50%，说明预测中心接近实际值。综合考虑以上因素，1 号模型最优。

表 2　土壤 Cd 全量多元回归、一元回归模型预测效果比较（模型验证数据）

模型编号	PD 中位值	PD 全距范围	PD≥0 概率	Wilcoxon 检验 P 值
1	−0.012	−2.70～0.88	49.30%	0.915
2	−0.097	−1.97～0.90	40.80%	0.031
3	−0.088	−2.60～0.92	43.70%	0.441

注：Wilcoxon 检验 $P \geqslant 0.05$ 表示预测值和实测值无差异

土壤重金属全量预测模型的 95% 预测上限的预测效果（表 3），根据保守模型的评价标准，土壤 Cd 全量预测模型预测效果如下。

表 3　土壤 Cd 全量预测模型 95% 预测上限的预测效果比较（模型验证数据）

编号	PD 中位值	PD 全距范围	PD≥0 概率
1	−0.668	−5.54～0.77	12.70%
2	−0.295	−2.68～0.87	25.40%
3	−0.0561	−2.89～0.91	43.70%

从保守模型的评判标准来看，1 号模型最优。

综合考虑 3 个模型的预测效果和保守预测效果，土壤 Cd 全量预测模型选择以稻米 Cd、土壤 pH 组建的 1 号模型。

2.1.2　土壤有效态模型建立

利用 2 种不同的测试分析方法获取的重金属有效态和对应的稻米重金属含量分别建立土壤有效态的预测模型（表 4），模型 4 是以 BCR 提取法获得的土壤 Cd 有效态和对应的稻米 Cd 含量建立的回归模型，模型 5 是以七步提取法获取的土壤 Cd 有效态和对应的稻米 Cd 含量建立的回归模型。

从预测模型的 P 值和 R 值来看，5 号模型优于 4 号模型。

表 4　土壤重金属有效态预测模型参数（建模数据）

模型编号	N	β	β_1	P	R
4	206	−2.768	−0.122	0.058	0.133
5	205	−1.761	0.156	0.010	0.239

利用模型验证数据对建模数据建立的模型进行验证（表 5）。根据 Wilcoxon 检验 P 值可知：4 号、5 号模型的预测值与实测值均无显著差异；5 号预测模型 PD 中位值更接近于 0，即模型预测均值接近实际值。从 PD 全距离范围看，4 号模型范围较窄，预测精密度更高；5 号模型 PD≥0 概率为 50%，该模型的预测中心等于实际值，优于 4 号模型。总体来讲，5 号模型优于 4 号模型。

表 5 土壤 Cd 有效态一元回归模型预测效果比较（模型验证数据）

模型编号	PD 中位值	PD 全距范围	PD≥0 概率	Wilcoxon 检验 P 值
4	−0.19	−4.25 ～ 0.74	47.06%	0.869
5	0.007	−8.18 ～ 0.916	50.00%	0.212

进一步利用 95% 置信区间上限的保守模型对预测模型进行检验，模型保守检验效果见表 6。

模型保守检验的评价标准为 PD 中位值最小且 PD<0，PD 全距范围相对较窄。

4 号模型的中位值较 5 号模型小，4 号模型的全距离范围也较窄，从 PD≥0 概率来看，2 个模型都较大。总体来讲，土壤有效态预测模型保守预测效果不佳。

表 6 土壤 Cd 有效态预测模型 95% 预测上限的预测效果比较（模型验证数据）

模型编号	PD 中位值	PD 全距范围	PD≥0 概率
4	−0.230	−4.05 ～ −0.72	45.59%
5	−0.001	−7.84 ～ 0.91	50.00%

综上所述，5 号模型优于 4 号模型，故而选择以七步提取法获取的有效态-稻米重金属数据建立土壤有效态的 4 号预测模型。

2.1.3 最终模型建立

通过上述比较分析，选择了最优的土壤 Cd 全量和 Cd 有效态预测模型，合并建模数据和验证数据，建立最终的土壤 Cd 全量和有效态预测模型，模型参数见表 7。

表 7 土壤 Cd 最终的预测模型参数

元素	N	$\beta \pm SE$	$\beta_1 \pm SE$	$\beta_2 \pm SE$	P	R
Cd 全量	882	−2.757±0.135	0.155±0.018	0.306±0.027	0	0.379
Cd 有效态	280	−1.987±0.118	0.164±0.040		0	0.243

注：β、β_1、β_2 和标准偏差（±SE）为式（5）、式（6）参数

2.2 基于农产品质量安全的土壤 Cd 临界值推导

稻米是浙江省最主要的粮食作物，为减少镉对人体健康的危害，许多国家均对农产品中镉的最大允许含量作了规定，我国《食品中污染物限量》（GB 2762—2012）规定大米中镉含量最高限值为 0.2mg/kg，结合上述稻米镉含量标准和 2.1 节对土壤 Cd 的预测模型推导农用地土壤中 Cd 含量临界值（图 6）。

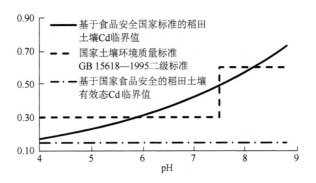

图 6　农用地土壤 Cd 临界值与国家《土壤环境质量标准》（GB 15618—1995）中 Cd 的二级标准
值比较

　　本文推导出的稻田 Cd 临界值与我国现行的《土壤环境质量标准》（GB 15618—1995）的二级标准相比较，二级标准在低 pH 段（pH<6.0）和 7.5<pH<8.0 段略微偏宽，在中高 pH 段（6.0<pH<7.5 和 pH>8.5）略微偏严。这说明我国现行的农用地土壤环境质量标准仅划分两个 pH 段（pH<7.5 和 pH>7.5）尚不尽合理。据统计浙江省土壤以酸性–弱酸性土壤为主（图 7），但中性–弱碱性土壤比例也占到 32.4%，土壤 pH 的差异造成土壤 Cd 的生物有效性必然也会有显著差别，这一点已经被大量研究所证实[11-14, 20]，本文在 1.3 节也证实了这一点。此外，pH 等于 5.5 是土壤中和许多重要元素如 Mn、Al 活性的重要拐点已经从土壤化学的角度得到证实[20]。略低于 pH=6.5 的微酸性土和 pH 在 6.5～7.5 的中性土在区域分布和作物对土壤 Cd 的富集强度上也有较明显的分异；pH 大于 7.5 以后的碱性和强碱性土壤 Cd 活性很低[1]。因此，根据本文计算结果并结合浙江省土壤实际情况及上述分析，建议基于土壤 pH 将农用地的土壤环境质量标准分为 4 段（pH≤5.5，5.5<pH≤6.5，6.5<pH≤7.5，pH>7.5）。在 pH≤5.5 时，土壤中 Cd 的活性很高，应严格限制外源 Cd 进入土壤，将 Cd 的标准控制在略微高于土壤 Cd 的环境背景值；5.5<pH≤6.5 时 Cd 的标准应略低于现行标准值；6.5<pH≤7.5 时可采用现行标准值；当 pH>7.5 时可适当放宽 Cd 的最高允许含量。

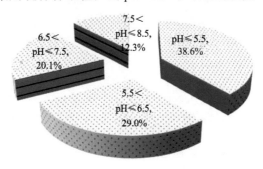

图 7　浙江省土壤酸碱度分布比例图

3 结论与建议

本文利用地球化学分区的方法选择典型的研究区，根据研究区地质背景和土地利用方式进行样品布设，较好地解决了样品的代表性问题。

通过比较不同方法建立的回归模型的预测效果，利用土壤 pH、稻米 Cd 含量建立土壤 Cd 的预测模型最佳，利用稻米 Cd 预测土壤七步法形态提取法获得的有效态效果较好。浙江省农田土壤 Cd 的临界值有两种方法，一按 pH 分段，建立土壤 Cd 含量临界值；二是给出土壤 Cd 有效态临界值。

基于本文数据来源于大量调查，可用本文所建立的回归模型和推导出的土壤 Cd 临界值进行污染农田的健康风险评估。

采用经验模型进行土壤基准值的推导应用较广泛，但其仍有明显不足之处。国际上进行污染土壤风险评估和土壤临界值推导研究正往机理模型方向发展 [21]。一些考虑污染物质形态和生物有效性的模型如自由离子活度模型 [22]（FIRM）、生物配体模型 [22]（BLM）等逐渐被采纳，将污染物质的迁移过程细分为土壤—土壤溶液—根表—根内—植物地上部并与污染物形态分析相结合的半机理模型也正在初步发展 [23]。然而我国目前尚缺乏这些模型所需的大量基础数据，亟须开展上述模型相关的基础研究。

参 考 文 献

[1] Kabata-Pendias A, Pendias H K. Trace elements in soils and plants[J]. Trace Elements in Soils & Plants, 1992, 34(4): 951-974.

[2] 陈怀满. 土壤植物系统中的重金属污染 [M]. 北京：科学出版社，1996.

[3] 张红振，骆永明，章海波，等. 土壤环境质量指导值与标准研究 V. 镉在土壤 - 作物系统中的富集规律与农产品质量安全 [J]. 土壤学报，2010(4): 628-638.

[4] 国家环境保护总局. 中东部地区生态环境现状调查报告 3-8[R]. 2003.

[5] 浙江省地质调查院. 浙江省农业地质环境调查报告 [R]. 2005.

[6] 袁建新，工云. 我国《土壤环境质量标准》现存的问题与建议 [J]. 中国环境监测，2000, 16 (5)：41-43.

[7] 夏家淇，骆永明. 我国土壤环境质量研究几个值得探讨的问题 [J]. 生态与农村环境学报，2007, 23 (1)：1-6.

[8] Provoost J, Cornelis C, Swartjes F. Comparison of Soil Clean-up Standards for Trace Elements Between Countries: Why do they differ? [J]. Journal of Soils & Sediments, 2006, 6(6):173-181.

[9] 崔邢涛，王学求，栾文楼. 河北中南部平原土壤重金属元素存在形态及生物有效性分析 [J]. 中国地质，2015, (2): 655-663.

[10] 武文飞，南忠仁，王胜利，等. 绿洲土 Cd、Pb、Zn、Ni 复合污染下重金属的形态特征和生物有效性 [J]. 生态学报，2013, 33(2): 619-630.

[11] Boekhold A E, Temminghoff E J M, van der Zee S E A T M. Influence of electrolyte composition and pH on cadmium sorption by an sandy soil[J]. J .Soil Sci, 1993, 44: 85-96.

[12] 廖敏，昌勇，谢正苗，等. pH 对镉在土水系统中的迁移和形态的影响 [J]. 环境科学学报，1999，

19(1): 81-86.

[13] Temminghoff E J M, van der Zee S E A T M,de Haan F A M.Copper mobility in a copper contaminated sandy soil as affected by pH, and solid and dissolved organic matter[J]. Environmental Science and Technology, 1997, 31(4): 1109-1115.

[14] Sauvé S, Mcbride M, Hendershot W. Soil Solution Speciation of Lead(II): Effects of Organic Matter and pH[J]. Soil Science Society of America Journal, 1997, 62(3): 618-621.

[15] McBride M, Martinez C E, Sauvé S. Copper(II) Activity in Aged Suspensions of Goethite and Organic Matter[J]. Soil Science Society of America Journal, 1998, 62(6) : 1542-1548.

[16] Spark K M, Wells J D, Johnson B B. Sorption of heavy metals by mineral-humic acid substrates[J]. Australian Journal of Soil Research, 1997, 35(1): 113-122.

[17] He Q B, Singh B R. Effect of organic matter on the distribution, extractability and uptake of cadmium[J]. Soils.J.of Soil Sci, 1993, 44: 641-650.

[18] Sample B E, Suter II G W, Beaucliamp J J, et al. Literature derived bioaccumulation models for eartliworma: Development and validation[J]. Environ mental Toxicol Chemistry, 1999, 18: 2110-2120.

[19] Efroymson R A, Sample B E, Ii G W S. Uptake of inorganic chemicals from soil by plant leaves: Regressions of field data[J]. Environmental Toxicology & Chemistry, 2001, 20(11): 2561-2571.

[20] 李学恒. 土壤化学 [M]. 北京 : 高等教育出版社 , 2001.

[21] Janssen C R, Heijerick D G, Schamphelaere K A C D, et al. Environmental risk assessment of metals: tools for incorporating bioavailability[J]. Environment International, 2003, 28(8): 793-800.

[22] Slaveykova V I, Wilkinson K J. Predicting the Bioavailability of Metals and Metal Complexes: Critical Review of the Biotic Ligand Model[J]. Environmental Chemistry, 2005, 2(1): 9-24.

[23] Kalis Erwin J. J, Temminghoff Erwin J. M, VisserAnneloes, et al. Metal uptake by lolium perenne in contaminated soils using a four-step approach[J]. Environmental Toxicology and Chemistry, 2007, 26(2): 335-345.

安徽省土壤固碳潜力及有机碳汇（源）研究

陈富荣，梁红霞，邢润华，陶春军，贾十军

（安徽省地质调查院，合肥 230001）

摘要： 利用安徽省多目标区域地球化学调查数据资料，统计计算了研究区土壤固碳潜力。结果表明，研究区表层土壤固碳量潜力为 237.48Mt，其中土壤有机碳固碳量潜力为 141.67Mt，土壤无机碳固碳量潜力为 95.81Mt。1m 深度土壤固碳量潜力为 883.29Mt，其中土壤有机碳固碳量潜力为 469.32Mt，无机碳固碳量潜力为 413.96Mt。不同时段碳储量历史变化表明，研究区总体为碳汇区，碳汇区主要集中连片分布在江淮分水岭（六安—滁州一线）以北地区，其中在淮河以北固镇县周围及淮河沿岸局部为碳源区分布。环巢湖周边地区、当涂县、芜湖市、南陵县、宿松县周围有局部碳汇区分布。

关键词： 土壤；有机碳；无机碳；固碳潜力；碳汇；安徽

0 引 言

随着全球气候变暖，土壤固碳功能和固碳潜力已成为全球气候变化和陆地生态系统研究的重点[1-4]。农田土壤有机碳库作为陆地土壤有机碳库的重要组成部分，其碳库含量的浮动，将会影响整个陆地生态系统碳循环，进而影响全球气候变化[5]。

农田土壤固碳潜力（carbon sequestration potential，CSP）是农田土壤在当地环境条件下所能具有的最大稳定碳库存能力，受人类活动、土壤特性和自然环境的共同影响[6]。研究表明，土壤对碳的固持不是无限度增加的[7]，而是存在一个最大的保持容量，在一定的气候、地形和母质条件下，如果土地利用方式不变，土壤的碳储量将趋于一个

基金项目：中国地质调查局项目资助 (1212010310305，GZTR20080104，GZTR20060107，GZTR20070102)。

作者简介：陈富荣 (1971—)，男，安徽巢湖人，高级工程师，长期从事生态环境与矿产资源地球化学研究工作。
E-Mail:chfur@163.com.

稳定值，即土壤碳库的饱和水平[8]。初始有机碳含量越远离饱和水平，碳的累积速率则越快。而随着有机碳含量增长，土壤对碳的保持将变得越加困难。当有机碳含量逼近或达到饱和水平时，增加外源碳的投入将不再增加土壤有机碳库。同时不恰当的农业管理措施和土地利用方式极易引起土壤由汇到源的转变，且土壤碳的丢失将远比累积更加迅速[9]。

本文利用安徽省多目标区域地球化学调查成果数据，以及全国第二次土壤普查成果开展区域土壤固碳潜力及碳汇（源）研究。

1 研究区概况

研究区位于安徽省中东部多目标区域地球化学调查覆盖地区，地理坐标为115°52′～118°53′E，29°34′～33°00′N，涉及沿江地区、江淮分水岭地区及淮河以北地区，行政区划包括合肥市、滁州市、马鞍山市全部及宿州市、蚌埠市、淮南市、六安市、安庆市、宣城市、铜陵市、池州市部分地区（图1），面积70100km²。

图1 研究区位置图

研究区纵跨淮河、长江流域，地势南高北低，自北向南为平原、浅丘平原、丘陵三类地貌特征。属暖温带半湿润–北亚热带湿润季风气候，四季分明、雨量适中，年均气温 14.5 ～ 16.5℃，年均降水量 900 ～ 1500mm。

区内地层分属华北、华南地层大区，晋冀鲁豫、秦岭—大别山和扬子地层区，丘陵区主要出露有元古宇—下白垩统地层，平原区古近系—新近系、第四系地层广泛分布。土壤以水稻土、黄褐土分布为主，砂姜黑土、潮土次之，红壤、黄棕壤、石灰岩土、粗骨土、石质土、紫色土分布零星，并具有明显的地带性特征。

按照《多目标区域地球化学调查规范（1：250000）》（DZ/T 0258—2014）规定，采用双层网格化布点，分别采集表层和深层土壤样品。表层土壤采样密度为 1 个 /km^2，深度为 0 ～ 20cm，深层土壤样品采样密度为 1 个 /4km^2，深度为 150 ～ 200cm。土壤样品干燥后过 20 目筛，表层土壤以每 4km^2 分析一个组合样，深层土壤以每 16km^2 分析一个组合样。全区分析表层土壤组合样 16875 件、深层土壤组合样 4424 件，依据规定分析了有机碳、全碳等 54 项元素指标，有机碳采用重铬酸钾滴定法分析，全碳采用 X 射线荧光光谱法分析，测试精度实行全国质量监控制度。

2　土壤固碳潜力

2.1　土壤固碳量计算方法

本次土壤固碳潜力研究是基于多目标区域地球化学调查取得的成果数据，以不同土壤类型的有机碳、无机碳为基础，结合区域气候及碳储量分布特征进行分区，以不同分区各类土壤碳储量数据为样本，分类进行统计，按照 97.5% 的累频值作为该类土壤最大固碳量，用该值减去本类土壤碳储量，差值作为固碳潜力。

综合研究区自然地理、地质背景、土壤环境及理化性质，结合区内土壤碳含量等特征，以马鞍山—巢湖—舒城县一线为界，将研究区划分为南、北两个子区来对呈区域性分布的水稻土（分布于淮河以南）、潮土（淮河南北均有分布）、黄褐土（长江以北—淮河以南地区）固碳潜力进行分区统计、研究，其他类型土壤呈地带性分布，分别集中分布在某个特定的区域内，将不再进行分区统计。

依据分区，以 97.5% 的累频值对不同土类可达到的最高碳储量下限进行了统计（表 1）。

表 1　不同土壤类型最大固碳量统计表　（单位：t/ 单位土壤）

土壤类型	样本数	97.5% 累频数	表层有机碳	表层无机碳	表层全碳	中层有机碳	中层无机碳	中层全碳
潮土（北区）	1439	36	15615	18616	30888	53849	92556	138083
潮土（南区）	724	18	18418	12883	21776	74933	59004	100042
粗骨土	493	12	29172	5272	30774	92485	25849	105589
红壤	1330	33	23544	8747	27946	71032	35311	93917
湖泊	686	17	24118	5847	23962	86683	27335	99729
黄褐土（北区）	1920	48	19720	6032	22736	58837	25023	73206

续表

土壤类型	样本数	97.5% 累频数	表层有机碳	表层无机碳	表层全碳	中层有机碳	中层无机碳	中层全碳
黄褐土（南区）	344	9	19689	4645	22736	60817	18424	73206
黄棕壤	466	12	22938	4710	23962	70979	19976	80169
砂浆黑土	1478	37	16320	11968	22739	51794	54596	89024
石灰岩土	554	14	24684	9390	28943	85726	42649	104986
石质土	106	3	28943	4868	30202	94831	27920	102062
水稻土（北区）	3793	95	19015	3558	20238	61786	16055	69107
水稻土（南区）	3963	99	22610	6783	25020	82276	30430	95685
紫色土	302	8	25872	9526	29400	83089	45116	111746

2.2 土壤固碳潜力评价

研究区土壤固碳量潜力统计结果见表 2。区内土壤分别达到采样时段本类土壤最高碳储量，表层土壤固碳量潜力为 237.48Mt，其中土壤有机碳固碳量潜力为 141.67Mt，土壤无机碳固碳量潜力为 95.81Mt。1m 深度土壤固碳量潜力为 883.29Mt，其中土壤有机碳固碳量潜力为 469.32Mt，土壤无机碳固碳量潜力为 413.96Mt。总体上表层土壤无机碳固碳量潜力大于有机碳，而 1m 深度土壤无机碳固碳量潜力大于有机碳。

各类土壤固碳量总量潜力与本类土壤面积有关，而不同统计类型土壤平均固碳量潜力反映了不同类型土壤固碳量潜在能力的大小。

表 2　土壤固碳量统计表

分类		表层土壤						1m 深度土壤					
		有机碳		无机碳		全碳		有机碳		无机碳		全碳	
		固碳量 /Mt	平均 /(t/km²)	固碳量 /Mt	平均 /(t/km²)	固碳量 /Mt	平均 /(t/km²)	固碳量 /Mt	平均 /(t/km²)	固碳量 /Mt	平均 /(t/km²)	固碳量 /Mt	平均 /(t/km²)
土壤类型	潮土	13.95	1613	20.84	3230	34.80	2693	49.09	4558	98.43	5399	147.52	6831
	粗骨土	6.86	3481	1.89	136	8.76	16094	19.93	310	9.12	7364	29.05	986
	红壤	12.20	2294	8.42	918	20.63	5618	35.82	1594	32.84	5151	68.66	3333
	黄褐土	15.80	1745	9.77	1399	25.57	4568	45.46	2488	38.41	3859	83.87	5433
	黄棕壤	4.67	2507	1.69	168	6.36	9449	13.81	365	6.76	4625	20.57	1112
	砂姜黑土	8.90	1506	13.70	2275	22.60	2484	26.79	2696	58.67	5440	85.46	3927
	石灰土	6.36	2872	4.20	366	10.57	7221	21.69	751	18.14	6040	39.83	1649
	石质土	1.42	3349	0.39	29	1.81	15610	4.50	72	2.25	7805	6.76	216
	水稻土	56.37	1817	29.88	4112	86.25	5244	204.98	9772	127.37	3259	332.35	25498
	紫色土	3.27	2710	2.18	201	5.45	6788	9.81	361	9.95	6885	19.77	718
	湖泊	11.85	4317	2.84	165	14.69	22311	37.43	419	12.02	7166	49.45	1725
合计		141.67	2013	95.81	11901	237.48	4989	469.32	23519	413.96	4400	883.29	50183

续表

分类		表层土壤						1m 深度土壤					
		有机碳		无机碳		全碳		有机碳		无机碳		全碳	
		固碳量/Mt	平均/(t/km²)	固碳量/Mt	平均/(t/km²)	固碳量/Mt	平均/(t/km²)	固碳量/Mt	平均/(t/km²)	固碳量/Mt	平均/(t/km²)	固碳量/Mt	平均/(t/km²)
土地利用类型	草地	0.66	2157	0.39	45	1.05	5845	2.12	91	1.60	4410	3.72	211
	城镇建地	1.66	1705	1.15	168	2.81	4183	5.38	321	5.06	3937	10.44	663
	旱地	32.32	1830	32.32	4414	64.64	3661	102.91	7028	142.80	5080	245.72	12093
	水田	73.74	1861	45.95	6175	119.7	4846	253.86	13096	196.40	3749	450.26	30023
	林地	18.23	2357	10.41	1104	28.64	6488	57.62	2220	43.80	4932	101.42	5141
	园地	0.36	2382	0.25	26	0.61	5878	1.14	49	1.05	5400	2.19	102
	未利用地	2.33	2555	1.33	130	3.66	7040	7.25	258	5.58	5419	12.84	592
	内陆滩涂	0.51	1869	1.17	157	1.68	2680	1.61	150	5.64	9391	7.25	193
	湖泊	11.85	4317	2.84	165	14.69	22311	37.43	419	12.02	7166	49.45	1725
	合计	141.67	2013	95.81	11901	237.48	4989	469.32	23519	413.96	4400	883.29	50183

2.2.1 不同类型土壤固碳潜力及固碳类型

不同类型表层土壤全碳平均固碳量潜力研究表明，研究区粗骨土、石质土、黄棕壤、石灰岩土等山地土壤平均固碳潜力高于农田及平原区（潮土）。

区内潮土、砂姜黑土、水稻土表层土壤无机碳固碳潜力大于有机碳，其他类型土壤有机碳固碳潜力大于无机碳。1m 深度土壤除水稻土外其他类型土壤无机碳固碳潜力大于有机碳，水稻土有机碳固碳潜力大于无机碳。

就同一类碳固碳潜力而言，不同类型表层土壤有机碳除山地土壤固碳潜力略高外，其他类型土壤有机碳固碳潜力差异不大，而无机碳则表现出显著的差异性。其中水稻土、潮土、砂姜黑土无机碳固碳潜力远高于其他土类。1m 深度土壤有机碳固碳潜力水稻土、潮土远高于其他土类，其次为砂姜黑土、黄褐土，其他土类远低于上述土类，有机碳固碳多在 700t/km² 以下。1m 深度土壤各类土壤无机碳固碳潜力除粗骨土、石质土稍高外，其他类型土壤无机碳固碳潜力差异不明显。

2.2.2 不同利用方式土壤固碳潜力及固碳类型

研究区各类用途的土壤全碳平均固碳量除旱地、内陆滩涂地固碳潜力相对较低和未利用地较高外，其他土壤差异不大，单位土壤平均固碳潜力均在 4000～6500t。而 1m 深度土壤则出现明显的差异，其中旱地、水田全碳平均固碳量远远高于其他土壤。

区内表层土壤中除旱地及水田农业耕种土壤外，其他类型土壤无机碳固碳潜力大于有机碳，且差异显著，旱地及水田无机碳固碳潜力大于有机碳。1m 深度土壤则相反，旱地及水田有机碳固碳潜力大于无机碳，其他类型土壤无机碳固碳潜力大于有机碳。

同一类碳固碳潜力对比研究表明，表层土壤有机碳固碳潜力差异不明显，而旱地水田土壤无机碳固碳潜力远高于其他土壤。1m 深度土壤有机碳固碳潜力中旱地、水田、林地远高于其他土壤，无机碳固碳潜力除城镇建设用地、水田相对较低外，其他用途土壤差异不大。

2.3 土壤固碳潜力区域分布特征

区内表层土壤、1m 深度土壤有机碳、无机碳、全碳固碳潜力区域空间分布特征如图 2～图 7 所示。由图可见，表层土壤有机碳固碳潜力较高地区集中分布在滁州市—肥东县以南地区，而寿县—明光市沿淮地区、天长高邮湖冲积平原、宿州市—泗县为低潜力区。

无机碳固碳潜力以沿淮及淮河以北地区最高，其次在肥西县—巢湖—马鞍山一线以南地区高于江淮分水岭地区。

表层土壤全碳固碳潜力分区特征明显，沿淮、淮河以北地区及肥西县—巢湖—马鞍山一线以南地区为高潜力区，二者之间的简怀分水岭地区除在滁州市北部张八岭丘陵区有局部高潜力区分布外，大部分地区为低潜力区，尤以天长市周围高邮湖冲积平原最为明显。

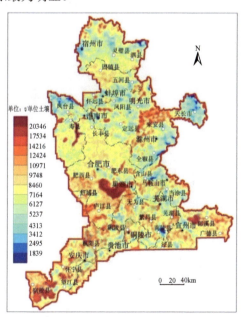

图 2　表层土壤有机碳固碳潜力图
单位土壤为 $4km^2 \times 0.2m$

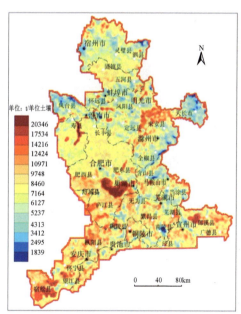

图 3　表层土壤无机碳固碳潜力图
单位土壤为 $4km^2 \times 0.2m$

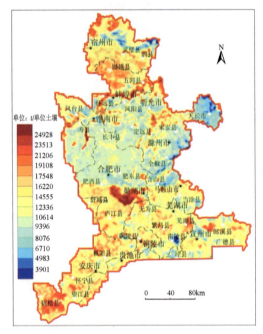

图 4　表层土壤全碳固碳潜力图

单位土壤为 4km²×0.2m

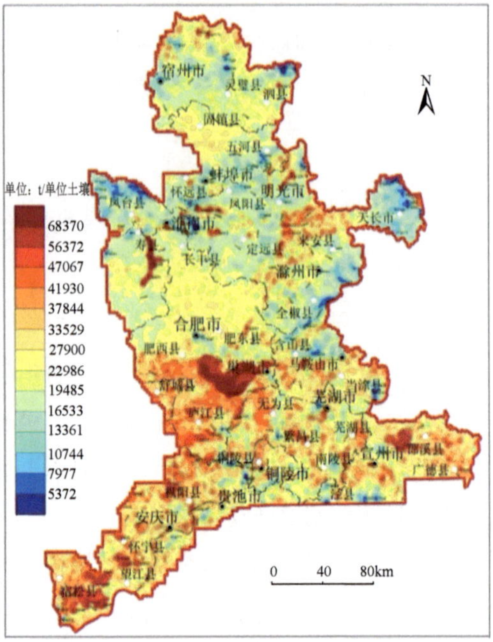

图 5　1m 深度单位土壤有机碳固碳潜力图

单位土壤为 4km² × 1m

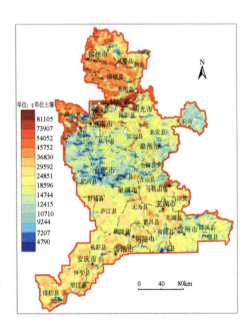

图 6　1m 深度单位土壤无机碳固碳潜力图

单位土壤为 4km²×1m

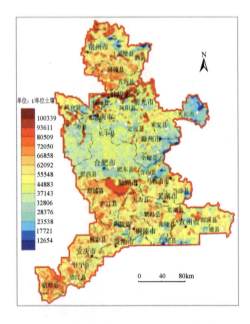

图 7　1m 深度单位土壤全碳固碳潜力图

单位土壤为 4km²×1m

3 土壤有机碳汇（源）潜力

3.1 碳汇（源）潜力研究方法

土壤碳汇（源）潜力是指在 20 世纪 80 年代至 2008 年近 30 年间，根据土壤有机碳含量变化而推算的土壤有机碳碳汇（源）潜力。由于第二次土壤普查数据只有土壤有机碳数据，本次土壤碳汇潜力研究仅限于表层土壤有机碳，方法如下。

碳汇潜力标准计算为多目标调查碳量－二普碳量＝差值，差值与二普碳量做回归分析，当置信度为 95% 时，求解方程为 $y = -0.637x + 8287$，相关系数为 0.3436。利用公式以 $y=0$ 求解多目标调查数据平衡时碳量，求解碳量计算数据减多目标调查碳量为碳汇（源）潜力。

3.2 碳汇（源）潜力研究结果

根据上述研究方法计算结果，碳源输出量约为 509828t，碳汇潜力约为 214.96Mt。不同土壤类型及不同土地利用方式土壤碳汇（源）潜力统计结果见表 3。

表 3 调查区表层土壤有机碳碳汇（源）统计表

土壤类型	碳汇潜力 /t	碳源 /t	土地利用	碳汇潜力 /t	碳源 /t
潮土	22989202	−31123.8	草地	1093899	−5601.75
粗骨土	5805992	−79366.6	城镇建地	2830574	−95080.1
红壤	20309222	−15067.7	旱地	48583192	−50645
湖泊	11230857	−63485.9	湖泊	11230857	−63485.9
黄褐土	25652911	−126682	林地	25827433	−166112
黄棕壤	5646372	−22183.1	内陆滩涂	862668	
砂姜黑土	15674376	−985.619	水田	121354335	−125341
石灰岩土	6661516	−43916.5	未利用地	2623005	−3562.52
石质土	1316738	−3894.9	园地	555338	
水稻土	95738635	−117601			
紫色土	3935480	−5521.35			

4 结 论

（1）区内 1m 深度土壤全碳储量为 964.25Mt，0 ～ 20cm 深度土壤全碳储量为 265Mt，占 1m 深度土壤全碳储量的 27.49%。其中 1m 深度及 0 ～ 20cm 深度土壤碳储量均以有机碳为主，表层土壤有机碳储量所占表层土壤碳储量的比例显著高于 1m 深度土壤，达 84.31%，1m 深度土壤有机碳储量占 1m 深度土壤全碳储量的 78.16%。

（2）不同时段碳储量历史变化表明，自 20 世纪 80 年代以来，近 30 年间区内表层土壤有机碳储量增加了 7.07Mt，调查区总体为碳汇区。由碳源碳汇区分布特征可以看出，与 80 年代相比，碳汇区主要集中成片分布在江淮分水岭（六安—滁州一线）以北地区，其中在淮河以北固镇县周围及淮河沿岸局部地区有碳源区分布。江淮分水岭以南总体以碳源区为主，在巢湖周边地区、当涂县、芜湖市、南陵县、宿松县周围有局部碳汇区分布，沿长江冲积平原形成连续的碳源区带。此外，在宣城东部地区也分布有较大面积的碳源区。

（3）以多目标区域地球化学调查不同土类土壤碳储量最高 97.5% 的累频值为标准，计算了区内土壤固碳潜力，如果区内土壤分别达到采样时本类土壤最高碳储量，表层土壤固碳量潜力为 237.48Mt，其中，土壤有机碳固碳量潜力为 141.67Mt，土壤无机碳固碳量潜力为 95.81Mt。1m 深度土壤固碳量潜力为 883.29Mt，其中土壤有机碳固碳量潜力为 469.32Mt，土壤无机碳固碳量潜力为 413.96Mt。总体上表层土壤无机碳固碳量潜力大于有机碳，而 1m 深度土壤无机碳固碳量潜力大于有机碳。

（4）根据表层土壤有机碳含量变化而推算的表层土壤有机碳碳汇（源）潜力表明，区内碳源输出量约为 509828t，碳汇潜力约为 214.96Mt。

参 考 文 献

[1] 覃章才，黄耀. 基于模型的农田土壤固碳潜力估算 [J]. 中国科学：生命科学，2010, 40(7): 658-676.

[2] 郑聚锋，程琨，潘根兴，等. 关于中国土壤碳库及固碳潜力研究的若干问题 [J]. 科学通报，2011, 26: 2162-2173.

[3] 奚小环，杨忠芳，夏学齐，等. 基于多目标区域地球化学调查的中国土壤碳储量计算方法研究 [J]. 地学前缘，2009, 16(1): 194-205.

[4] 徐胜祥，史学正，赵永存，等. 不同耕作措施下江苏省稻田土壤固碳潜力的模拟研究 [J]. 土壤，2012, 44(2): 253-259.

[5] 戴尔阜，黄宇，赵东升. 草地土壤固碳潜力研究进展 [J]. 生态学报，2015, 35(12): 3908-3918.

[6] Paustian K, Andren O, Janzen H H, et al. Agricultural soils as a sink to mitigate CO_2 emissions[J]. Soil Use and Management, 1997, 13(4): 230-244.

[7] Six J, Conant R T, Paul E A, et al. Stabilization mechalIisms of soil organic matter: Implications for C-saturation of soils[J]. Plant and Soil, 2002, 241: 155-176.

[8] 寒冰，王效科，欧阳志云. 中国农田生态系统土壤碳库的饱和水平及其固碳潜力 [J]. 农村生态环境，2005, 21(4): 6-11.

[9] 孙文娟，黄耀，张稳，等. 农田土壤固碳潜力研究的关键科学问题 [J]. 地球科学进展，2008, 23(9): 996-1004.

成果应用

吴忠市富硒土地资源开发建议初探

高　宇，刘志坚

(宁夏国土资源调查监测院，银川 750002)

摘要：吴忠市贯彻落实党中央提出的绿色发展新理念，适时推出富硒产业，打造"中国塞上硒都"。本文通过系统分析，对将来吴忠市富硒土地资源的开发与保护提出了一些初步建议，以期对吴忠市社会经济发展有所帮助。

关键字：富硒；开发；保护

党的十八大报告将"大力推进生态文明建设"作为全面建设小康社会的新要求，习近平总书记在十八届五中全会上提出绿色发展新理论。吴忠市准确把握当前经济转型期的挑战与机遇，充分发挥当地富硒土地资源优势，提出富硒产业的概念，打造"中国塞上硒都"，把富硒资源优势转化为资本优势和产业优势，助力吴忠市长期可持续发展。

1　富硒农产品受到市场青睐

硒的发现，是人类健康史上一个划时代的革命，它对人类健康的贡献是无法估量的，被誉为20世纪最具权威的微量元素专家奥德菲尔德博士这样评价硒："硒像一颗原子弹，量很小很小，作用和威慑力却很大很大，一旦被人们认识、利用，将对人类健康产生深刻的影响。"因此，硒元素获得了"月亮女神"的美誉。硒是人体必需的微量营养元素之一，人体若通过富硒农产品适量补硒，可有效提高机体免疫能力、抑制肿瘤、防治心脑血管疾病、保护肝脏、抗氧化、延缓衰老、保护修复细胞，硒被国内外科学家誉为"长

作者简介：高宇(1976—)，男，宁夏同心人，博士，高级工程师，主要研究方向为农业地质。E-mail:371110352@qq.com。

寿元素""抗癌之王""心脏的守护神"。由此可见,硒与人体健康息息相关,它是主宰人类生命最重要的微量元素,这一点已成为世界各国科学家的共识[1, 2]。

江西丰城市、湖北恩施市、陕西紫阳县等是开发富硒农产品较早的几个县、市。目前,这些地区的富硒农产品在北京、上海、广州,以及香港等较发达地区销售异常火爆,富硒农产品的价格也比普通农产品价格高出一倍甚至数倍。随着人们生活水平的不断提高,追求健康、长寿的意识持续增强,富硒农产品会受到越来越多人的青睐。中国是缺硒大国。我国东北、华北、华中和西南内地的绝大部分地区都处在缺硒地区,缺硒区达到 72%,市场潜力巨大。

在吴忠市着力打造"中国塞上硒都"之前,吴忠市的富硒大米、富硒枸杞等农产品也远销上海、广州、香港等地。由于没有政府引导,无技术标准可依,没有深加工,品牌效应低,产品容量小,鱼目混珠,无宣传引导等诸多问题,该市富硒农产品不成规模,市场占有率低,效益较差。

2　吴忠市富硒产业发展的比较优势

2007 年以来,宁夏国土资源调查监测院在开展大面积的土地质量调查项目——"宁夏多目标区域地球化学调查"过程中,通过大量采样(1 个 /km²)、高精度分析,获得海量的可靠地球化学数据,在此基础上发现了吴忠市富硒土地资源多达 10.27 万 hm²,其中耕地 4.33 万 hm²(65 万亩)。

综合分析吴忠市富硒产业现状,存在以下几个方面的优势:

(1)地方党委、政府高度重视。自 2015 年以来,吴忠市高度重视富硒产业的发展,将富硒产业列入《吴忠市国民经济和社会发展第十三个五年规划》,与宁夏回族自治区国土资源厅签订了《关于促进吴忠市富硒产业发展的战略协议》,出台了《关于加快健康产业发展培育新经济增长点的若干意见》(吴党发〔2015〕41 号),成立了富硒办公室和富硒产业协会。为产业发展打下了较好的政策和机构基础。

(2)得天独厚的富硒土地资源。截至目前,宁夏富硒土地资源面积达到 4200km²,占宁夏已完成多目标区域地球化学调查面积 3.1 万 km² 的 12.6%[3]。主要的富硒区分布于吴忠市境内,黄河及清水河两侧的冲、洪积平原,具有良好的光照条件、便利的引水灌溉条件和发达的农业基础,是宁夏最主要的农业生产基地。同时富硒土地资源较为集中,宜于产业开发。

(3)富硒土壤层较厚。吴忠市富硒土壤层厚度达 200cm 以上,开发富硒产业具有持久性和连续性。富硒土壤硒元素含量适中,示范区内土壤硒含量多在 0.225 ～ 0.5mg/kg,土壤偏碱性,有利于农作物对土壤中硒元素的吸收利用[4]。

(4)富硒区生态环境健康。通过调查发现,吴忠市富硒区的土壤中,影响人类健康的汞、镉、铬、铅、砷、锌等重金属元素指标均处于健康安全限值以内[5],土地资源总体上达到绿色土地质量标准。与其他省区富硒区相比,吴忠市富硒土地资源基本没受工业污染，具有不可比拟的优势。

（5）富硒作物品质好、种类多，具有较好的农业种植模式。吴忠市是优质稻米、葡萄、枸杞、硒砂瓜、苹果等多种作物的生产种植区，具有很好的农业开发利用前景，这是国内其他省区富硒区所不能比拟的。

3 富硒土地资源对吴忠市农业的影响评价

随着人们物质生活、消费水平的不断提高和营养保健意识的日益增强，饮食观念也在不断发生着变化。"药补不如食补""吃出健康"逐渐被人们所认同。

目前国内富硒蔬菜主要有大豆、豆芽及白菜等。同时，一些特色蔬菜发展也被看好。富硒农产品与其他同类农产品相比较，虽然价格高出几倍，甚至几十倍，但销路却非常好。从目前大米的市场价格来看，普通大米每千克不到4元，而富硒大米因其营养价值高，加之其籽粒洁白饱满圆润，深得消费者青睐，每千克售价8元以上。据了解，作为湖北省百家重点乡镇企业之一的湖北长友食品有限公司，借助恩施市得天独厚的硒资源优势，开发了一系列富硒森林蔬菜食品，主要有薇菜、食用菌等。目前80%以上的产品出口到日本、韩国等地区。富硒农产品已经成为农业生产中的新亮点。越来越多的富硒农产品将进入超市，端上普通百姓的餐桌。现在市场上的富硒蔬菜、富硒大米、富硒玉米、富硒水果、富硒茶叶等在丰富居民菜篮子的同时，既给人们送去了健康，也给生产者带来了可观的经济效益。今后随着更多富硒农产品的出现，人们对健康渴望的进一步增强，对富硒农产品的需求将更加迫切，消费量将会成倍增长。据权威专家预测：在未来的几年，我国富硒农产品市场的开发前景极为广阔，具有较强的出口创汇优势。开发富硒农产品，将成为我国发展优质高效农业的新途径。

宁夏4200km²的富硒土地，如果参照其他省区富硒农产品的开发利用情况，三到五年内，估计可达到数百亿元的综合产值，将使农业产值和农民收入大幅增加。

富硒土地资源开发利用不但不会破坏环境，通过规模种植、规范管理，还可以改善生态环境，达到循环利用，可持续发展，造福子孙后代的目的。

4 当前吴忠市富硒土地资源开发利用存在的问题

（1）自2007年以来，全区开展了宁夏多目标区域地球化学调查工作，系统地分析了调查区的54项元素背景，获得了包括矿产资源、国土环境、农业地质相关的海量数据，被相关专家形象地比喻为"为地球体检"。但是由于项目资金短缺，目前调查工作仅覆盖了3.1万km²的面积，尚有1.7万km²的土地未开展调查。

（2）全国多目标区域地球化学调查工作是基于1：25万比例尺开展的[6]，是区域性调查工作，获得的数据只能指导地区（省级）地球化学工作，发现的多处环境和农业异常显示有待于进一步的验证和揭示。这就要求开展更大比例尺的（1：5万或者1：1万）土地环境地质调查工作[7, 8]。

（3）目前已经开展的多目标区域地球化学调查结果显示，宁夏的土地资源基本处于"绿色天然无污染"的状态，没有受到工业的影响，与国内其他省份相比具有十分明显的优势。但是现阶段，如何保护好、利用好这一优势资源，急需开展进一步的工作。

（4）我国自东北到西南有一条"贫硒带"，这包括了国内主要的产粮大省。而富硒区主要分布在西北地区的部分省区，以及长江中下游地区。目前由于金属矿产资源的开采、地方工业发展，以及酸性土壤的影响，黄河下游地区重金属元素超标现象较严重。因此，西北的部分绿色无污染富硒地区显得尤为突出和重要。

（5）江西、浙江等相对发达省区对于富硒国土资源的重要性认识较早，发展相关产业也较多。吴忠市作为一个西北少数民族集聚区，如何发展好这一优势资源，不重蹈在工业发展过程中牺牲环境的巨大损失这一覆辙，要走绿色发展、可持续发展之路。这是一个重大课题，需要研究解决。

（6）现阶段宁夏缺乏相关的富硒产品及富硒土地标准做指导，并且也不具备相关的"富硒"资源或产品检测及认证机构。这些都影响到农产品开发及特色农业品牌创建的进程，某种程度上也严重地制约着富硒产业的有序发展。

5　吴忠市富硒土地资源开发建议

借鉴国内该领域的成功经验，吴忠市政府联合宁夏国土资源厅及宁夏农牧厅搭建平台，地方企业高效运作，紧锣密鼓地推动着宁夏富硒农业经济。根据《宁夏土地利用总体规划》，以及本院已完成的调查评价工作成果，本文建议：

（1）高度重视，重点发展"富硒"农作物种植，提升宁夏农作物品质：①发展富硒水稻等粮食作物，开发时以黄河两岸引黄灌区的富硒有机大米生产为主，打造宁夏富硒品牌大米。②在现有"中宁枸杞"品牌的影响下，开展中宁富硒区有机富硒枸杞的开发和深加工，同时开展宁夏富硒西瓜、富硒枸杞品牌整合，消除现有商标多而杂的现象，打造统一的对外宣传品牌。③开发富硒蔬菜种植区，在适宜种植蔬菜的引黄灌区种植富硒蔬菜及其他农副产品。④开展富硒红枣、苹果、葡萄等品种的培育和开发，在原有中宁水果品牌的基础上开发富硒水果、富硒果酒和果汁等产品。⑤开发富硒肉类产品，在富硒农作物开发的基础上，利用当地富硒农作物喂养牲畜、家禽、鱼虾等。

（2）全面深入开展宁夏土地质量调查评价工作，尤其是根据产业需要有针对性地开展大比例尺土地质量调查评价，进一步摸清宁夏富硒土地质量状况。在调查研究的基础之上，依托互联网平台建立"土地质量档案"。将地理信息、农田建设、土壤肥力、环境状况、富硒程度，以及农作物种植布局等信息整合发布，由此打造线上富硒土地资源的宣传册和线下的资料库。这一举措一方面为政府相关机构提供技术及信息支持，从而能够有效地帮助政府对土地资源进行优化配置，合理布局农业产业结构，创造招商引资条件，加强土地资源质量管控及土地资源保护等工作服务；另一方面，能够为企业与消费者之间搭建相互了解的桥梁，使富硒产品尽快被更多消费群体所认可，激发其巨大的市场潜力。同时，企业利用"土地质量档案"中的相关信息，可以科学规划其投资方向，提升企业竞争力。

（3）出台地方富硒标准。一方面着手启动宁夏富硒土地标准制定工作，另一方面根据富硒标准，建立当地的"富硒"资源及产品的检测及认证机构。如此，使富硒土地资源及富硒农产品的评价和认定有据可依、有章可循，并在富硒土地资源的开发、利用与保护及富硒农产品生产和市场监管规范方面做好部署和落实。

（4）保护富硒土地资源。将具备条件的富硒土地资源建设成为高标准基本农田，并且保护起来，扩大富硒区的农业生产规模，打造富硒农产品生产基地。

（5）把富硒土地资源纳入土地利用规划修编中。富硒土地作为一种特色的国土资源，开发好宁夏富硒土地资源对于宁夏实现资源优势向经济优势转化，打造特色农业，增加农民收入等都具有重要的现实意义。

参 考 文 献

[1] 杨忠芳, 朱立, 陈岳龙. 现代环境地球化学 [M]. 北京: 地质出版社, 1999.

[2] 吴次芳, 徐保根. 土地生态学 [M]. 北京: 中国大地出版社, 2003.

[3] 高宇, 李晓慧, 张玲燕, 等. 银川盆地富硒土地资源研究 [J]. 农业科学研究, 2011, 32(4): 88-89.

[4] 王吉智. 宁夏土壤 [M]. 银川: 宁夏人民出版社, 1990.

[5] 中华人民共和国农业部. 粮食 (含谷物、豆类、薯类) 及制品中铅、铬、镉、汞、硒、砷、铜、锌等八种元素限量 (NY861—2004)[S]. 北京: 中国农业出版社, 2005.

[6] 杨忠芳, 陈岳龙, 汪明启, 等. 地球化学填图的国际研究现状及建议 [J]. 地球科学进展, 2002, 17(6):826-832.

[7] 中华人民共和国国土资源部. 多目标区域地球化学调查 (1: 250000)(DZ/T 0258—2014)[S]. 北京: 中国标准出版社, 2014.

[8] 中国地质调查局. 土地质量地球化学评估技术要求 (试行)(DD2008-06). 2008.

锗的地球化学特征及其生物有效性

（中国地质大学（北京）地球科学与资源学院，北京 100083）

摘要：锗是一种分散元素，在地壳中含量较低。锗具有亲石、亲铁、亲硫和亲有机质等多重地球化学性质，内生环境中岩浆作用不能使锗富集，热液作用可以使锗富集，表生环境中锗具有较高的活动性，并且由于锗和硅具有相似的化学性质，锗可以作为表生环境中硅循环的示踪剂。锗在地球不同圈层及岩石、土壤中均有广泛的分布。有机锗被称为人体的保健元素，具有抗癌、参与免疫调节、清除自由基、调节脂类代谢等生物学功能，但其也有一定的毒性。锗对植物生长的影响因锗化合物、浓度而异，在植物物种间、品种间、生长阶段等均有差异，适量的锗可以促进植物的生长，锗积累过多会抑制植物生长，产生毒害。多种农产品中均含锗，但含量均较低，富锗农产品的开发具有极大潜力。另外，本文结合国内开展的多目标区域地球化学调查、土地质量地球化学评价工作的现状，为锗的生态地球化学评价与富锗土地资源开发提出合理化建议。

关键词：锗；地球化学；有机锗；生物有效性；富锗农产品

0 引 言

1871 年门捷列夫曾预言有一个"类硅"的当时还未被发现的同族元素存在。1886 年德国化学家 Winkler 在对硫银锗矿进行金分析时发现了锗，为了纪念他的祖国德国（Germany），命名这一元素为 Germaniun[1]。锗是典型的分散元素，在自然界通常呈矿床的伴生组分形式出现。锗具有良好的半导体性能，是现代信息产业最重要的金属之一。日本学者浅井一彦于 1967 年以无机锗为原料合成了具有广泛药理活性的羧乙基锗倍半氧

作者简介：段轶仁（1995—），男，主要从事环境地球化学方面的研究工作。E-mail：yirenduan@cugb.edu.cn。
通信作者：杨忠芳（1961—），女，教授，博士生导师，主要从事环境地球化学、生态地球化学、勘查地球化学和土地质量地球化学评估等方面的研究与教学工作。E-mail：zfyang01@126.com。

化物（Ge-132），并证明它是一种毒性极低、具有较强抗癌活性的有机锗化合物，引起了医疗界的巨大轰动，从此揭开了研究有机锗化合物，寻找高效、低毒有机锗药物的序幕。

1 锗的地球化学特征

1.1 锗的一般性质

锗位于元素周期表中第四周期Ⅳ A 族。锗的最外层电子构型为 $4s^2 4p^2$，其极易失去电子发生氧化。锗的氧化态有 Ge^{2+} 和 Ge^{4+}，但以 Ge^{4+} 趋向性更大，Ge^{2+} 的化合物 (GeO 和 GeS) 一般不稳定[2]。锗是一种准金属，具有良好的半导体性质。锗在自然界有 5 个稳定同位素，其质量数及丰度为：$^{70}Ge\ 20.55\%$、$^{72}Ge\ 27.37\%$、$^{73}Ge\ 7.67\%$、$^{74}Ge\ 36.74\%$、$^{76}Ge\ 7.67\%$。此外，还有 9 个人工同位素：^{65}Ge、^{66}Ge、^{67}Ge、^{68}Ge、^{69}Ge、^{71}Ge、^{75}Ge、^{77}Ge、^{78}Ge，其寿命很短。寿命最短的半衰期仅为 0.53s，最长的半衰期也只有 280d[1, 3]。

1.2 锗的地球化学性质

锗具有亲石、亲铁、亲硫和亲有机质等多重地球化学性质。锗是典型的两性元素，锗的亲石性表现在两方面。在碱性介质中 Ge 主要以 GeO_4^{4-} 和 GeO_3^{2-} 等形式存在，它们与 SiO_4^{4-}、SiO_3^{2-} 在结晶化学性质上十分相似。这些性质决定了锗与硅存在广泛的类质同象置换关系[4]。在酸性介质中主要以 Ge^{4+} 存在，Ge^{4+} 与 Al^{3+} 在结晶化学、电负性、离子极化性质等方面极为相似，决定了 Ge^{4+} 与 Al^{3+} 的类质同象置换关系[1]。

锗有强烈的形成 6 或 8 配位络合物的趋向，Ge^{4+} 的离子半径与 Fe^{3+}（0.067nm）、Ti^{4+}（0.064nm）、Cr^{3+}（0.064nm）、V^{4+}（0.052nm）、Mn^{4+}（0.052nm）相近，可置换矿物中的这些离子，因此，Ge 又具有亲铁性。例如，锗常以 6 次配位形式置换 Fe^{3+} 进入磁铁矿晶格，锗以 8 次配位形式置换 Fe^{3+} 进入赤铁矿晶格[1]。

Ge 以 Ge^{4+} 类质同象进入闪锌矿晶格中，并在其中富集是锗在硫化物矿物中结晶化学的最大特点。强还原条件下，Ge^{4+} 易被还原成 Ge^{2+}，而 Ge^{2+} 的离子半径（0.080nm）与 Zn^{2+}（0.083nm）很接近，使 Ge^{2+} 易进入闪锌矿晶格而富集。锗在硫化矿物中除类质同象进入简单硫化物矿物晶格外，还形成 GeS_3^{2-} 及 GeS_4^{4-} 等形式的硫锗酸根类质同象进入含硫盐类矿物[1, 5]。煤是目前工业锗的主要来源之一，国内外的许多煤层中均发现锗的富集现象。褐煤中的锗主要赋存于有机相中[6]。25～90℃时锗与邻苯二酚、柠檬酸和草酸等易形成稳定螯合物，表现出亲有机质特性[7]。

1.3 锗的地球化学行为

1.3.1 内生环境

几乎在所有岩浆岩及岩浆矿物中都发现有锗的存在。由表 1 可知，锗在所有类型岩浆岩中的含量范围为 1 ~ 1.5μg/g，与地壳中锗的克拉克值相差很小，故锗在岩浆作用过程中是典型的分散元素，岩浆作用不能使之明显富集。锗在所有类型岩浆岩中的丰度相差很小，表明其在岩浆结晶演化过程中，并不只是随着硅一种元素进入矿物中，而还同其他元素相关[5]。但在一些花岗伟晶岩中，锗可富集于黄玉、锂辉石、透锂长石、铯榴石、石榴子石中，这可能与 Ge^{4+} 替代这些矿物中的 Al^{3+} 有关[4]。刘英俊等也指出，较岩浆作用阶段，在伟晶岩形成过程中，锗发生了富集作用，这是由于锗的离子半径较小，价能量系数值较大，其在伟晶作用过程中以最广泛的析出范围为特征[5]。

表 1　主要类型岩浆岩中锗的平均含量[5]

岩性	超基性岩		基性岩		中性岩		酸性岩		
					正长岩	闪长岩	富钙	贫钙	花岗岩
锗含量 /(μg/g)	1.5	1	1.3	1.5	1	1.5	1.3	1.4	1.5

内生作用中，锗的最大富集发生于热液作用阶段。Pokrovski 等[7]的实验和热力学研究表明，在 25 ~ 250℃条件下，GeO_2 的溶解度随温度升高而增大，且在近中性时达到最大值。

由表 2 可知，天然水体（海水、河水等）中锗含量很低，而在地下热水等热液环境中，锗含量明显增加。与低温蚀变环境相比，高温热液环境存在更普遍的锗富集现象[8]。

表 2　水体中锗的含量

位置	水体类型	锗含量 /（n mol/L）	出处
全球	海水	0.05 ~ 0.1	文献 [8]
全球	江河水	0.05 ~ 0.3	文献 [8]
苏联	矿井水	0.5 ~ 48	文献 [9]
法国	地下热水	<56	文献 [10]
高加索地区中部	地下热水	33 ~ 140	文献 [11]
怀芒谷，新西兰	地下热水	46 ~ 94	文献 [12]
科罗拉多温泉，美国	地下热水	293	文献 [13]
间歇泉区域，冰岛	地下热水	<24	文献 [14]
阿塞拜疆	油田水	<85	文献 [15]
东太平洋洋中脊黑烟囱	洋中脊热液	150	文献 [8]
冰岛	地热流体	30 ~ 400	文献 [8]

1.3.2　表生环境

锗在表生环境中具有较高的活动性，大多原生含锗矿物在表生条件下都不稳定，易以 Ge^{4+} 形式被淋滤进入水体[5]。Ge^{4+} 在迁移过程中会由于环境物理化学条件的变化而发生沉淀，目前国内外很多学者都认为煤是锗发生富集极有利的围岩[16]。我国临沧超大型锗矿床、内蒙古胜利煤田共生锗矿，以及云南帮卖盆地中均发现煤层中富集锗的现象。

在表生环境中，Ge 的另一显著特征是它可以作为 Si 循环的示踪剂。Ge 和 Si 同位于ⅣA 族，二者有相近的离子半径（Si 2.6Å，Ge 3.9Å）和电子排布，故 Ge 和 Si 有相似的化学性质。在 Si 的生物地球化学循环过程中 Ge 会与 Si 紧密伴生，Ge 表现得就像 Si 的稳定同位素一样。故将 Ge、Si 以不同比例在不同物质间的分配称为 Ge、Si 分馏，并以不同物质的 Ge/Si 值作为这一分馏的判定依据。Scribner 等[17]、Lugolobi 等[18]、

Kurtz[19] 均提出 Ge/Si 值可以被用作 Si 循环的示踪剂。

陆地上，Ge/Si 值可以用来指示河流流域的风化程度，Murnane 等[20] 研究表明，河水中不同的 Ge/Si 值可以反映河流所处流域风化强度的差异。河流中低 Ge/Si 值反映原始矿物在风化过程中 Ge 会优先进入次生黏土矿物中；而河流中高 Ge/Si 值反映土壤中矿物风化作用很剧烈[20, 21]。黏土矿物、铁的氢氧化物、有机质均是富 Ge 成分的潜在储库。故黏土矿物、Fe 的氢氧化物的沉淀和土壤有机质的积累都是影响 Ge/Si 值的可能机制[22]。Lugolobi 等[18] 在波多黎各的里奥伊卡科斯流域，开展了花岗岩风化环境实验，结果显示，在河流和溪流中的 Ge/Si 值比基岩中的 Ge/Si 值小，说明在化学风化过程中，Ge 进入了土壤中的次生黏土矿物中，且 Ge 代替 Si 占据了四面体片中的位置。Mortlock 等[23] 指出，水中的 Ge 可以高效地被 Fe 的氢氧化物吸附，并在许多 Fe 的氧化物、氢氧化物沉淀中富集。这一机制在控制河流中 Ge、Si 浓度使 Ge/Si 值低于地壳平均值可能是重要的。Pokrovski 等[7] 通过对 Si、Ge 与水溶性有机络合物作用的研究表明，Ge- 腐殖酸络合物的形成导致了富有机质的表层水中 Ge/Si 值的显著提高，这也是引起河流中 Ge/Si 值改变的机制。

Ge/Si 值也可以作为海洋中 Si 循环的示踪剂。Ge、Si 元素被输入海洋主要是通过河流和热液。这两种来源共同占了所有 Ge 输入量的 70%。大气循环运输、海底玄武岩风化、陆地生物 Si 和地下水输入等其他输入途径占了 30%。海洋中大部分 Ge、Si 被海洋中的硅藻、海绵等生物摄取，最终富集在富含蛋白石的沉积物中。蛋白石中 Ge/Si 值的沉积记录保存了过去的 Si 循环信息，故海洋中埋藏在海底蛋白石中的 Ge/Si 值可以监测进入海洋的 Si 来源浓度的变化[24]。由于河流中溶解了大量 Ge、Si 并输入海洋中，在海洋沉积物孔隙中的生物蛋白石 Ge/Si 值变化可以用来记录陆地的硅酸盐风化强度[23]。在富含蛋白石的海洋沉积物中 Ge/Si 值会随时间发生显著变化，这可能与全球气候变化有关。Froelich 等[21] 表示海水的 Ge/Si 值的变化是由陆地风化过程中迅速而巨大的冰期到间冰期的变化驱使的。Anders 等[25] 指出海洋记录的 Ge/Si 值改变不能直接归因为冰川改变的结果，Fe 的氢氧化物的吸附可能是一个重要的分馏机制。

1.4 锗的分布情况

1.4.1 锗在地球不同圈层中的分布

从原始地幔到洋壳、陆壳，锗含量几乎没有变化，均为 1μg/g 左右。相比之下，地核中锗的含量高很多，这可能与锗具有强烈的亲铁性有关（表 3）。

表 3 锗在地球各部分中的含量范围

地球不同圈层	锗含量范围或平均值 / (μg/g)	出处
整个地球	13.8	文献 [26]
地核	37	文献 [26]
原始地幔	1.1 ～ 1.31	文献 [26]、文献 [27]
地壳	1.2 ～ 1.6	文献 [28] ～ 文献 [32]
陆壳	1.6	文献 [33]
洋壳	1.5	文献 [33]

1.4.2 锗在岩石中的分布

锗主要呈分散状态赋存于其他元素组成的矿物中，通常被视为多金属矿床的伴生组分，形成独立矿物的概率很低。锗在各类岩石中的分布情况见表 4。

表 4 锗在各类岩石中的分布

岩石类型	锗含量范围或平均值 / (μg/g)	出处
超基性岩	0.9 ～ 1.3	文献 [34]、文献 [35]
铁镁质岩	1.4	文献 [34]
洋脊玄武岩	1.2	文献 [35]
花岗岩	1.3 ～ 1.6	文献 [34]、文献 [35]
砂岩	0.15 ～ 1.4	文献 [35]
页岩	1.6 ～ 1.9	文献 [34]、文献 [35]
变质岩	1.7	文献 [5]
千枚岩	2.5	文献 [5]
正片麻岩	1.7	文献 [5]
副片麻岩	1.5	文献 [5]

1.4.3 锗在土壤中的分布

世界土壤锗含量范围为 0.5 ～ 34μg/g，中值为 1.0μg/g，其变化范围较大，反映特定的条件会造成锗在土壤中的富集。我国土壤中锗含量范围为 0.5 ～ 7.6μg/g，中值为 1.7μg/g[36]，最高值出现在西藏、四川、青海、新疆等西部省区，总体上表现出碱性土壤大于酸性土壤的特征[37]。表 5 为我国部分地区不同类型土壤中的 Ge 平均含量。

表 5 我国不同土壤中的 Ge 平均含量[37]

土壤	采样地点	母质	Ge 含量 / (μg/g)
棕色针叶林土（3）	内蒙古满归	花岗岩	1.69
暗棕壤（4）	内蒙古扎兰屯	花岗岩	1.71
灰色森林图（3）	内蒙古牙克石	玄武岩	1.51
黑土（4）	内蒙古扎兰屯	花岗岩残积物	1.71
黑土（5）	吉林长春	黄土	2.03
白浆土（4）	黑龙江宝清	黄土状沉积物	1.57
草甸棕壤（5）	辽宁苏家屯	黄土状沉积物	1.97
沼泽土（3）	内蒙古扎兰屯	花岗岩残积物	1.73
黑钙土（4）	内蒙古牙克石	洪积物	1.55
栗钙土（6）	内蒙古锡林浩特	黄土堆积物	1.39
潮土（6）	河南封丘	黄河冲积物	1.67
黄绵土（5）	陕西延安	黄土	1.61
黑垆土（7）	甘肃西峰	黄土	1.58
娄土（7）	陕西杨陵	黄土	1.71
灰漠土（7）	新疆阜康	黄土沉积物	1.46
棕漠土（7）	新疆吐鲁番	古近纪—新近纪红色泥岩	1.22
残余盐土（7）	新疆艾丁湖	黄土堆积物	1.21

续表

土壤	采样地点	母质	Ge 含量 /（μg/g）
棕壤（3）	山东泰安	片麻岩	1.81
黄棕壤（8）	江苏下蜀	下蜀黄土	1.79
红壤（16）	江西余江	第四纪红色黏土	1.66
赤红壤（4）	广东广州	花岗岩	3.92
砖红壤（7）	云南勐海	第四纪红色黏土	1.64
砖红壤（5）	云南勐海	花岗岩	2.14
砖红壤（5）	云南勐仑	花岗岩	2.32
砖红壤（5）	云南勐仑	第四纪红色黏土	1.94
砖红壤（5）	云南勐养	玄武岩	1.70
砖红壤（12）	云南勐腊	石灰岩	1.23
黄壤（3）	四川峨眉山	白云岩	2.12
黄壤（4）	四川夹江	第四纪老冲积物	1.61
棕色石灰土（3）	广西太新	石灰岩	2.85
石灰性紫色土（7）	四川简阳	石灰性紫砂岩	1.68
酸性紫色土（8）	四川乐山	酸性紫砂岩	1.22
高山草甸土（5）	西藏墨竹工卡	板岩	1.65
水稻土（5）	辽宁苏家屯	黄土状沉积物	2.03
水稻土（5）	山西晋祠	黄土状洪积物	1.65
水稻土（6）	江苏下蜀	下蜀黄土	1.75
水稻土（4）	江苏吴县	黄土残积物	1.80
水稻土（6）	江苏吴江	河湖沉积物	1.62
水稻土（8）	江苏太仓	长江冲积物	1.62
水稻土（4）	江苏溧阳	下蜀黄土	1.79
水稻土（5）	江苏常熟	河湖沉积物	1.67
水稻土（4）	广东广州	花岗岩	3.25
水稻土（3）	四川简阳	石灰性紫砂岩	1.48
水稻土（6）	云南勐仑	第四纪红色黏土	1.61

注：括号内数字为样品数

由表 5 可知，不同类型土壤 Ge 的含量除花岗岩发育的砖红壤、赤红壤和水稻土，石灰性紫砂岩发育的紫色土，黄土状沉积物发育的黑土高于平均值，酸性紫砂岩发育的紫色土低于平均值外，其余土壤均接近平均值，表明 Ge 在土壤中也是一个高度分散的元素[37]。

2　锗的生物有效性

2.1　人体中的锗

锗的化合物有无机锗和有机锗两种，无机锗（GeO_2）毒性较大，对人体是严格禁用的。Ge 可与碳形成牢固的 Ge—C 键，所以有许多含锗的有机化合物。杨康林等按化合物类型将它们分为：烃基锗化合物、螯锗及其衍生物、有机锗倍半氧化物、有机锗倍半硫化物、介吗川类有机锗化合物[38]，其中有机锗倍半氧化物是目前研究比较多的一类化合物，简称 Ge-132，化学式为（$GeCH_2CH_2COOH$）$_2O_3$，此类化合物具有的 Ge—O 网状结构

是它们的活性部位 [39]。1978 年首次人工合成 Ge-132 以后，由于药理试验表明其具有抗癌活性，引起了世界保健品和医药领域的重视。

2.1.1 锗在人体内的吸收、分布、代谢

锗每天以饮水、呼吸、食物输入或药物方式输入人体，其中食物输入的锗占了绝大部分。由于人们食用的谷物、蔬菜、肉类、奶制品中不同程度地含有锗，成年人的锗摄入量为 0.4 ～ 3.5mg/d[40]，进入人体内的锗被胃酸或酶溶解消化吸收后，经血液循环输送到全身各组织器官中发挥生物学功能 [41]。我国科学工作者的动物实验研究结果证明，锗的最大无副作用剂量为 20mg/kg，这种剂量对动物不发生毒害作用，据此推算应用于成年人的允许摄入量为 24mg/d[42]。

锗广泛分布于人体的各组织器官中，表 6 为锗在人体各器官中的分布情况。人体内的许多酶，如肌氨酸酶、细胞色素氧化酶、碳酸酐酶、人脑的皮质及灰质成分中均含有痕量锗。细胞壁、线粒体、染色体、囊泡、溶酶体等亚细胞成分中也能分离出锗 [43]。

表 6　锗在人体各器官的分布

组织器官	锗含量 / (μg/g)	组织器官	锗含量 / (μg/g)
血液	0.2	指甲	0.48 ～ 11
头发	2.2	红细胞	650
肾	9.0	血浆	<30
肝	0.04	血清	300
肌肉	0.03	粪便	100

锗进入人体后对各组织没有选择性，通常无蓄积作用。大部分经由肾脏在 4 ～ 7d 内从尿中排出，还有部分锗直接从消化道以粪便的形式排出体外 [41]。锗在人体内的循环历程 [40] 如图 1 所示。

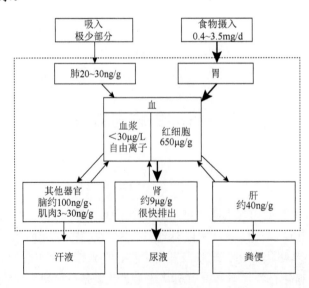

图 1　锗在人体内的循环历程

2.1.2　锗的生物学功能

有机锗的生物学功能有抗癌、参与免疫调节、清除自由基、调节脂类代谢等。

（1）抗癌。浅井一彦等最先合成并报道了具有抗癌活性的有机锗化合物 Ge-132，随后许多学者对有机锗的抗癌功能进行了大量研究。Ge-132 不但抗癌活性高，而且毒性低，是一种干扰素诱发剂，具有抗癌性干扰素的活性，是广谱抗癌药。日本学者对不同类型人类肿瘤进行临床试验，结果发现对胃癌、肺癌、胰腺癌、子宫癌、乳腺癌、前列腺癌及多发性骨髓瘤均有较好的疗效，未见副作用 [44]。侯新华等 [45] 在黄曲霉素致大鼠肝癌研究中发现，Ge-132 具有低抗黄曲霉素降低超氧化物歧化酶（SOD）活力的作用，且用于致癌物前，抑制 SOD 活力降低的能力更强。有机锗多酸衍生物微量时抑制肿瘤细胞的增殖能力是特异的，即在对非肿瘤细胞没有任何毒副作用的剂量时，对肿瘤细胞有很好的抑制作用 [46]。

（2）参与免疫调节。有机锗能诱使人体细胞产生细胞介素和干扰素（IFN），同时能恢复体液中的 T 淋巴细胞和 B 淋巴细胞的数量，提高自然杀伤细胞（NK）和巨噬细胞的活性 [47]。因此有机锗能提高机体的免疫功能，增强对疾病的抵抗力，对多种免疫缺陷病，如炎症、肝硬化、病毒感染、细菌感染等都有一定的防治效果 [44]。Ge-132 可使免疫功能低下者的免疫力逐步恢复正常，其环节可能是首先刺激 T 淋巴细胞产生淋巴因子，淋巴因子活化巨噬细胞变成细胞毒巨噬细胞及激活 NK（自然杀伤细胞）活性，细胞毒巨噬细胞、NK 细胞发挥杀伤癌细胞作用 [48]。

（3）清除自由基。在人体的代谢过程中，由于电荷转移，不断地有化合物分子中的共价键发生断裂，外层轨道具有不配对电子，即自由基，如超氧阴离子自由基和羟自由基。这种自由基具有极强的氧化能力，很容易攻击许多细胞敏感大分子，如核酸、酶、DNA 等 [39]，故人体内自由基的积累是诱发人体衰老的原因之一。杨成峰等 [49] 等研究表明，Ge-132 对羟自由基（·OH）、超氧阴离子自由基（·O_2^-）具有清除作用，其机理可能与 Ge-132 的结构有关。蒋颂瑾等 [50] 认为有机锗可以提高超氧歧化酶活性，降低血清丙二醛，产生抗氧化剂的能力，有助于保护机体不受自由基反应的损伤，使过氧化脂质水平明显降低，防止脂质过氧化作用，并提高机体免疫功能。

（4）调节脂类代谢。有机锗能降低血清低密度脂蛋白和胆固醇的含量，提高高密度脂蛋白 / 总胆固醇的比值，明显降低动物肝脏、动脉、大脑 TC（总胆固醇）含量 [51]。现代分子生物学研究表明，γ-IFN（γ-干扰素）可提高高密度脂蛋白受体的表达，从而加速胆固醇的逆高转运；γ-IFN 尚能减少细胞表面清除剂受体的数目，阻止细胞过量摄取外周环境的胆固醇；IFN 及其诱生剂能降低动脉壁胆固醇的含量，阻止动脉粥样硬化的发展。Ge-132 诱生 IFN 可能是其降低胆固醇的原理之一 [52]。

（5）锗的生态学毒理。自 1982 年日本报道一例因服用锗保健品引起肾衰死亡病例后，有机锗的毒性引起各界广泛关注。此后，关于各种有机锗引起人体锗中毒的报告陆续发表，显示长期服用有机锗可造成肾脏、肝脏、中枢及外周神经、心脏、淋巴、骨髓、肌肉等组织损害，其中以肾脏损害最为常见和严重 [52]。螺锗对肝、肾、造血系统有明显毒性，Ge-132、Ge-201、CEG 等有机锗服用常用剂量也会引起恶心呕吐、腹泻、心脏损伤，长期或大量应用时，会导致肝、肾损害及震颤，干扰磷钙代谢。在日本及英国都有食物补充锗引起中毒死亡的正式报告，即使是更符合生理形式的氨基酸锗，用量过大也会使动物腹泻，活动减少，在骨中有积蓄作用[53]。

2.2 植物中的锗

2.2.1 锗对植物生长的影响

锗对植物生长的影响因锗化合物、浓度而异，在植物物种间、品种间、生长阶段等均有差异[54]。Cheong 等[55]的实验表明无机锗（GeO$_2$）与有机锗（Ge-132）对莴苣的生长有不同影响。李明堂等[56]在试验中发现土壤中低浓度的锗对水稻的生长具有刺激和促进作用，高浓度的锗会产生明显的抑制作用。高浓度的锗明显增加秕谷率和减少产量。王大志等[57]在相同的锗浓度下处理钝顶螺旋藻（*Spirulina platensis*）、盐生杜氏藻（*Dunaliella salina*）、湛江叉鞭金藻（*Dicrateria zhanjiang gensis*）和微绿藻（*Nannochloropsis* sp.）四种藻类，结果四种微藻的光合色素都发生了变化，但不同种间差别较大。李明堂等[58]在对不同基因型小麦的试验中发现，锗对不同基因型水稻生长发育的影响程度不同；在同一锗浓度下，不同品种水稻中锗的含量不同。李桂珠等[59]在试验中发现，在水稻的营养阶段，茎叶中锗积累显著增加，进入生殖生长期时，茎叶中锗的积累速度开始明显减少，从而对水稻生长有不同的影响。

2.2.2 农产品中的锗

锗广泛存在于农产品中，锗在一些常见农产品中的含量见表 7。

表 7 农产品中的锗含量

农产品	锗含量 /（µg/g）	农产品	锗含量 /（ug/g）
大豆	4.67	青椒	1.07
黄瓜	0.02	菜花	0.28
胡萝卜	0.04	大麦	0.03
西红柿	0.02	黑麦粉	0.55
甘蓝	0.81	黑麦种	0.64
芹菜	1.03	荞麦	0.19
茄子	0.53	面粉	0.45
南瓜	0.14	米	0.10
蘑菇	0.70	黑米	0.18

表中除大豆的锗含量较高外，剩余农产品中的锗含量均小于 2µg/g。此外，我国贫锗地区植物的含锗量一般不超过 1µg/g，这就使我国富锗农产品的开发具有巨大潜力。另外，天然有机锗是许多药用植物的成分之一，人参、灵芝、枸杞的锗含量分别为 320µg/g、257µg/g、124µg/g，具有独特的保健功能，故富锗保健食品的开发具有广阔前景[60]。

利用富锗土壤进行富锗植物的种植开发是一种行之有效的方法，许多研究者都用此方法探究不同种类植物的富锗情况，但此项研究目前还处在盆栽试验阶段。李明堂等[56]在其水稻盆栽实验中发现土壤中锗含量为20μg/g时，对水稻生长的影响是先促进后抑制，水稻在整个生育期中能不断地吸收锗，水稻根和茎叶中锗的总积累量逐渐增加。当土壤中锗含量为40.0μg/g时糙米中锗的平均含量可达17.8μg/g，但此时水稻已经出现了中毒症状。王晓洁等[61]用水培法栽培大麦苗的实验表明当培养液的锗浓度为40mg/L时，大麦出芽率、麦苗出率、生长曲线均高于空白对照组，麦苗尖无发枯发黄，锗含量是空白对照组的9.7倍。李桂珠[62]在探究锗在马铃薯中迁移转化规律的实验中得出以拌土形式加入5.0μg/g和10.0μg/g的锗对马铃薯的生长发育具有一定的促进作用，使马铃薯长势旺盛；而锗含量增加到20.0μg/g时，对马铃薯的生长发育开始具有明显的抑制或毒害作用。马铃薯块茎中锗的含量最高可达100μg/g。这些实验都表明在一定范围内随着土壤锗含量增高，植物体内锗含量也会增高，但试验土壤锗含量为人工添加，远高于自然界土壤锗平均含量（约1μg/g），这些情况在自然界是很少见的。

3　锗生态地球化学评价与富锗土地资源开发建议

目前全国范围内开展的不同比例尺土地质量地球化学评价，极大地促进了生态地球化学理论发展与方法技术体系的建立，调查评价成果在土地资源管护和特色土地资源开发等方面的实践应用取得了丰硕成果，充分彰显了该项调查评价工作的社会效益与经济效益。

受到土壤环境质量标准、土壤营养有益元素等级标准、健康元素等级标准等各类标准制定的指标种类限制，以及不同元素指标理论研究与开发应用程度制约，生态地球化学评价的指标种类多集中于As、Cd、Pb等8个重金属元素，N、P、K、B、Mo、Mn等营养元素，以及Se等健康元素，54项多目标区域地球化学调查指标与20项土地质量地球化学评价必测指标中，Ge、I、F等很多指标的开发利用还处于空白状态。例如，我国在1996年以后，在全国逐步推广和实施了全民食盐加碘，河北、山东等油田地带及沿海地区不但没有消除甲状腺肿，随着碘摄入量的增加，某些甲状腺疾病的发病率呈增高趋势[63,64]，出现上述问题的主要原因是，卫生防疫部门不清楚我国土壤中碘地球化学分布现状，这是全民补碘一刀切的后果。如果在查明土壤碘地球化学分布特征和生态地球化学效应基础上，有针对性地差异性补碘完全可以避免上述疾病的发生，有效地降低高碘地区甲状腺肿疾病发病率；对于人体而言，F摄入的安全范围很窄，摄入不足容易引起龋齿、骨质疏松等；摄入过多易得氟斑牙、氟骨症等，虽然饮用高氟水、高氟砖茶和褐煤烘烤食物等是人体氟主要的暴露途径，但土壤氟"家底不清"，农作物籽实中氟含量不清也是由氟摄入不足或过量引起疾病的原因之一。

Ge与Si地球化学性质相似，使Ge可以作为表示Si地球化学循环的示踪剂；Ge的亲石、亲硫、亲铁和亲生物性使Ge生态地球化学循环途径众多，土壤与农作物富Ge机理研究更加复杂；Ge的抗癌、抗氧化防衰老的生理功能使开发富Ge土地资源和富

Ge 农产品具有巨大的经济效益。因此，Ge 的生态地球化学评价与富 Ge 土地资源开发还任重道远。

为了充分利用多目标区域地球化学调查、土地质量地球化学评价获得的各种宝贵数据，逐一开展元素生态地球化学评价势在必行。以 Ge 为例，建议如下：

（1）开展 1 ∶ 250000 多目标区域地球化学调查对获得的土壤 Ge 地球化学分布特征进行研究，系统总结成土母岩、气候带、地形地貌和人类生产生活等因素对土壤 Ge 空间分布控制规律，为进一步完善生态地球化学理论提供资料。

（2）在大比例尺的土地质量地球化学评价工作中，将 Ge 作为农产品与根系土必测指标，研究 Si、Al、S、Fe、TOC、pH 等因素对 Ge 富集贫化趋势和生物有效性的控制，为富 Ge 土地资源开发圈定靶区。

（3）在 Cd 等重金属复合污染地区，开展 Ge 与 Cd 等亲硫重金属交互作用研究，调查筛选富 Ge 低 Cd 安全农作物种类，为重金属污染区的土地资源安全利用和富 Ge 农产品开发提供依据。

参 考 文 献

[1] 章明, 顾雪祥, 付绍洪, 等. 锗的地球化学性质与锗矿床 [J]. 矿物岩石地球化学通报, 2003, (1): 82-87.

[2] 陈永亨, 王道德. 陨石中 Ge 的宇宙化学行为 [J]. 地质地球化学, 1993, (3): 57-61.

[3] 王吉坤, 何蔼平. 现代锗冶金 [M]. 北京: 冶金工业出版社, 2005.

[4] 胡瑞忠, 苏文超, 戚华文, 等. 锗的地球化学、赋存状态和成矿作用 [J]. 矿物岩石地球化学通报, 2000, (4): 215-217.

[5] 刘英俊, 曹励明, 李兆麟, 等. 元素地球化学 [M]. 北京: 科学出版社, 1984.

[6] 庄汉平, 卢家烂, 傅家谟, 等. 临沧超大型锗矿床锗赋存状态研究 [J]. 中国科学 (D 辑: 地球科学), 1998, (S2): 37-42.

[7] Pokrovski G S, Schott J. Experimental study of the complexation of silicon and germanium with aqueous organic species: implications for germanium and silicon transport and Ge/Si ratio in natural waters[J]. Geochimica Et Cosmochimica Acta,1998, 62(21-22): 3413-3428.

[8] Mortlock R A, Froelich P N. Hydrothermal Germanium over the Southern East Pacific Rise[J]. Science,1986, 231(4733): 43-45.

[9] Goleva G, In V. Migration of germanium in ground waters of ore deposits[J]. Geochemistry International USSR, 1967, 4(4): 809-817.

[10] Criaud A, Fouillac C. Etude des eaux thermominérales carbogazeuses du Massif Central Français. Ⅱ. Comportement de quelques métaux en trace, de l'arsenic, de l'antimoine et du germanium[J]. Geochimica Et Cosmochimica Acta, 1986, 50(8): 1573-1582.

[11] Kraynov S R. Geochemistry of germanium in the thermal carbonate waters (illustrated by examples from the Pamirs and Greater Caucasus)[J]. Geochemistry International, 1967, 4: 309-320.

[12] Koga A. Germanium,molybdenum, copper and zinc in New Zealand thermal waters. [J]. New Zealand Journal of Science, 1967, 10(2).

[13] Wardani S A E. On the geochemistry of germanium [J]. Geochimica Et Cosmochimica Acta, 1957, 13(1): 5-19.

[14] Arnórsson S. Germanium in Icelandic geothermal systems[J]. Geochimica Et Cosmochimica Acta, 1984, 48(12): 2489-2502.

[15] Nuriyev A, Nf L, Dzhabarova Z. Germanium in oil, water and rocks of oil deposits [J]. Geochemistry International USSR, 1968, 5(5): 911.

[16] 胡瑞忠, 毕献武, 苏文超, 等. 对煤中锗矿化若干问题的思考——以临沧锗矿为例 [J]. 矿物学报, 1997, (4): 364-368.

[17] Scribner A M, Kurtz A C, Chadwick O A. Germanium sequestration by soil: Targeting the roles of secondary clays and Fe-oxyhydroxides[J]. Earth and Planetary Science Letters,2006, 243(3-4): 760-770.

[18] Lugolobi F, Kurtz A C, Derry L A. Germanium–silicon fractionation in a tropical, granitic weathering environment[J]. Geochimica et Cosmochimica Acta, 2010, 74(4): 1294-1308.

[19] Kurtz A C. Germanium/silicon and trace element geochemistry of silicate weathering and mineral aerosol deposition[J]. Dissertation Abstracts International, 2000,60(9): 4472.

[20] Murnane R J, Stallard R F. Germanium and silicon in rivers of the Orinoco drainage basin. (Cover story)[J]. Nature, 1990, 344(6268): 749.

[21] Froelich P N, Blanc V, Mortlock R A, *et al*. River Fluxes of Dissolved Silica to the Ocean Were Higher during Glacials: Ge/Si In Diatoms, Rivers, and Oceans[J]. Paleoceanography, 1992, 7(6): 739-767.

[22] Kurtz A C, Derry L A, Chadwick O A. Germanium-silicon fractionation in the weathering environment[J]. Geochimica et Cosmochimica Acta, 2002, 66(9): 1525-1537.

[23] Mortlock R A, Frohlich P N. Continental weathering of germanium: GeSi in the global river discharge[J]. Geochimica et Cosmochimica Acta, 1987, 51(8): 2075-2082.

[24] Baronas J J, Hammond D E, Berelson W M, *et al*. Germanium-silicon fractionation in a river-influenced continental margin: The Northern Gulf of Mexico[J]. Geochimica et Cosmochimica Acta, 2016, 178: 124-142.

[25] Anders A M, Sletten R S, Derry L A, *et al*. Germanium/silicon ratios in the Copper River Basin, Alaska: Weathering and partitioning in periglacial versus glacial environments[J]. Journal of Geophysical Research: Earth Surface, (2003-2012),2003, 108(F1).

[26] Dasch P. Public involvement in extra-solar planet detection[J]. Astrophysics and Space Science, 1996, 241(1): 147-153.

[27] Anders E, Ebihara M. Solar-system abundances of the elements[J]. Geochimica Et Cosmochimica Acta, 1982, 46(11): 2363-2380.

[28] Wedepohl K H. The composition of the continental crust [J]. Geochimica Et Cosmochimica Acta, 1995, 59(7): 1217-1232.

[29] Gao S, Luo T C, Zhang B R, *et al*. Chemical composition of the continental crust as revealed by studies in East China[J]. Geochimica Et Cosmochimica Acta, 1998, 62(11): 1959-1975.

[30] Taylor S R, Mclennan S M. The geochemical evolution of the continental crust[J]. Reviews of Geophysics, 1995, 33(2): 293-301.

[31] Rudnick R L, Gao S. Composition of Continental Crust[J]. 2005.

[32] 迟清华. 应用地球化学元素丰度数据手册 [M]. 北京 : 地质出版社 , 2007.

[33] Taylor S R, Mclennan S M. The Continental Crust: Its Composition and Evolution, An Examination of the Geochemical Record Preserved in Sedimentary Rocks[M]. Oxford: Blackwell Scientific Pub., 1985.

[34] Faure G. Principles and applications of geochemistry [M]. London : Prentice Hall, 1998.

[35] Reimann C, Caritat P D. Chemical Elements in the Environment[M]. Berlin: Springer Verlag, 1998.

[36] 魏复盛，陈静生，吴燕玉，等. 中国土壤环境背景值研究 [J]. 环境科学，1991, (4): 12-19.

[37] 邢光熹. 土壤微量元素和稀土元素化学 [M]. 北京：科学出版社，2003.

[38] 杨康林，王德友，李新生. 有机锗化合物的合成及其生物活性 [J]. 广东微量元素科学，2000, 7(5): 9-12.

[39] 梁轩，刘福柱. 锗——人体重要的保健微量元素 [J]. 食品科技，2000, (6): 65-66.

[40] 王夔. 生命科学中的微量元素 [M]. 北京：中国计量出版社，1996.

[41] 朱立贤，林海. 锗的研究进展 [J]. 饲料研究，2000, (3): 20-23.

[42] 施罗德. 痕量元素与人 [M]. 北京：科学出版社，1979.

[43] 杨利，黄仁录. 锗与人体健康 [J]. 微量元素与健康研究，2005, 22(3): 60-61.

[44] 李景岩. 有机锗与人体健康 [J]. 现代预防医学，2007, (13): 2465-2467.

[45] 侯华新，黎丹戎，涂文升，等. 羧乙基锗倍半氧化物对肝癌的化学预防作用研究 [J]. 中国现代医学杂志，2000, (6): 11-12.

[46] 张煜，王宝贵，张桂英，等. 有机锗多酸衍生物的抗肿瘤作用及其机制 [J]. 癌变·畸变·突变，2004, 16(1): 39-42.

[47] 陈红专，孙琛. 有机锗药理作用的研究 [J]. 中国药理学通报，1990, (6): 341-343.

[48] 胡明月，李义军，陈芳. 有机锗化合物的抗癌活性与机理研究进展 [J]. 黑龙江医药，2010, 23(1): 44-47.

[49] 杨成峰，陈学敏，谢文，等. 锗 -132 对氧自由基清除作用的研究 [J]. 现代预防医学，1997, (1): 28-30.

[50] 蒋颂瑾，王保发，沈铭程. 有机锗治疗老年性智力障碍效果观察 [J]. 微量元素与健康研究，1996, (1).

[51] 高观月，应自忠. 锗在防治动脉粥样硬化中的作用 [J]. 第三军医大学学报，2001, (a07): 54-55.

[52] 王鲁，莫宁. 有机锗药理、毒理及应用研究进展 [J]. 广西科学，1998, (4): 55-60.

[53] 王永霞，肖纯. 有机锗的研究概况和进展 [J]. 实验与检验医学，2006, 24(3): 252-254.

[54] 刘艳，侯龙鱼，赵广亮，等. 锗对植物影响的研究进展 [J]. 中国生态农业学报，2015, (8): 931-937.

[55] Cheong Y H, Kim S U, Seo D C, et al. Effect of inorganic and organic germanium treatments on the growth of lettuce (Lactuca sativa)[J]. Journal of the Korean Society for Applied Biological Chemistry,2009, 52(4): 389-396.

[56] 李明堂，张月，赵晓松. 锗在土壤 - 水稻系统内的迁移和积累规律 [J]. 农业环境科学学报，2007, (1): 126-129.

[57] 王大志，王海黎，李少菁，等. 微量元素锗对四种微藻光合色素的影响 [J]. 生态学报，2000, (3): 482-484.

[58] 李明堂，李罡，王玉军，等. 锗对不同基因型水稻幼苗生长的影响 [J]. 吉林农业大学学报，2002, (4): 83-86.

[59] 李桂珠，许运新. 锗在水稻 - 土壤体系内的迁移转化规律研究 [J]. 长春师范学院学报，2007, (2): 62-66.

[60] 姬丙艳，许光，姚振，等. 锗的研究进展及开发前景 [J]. 中国矿业，2016, 25(z1).

[61] 王晓洁，阮新，孙科深，等. 大麦苗富锗的研究 [J]. 食品科学，2007, (10): 171-175.

[62] 李桂珠. 锗在马铃薯 - 土壤体系内的迁移转化规律研究 [J]. 安徽农业科学，2008, 36(20): 8794-8795.

[63] 包晓都，卓文芳，董学凡. 沿海地区添加碘盐与结节性甲状腺肿的关系 [J]. 海南医学，2008, 19(10): 132.

[64] 申菲，库雅军，王艳萍. 高碘环境及碘盐浓度对高碘甲状腺肿的影响 [J]. 医药，2015, (3): 161.

典型水网平原区土壤重金属环境地球化学基线研究

及其应用——以海盐地区为例

卢新哲，潘卫丰，吕钰海，康占军，岑　静

（浙江省地质调查院，杭州 311203）

摘要： 长江中下游水网平原区是我国重要的经济发展区，同时也是重要的水稻产地，土壤重金属 Cd、Hg 等污染日益引发生态风险，急需建立识别重金属异常成因和边界判别的有效方法。本文通过在海盐水网平原区开展土壤地球化学调查，系统采集土壤样品，在对测试分析数据进行主成分及聚类分析基础上，分别运用标准化方法和统计分析方法计算具有同源特征的 Cd、Hg、Ni、Cu 环境地球化学基线，与海盐地区表层土壤平均值和地球化学背景值进行对比，获得合理且符合实际的环境地球化学基线模型，基于海盐县土地利用现状图斑及调查单元，综合应用基线值对地球化学异常进行类别和边界判别。

关键词： 环境地球化学基线；重金属；异常判别；海盐

环境地球化学基线（environmental geochemical baseline）最早出现在国际地质对比计划的国际地球化学填图项目（IGCP 259）和全球地球化学基线项目中[1,2]，Covelli 等将其表述为区分地球化学背景和异常的单一的基线[3]。即低于基线的部分作为地球化学背景，高于基线的部分作为地球化学异常，而且这些异常是由人类活动引起的。环境地球化学基线可以判别人为活动造成的环境扰动的标准，其探索的是环境目前状态，并提供将来环境扰动的对比标准或尺度，对评价人为活动影响化学物质浓度的变化及环境的演变具有现实意义和需求[4]。

目前，环境地球化学基线研究主要表现在理论和基线计算方法方面[4]，对于不同地

基金项目：中国地质调查局"浙江省海盐地区多目标地球化学调查"项目（12120113002100）。

作者简介：卢新哲（1988—），男，地质工程师，主要从事土壤重金属、土地质量相关研究。E-mail: Luxinzhe2016@163.com。

质背景区、工矿活动区和农业生产区环境地球化学基线建立方法及其影响因素研究薄弱。本文以海盐地区 1 ∶ 5 万土壤地球化学调查工作为基础，对主要的土壤重金属异常元素 Cd、Hg、Ni、Cu 分析数据，分别运用标准化方法和统计分析方法计算环境地球化学基线，与海盐地区表层土壤平均值和地球化学背景值进行对比，获得合理且符合实际的环境地球化学基线值，然后基于海盐县土地利用现状图斑及调查单元，综合应用基线值对地球化学异常进行类别和边界判别。

1 研究区概况、样品采集及分析测试

海盐县位于浙江省北部，杭嘉湖平原东部，30°21′～30°32′N，120°40′～121°02′E。北东毗连上海市，西部紧邻杭州市和湖州市，是长三角地区重要的电子、电镀、轻纺等工业基地，也是浙江省重要的粮食生产基地。海盐地形以平原为主，区内水路网络交织，交通十分便利。本文研究区域为海盐县北部水网平原区，土地利用以水田为主，土壤类型主要为水稻土、黄斑田等。

研究区样品采集采用"网格法"和"图斑法"结合，在调查单元内选择代表性地块，离开主干公路、沟渠，同时避开垃圾、堆积土、肥堆、粪坑和其他可能存在污染的土壤等。用不锈钢铲（或竹铲）采集耕作层（0～20cm）土壤，在同一田块中按"X"形或"S"形，采集 3～5 个子样点组合成一个样品，去除碎石、杂物后，原始样重 ≥1000g，林（茶园）地剥离上覆落叶层、腐殖质层，样品采集点使用 GPS 定点，定点误差小于 15m。水网平原区土地利用类型、土壤类型相对均匀，采样精度为 1 ∶ 5 万，采样密度为 4～8 个 /km²，共采集表层土壤样品 1339 件，采样点位如图 1 所示。

图 1 海盐县表层土壤采样点位图

样品在充分自然风干、揉碎后，过 20 目筛。土壤样品送国土资源部合肥矿产资源监督检测中心分析，主要分析 As、Cd、Cr、Cu、Hg、Pb、Ni、Zn、Se、Fe 十项指标，分析测试方法如下：As、Hg、Se 元素采用原子荧光光谱法（AFS），Zn、TFe$_2$O$_3$、Cr 采用 X 射线荧光光谱法（XRF），Cd、Cu、Pb、Ni、Zn 采用电感耦合等离子体质谱法（ICP-MS）。

2 数据基本分析

海盐县表层土壤重金属元素基本参数见表 1。

表 1 海盐县重金属元素基本参数统计表（N=1339）

元素	最大值	最小值	均值	标准差	变异系数	杭嘉湖背景值[5]
Fe	4.57	2.77	3.66	0.46	0.10	4.62
As	9.20	5.48	7.35	0.94	0.10	7.59
Hg	0.22	0.09	0.16	0.03	0.22	0.16
Cu	36.80	27.00	31.88	2.47	0.12	30.9
Pb	35.80	26.90	31.37	2.24	0.07	30.3
Zn	107.10	81.10	94.11	6.52	0.07	92.7
Cr	99.00	70.40	84.70	7.16	0.08	77.5
Ni	45.10	27.60	36.36	4.39	0.14	32.4
Cd	0.23	0.11	0.17	0.03	0.17	0.152
Se	0.38	0.19	0.29	0.05	0.17	0.30

注：统计参数剔除 2 倍离差；含量单位均为 10^{-6}

总体上，海盐县表层土壤重金属含量略高于杭嘉湖地区平均值，重金属元素空间变异系数最大的为 Hg 元素，变异系数达 0.22；其次为 Cd、Ni、Cu 元素，空间变异系数均超过 0.1，显示了重金属异常特征。进一步对表层土壤重金属元素数据进行 Pearson 相关系数分析，并通过 SPSS 软件进行 Hierarchical 聚类分析（图 2），组间距离大于 5 时，重金属元素异常组合为 Hg-Cd-Ni-Cu，与空间变异系数相一致，显示了重金属元素 Hg、Cd、Ni、Cu 的同源组合特征。

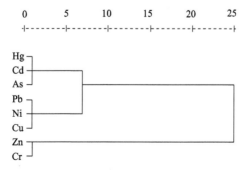

图 2 海盐县重金属元素聚类分析图

3　环境地球化学基线计算

3.1　标准化方法

标准化方法是将地球化学过程中的惰性元素作为标准，用活性元素（重金属元素 Cd、Hg、Cu、Ni、Cr、Pb、Zn、As 等）与惰性元素（常选择 Al、Fe）的相关性来判断活性元素的富集情况，并消除粒度和其他因素的影响，建立二者之间的线性回归方程，即基线模型：

$$C_m = aC_N + b \tag{1}$$

式中，C_m 为重金属元素的测量浓度；C_N 为惰性元素（标准元素）的测量浓度；a、b 为回归常数。数据处理通过 95% 的统计检验，95% 置信区间内的样品代表基线的范围。

进一步利用式（2）：

$$B_{mN} = aC_N' + b \tag{2}$$

式中，B_{mN} 为元素 m 的基线；C_N' 为研究区标准元素的平均含量。

首先选择合适的标准因子，标准因子必须是一种或者多种主要微量元素携带者并且能够反映沉积物或其他环境样品粒度的变化，能够代表粒度变化的元素并不广泛，要取决于研究地区及与人类活动有关的废弃物条件，还要根据研究区的地质特征和人类开发状况及环境特点来进行选择。且选择元素受外源影响较小、服从正态分布。一般 Al 或 Fe 常被选作标准元素，Al 是硅酸盐矿物最主要的组成之一，Fe 是铁锰氧化物主要组成，都常代表粒度变化标准。海盐耕地土壤类型以水稻土为主，A 层土壤中常见铁锈斑锈纹和铁锰结核，Fe 受外源影响较小，且服从正态分布（图 3），本文计算选择 Fe 作为标准因子。

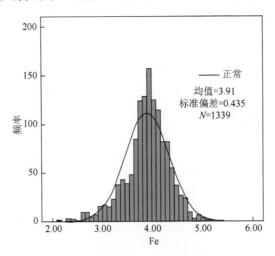

图 3　海盐县 Fe 元素频率分布

选择 Fe 元素作为标准元素，计算 1：5 万土壤地球化学调查数据中重金属元素与Fe 元素的相关关系，将 95% 置信区间以外的样品剔除，利用剩余样品作为基线样品。

根据基线模型公式计算出土壤中重金属元素的环境地球化学基线，并将不同比例调查区Fe平均值代入模型，计算出各个重金属元素的基线值（表2，图4）。

表2　海盐1：5万调查区重金属元素基线值（$n=1338$）

元素	基线值	回归方程	R^2
Hg	0.186	Hg=0.198−0.003Fe	0.022
Cd	0.201	Cd=0.049+0.039Fe	0.041
Ni	38.168	Ni=−5.788+11.242Fe	0.725
Cu	33.479	Cu=11.845+5.533Fe	0.048

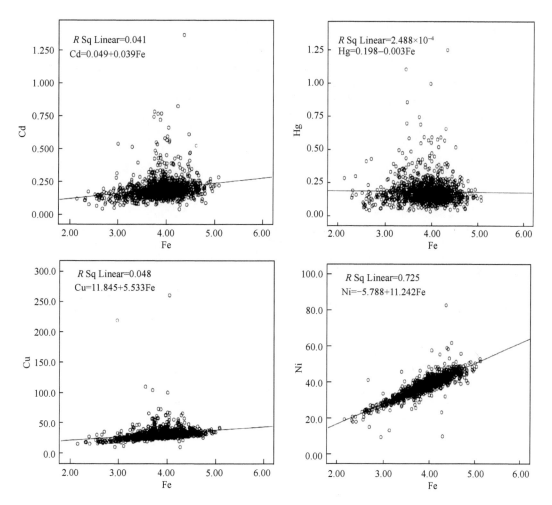

图4　海盐县北部平原区重金属元素与Fe相关关系图

3.2　统计分析方法计算

选用统计分析方法中常用的累积频率方法计算环境地球化学基线值，首先构建相对累积频率和元素浓度的分布曲线，在分布曲线上存在两个拐点，值较低的点可能代表了元素浓度的上限（基线范围），其平均值或中值即可以作为基线值；值较高的点可能代表了异常的下限（人类活动影响的部分），而二者之间的部分可能与人类活动有关，也可能无关。海盐县 Cd、Hg、Ni、Cu 累积频率和元素浓度的分布曲线如图 5 所示，所计算环境地球化学基线值见表 3。

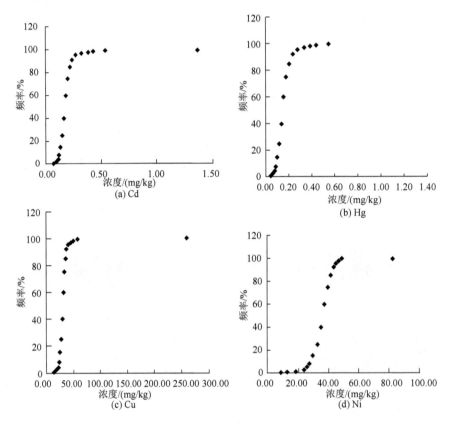

图 5 海盐县 Cd、Hg、Cu、Ni 元素累积频率曲线图

表 3 不同方法计算基线值对比表

元素	Hg	Cd	Ni	Cu
标准-基线值	0.186	0.201	38.168	33.479
累频-基线值	0.16	0.18	37.8	31.7
背景值	0.16	0.15	31.4	31.5
异常下限值	0.51	0.55	97.39	97.38

注：含量单位为 10^{-6}。

3.3 检验分析

土壤样品主要采集在水稻土中，对空间变异性较明显的 Hg、Cd、Ni、Cu 元素环境地球化学基线值与对应土壤背景值、异常下限值进行对比。背景值直接采用浙江省地质调查院承担的"浙江省 1：20 万多目标区域地球化学调查项目"成果中的嘉兴地区水稻

土背景值[5]；异常下限值利用海盐 1 : 5 万土地质量调查数据计算，采用平均值与两倍标准离差之和作为元素的异常下限值。检验表明，应用标准化方法计算的 Hg、Cd、Ni、Cu 重金属元素环境地球化学基线值，均高于背景值，同时又低于异常下限值，符合环境地球化学基线值的定义（表3）。且标准化方法相比累积频率方法可以定量分析和预测基线值。

4 环境地球化学基线值在土壤环境风险预警中的应用

海盐县土壤重金属异常元素主要为Cd、Hg、Ni、Cu，异常主要由工业生产、农业生产，以及生活垃圾堆放等人为活动引起。随着时间推移，人类活动影响加剧，重金属元素在土壤中加快累积，最终会造成土壤重金属污染。由于人类活动对土壤影响的复杂性、区域土壤地质背景的差异性等，需要对土壤重金属地球化学异常类型进行判别，重点对人为活动引发的异常进行风险预测，寻求建立环境地球化学基线可以有效判别土壤重金属异常（污染）是由人类活动还是地质背景引起。

根据海盐县土地利用现状图斑，遵循地质背景、土壤类型、地形地貌、行政权属一致的原则，按照调查精度，划分评价单元，每个评价单元面积为 20～150 亩，且至少有一个土壤调查数据，评价单元界限由土地利用现状地类界限连接闭合。将本文计算的环境地球化学基线值作为评价因子，按照单因子评价方法，高于基线值的部分划分为人为活动影响异常。

以海盐县表层土壤 Cd 元素为例，通过 Kriging 差值绘制的地球化学异常图只能大致反映土壤 Cd 异常的大致分布和浓集中心，无法区分元素异常类型并对实际田块进行定量预测。结合海盐县土地利用现状，划分评价单元，每个单元有至少一组土壤环境质量数据，实现点位数据转化为面状数据，拥有自然的边界，将土壤 Cd 元素环境地球化学基线值作为标准因子，对所有单元进行评价，评价结果可以较好反映人为活动引发的土壤重金属异常的分布及其边界，预警土壤重金属生态环境风险（图6）。

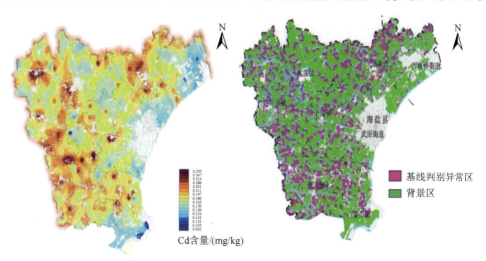

图 6　海盐表层土壤 Cd 元素地球化学异常图和海盐表层土壤 Cd 元素异常判别区

5 结 论

（1）空间变异性分析显示海盐表层土壤主要的异常元素为 Hg、Cd、Ni、Cu，Pearson 相关系数和 Hierarchical 聚类分析，显示了海盐表层土壤 Hg-Cd-Ni-Cu 的同源组合特征。

（2）本文采用标准化方法和统计分析中累积频率方法，分别计算海盐水网平原区表层土壤重金属元素 Cd、Hg、Ni、Cu 的环境地球化学基线，检验分析后，认为以 Fe 作为标准因子的标准化方法计算的基线，符合环境地球化学基线定义，能够较好地区分水网平原区土壤重金属背景异常和人为污染异常，基线值分别为 Cd 0.201mg/kg、Hg 0.186mg/kg、Ni 38.168mg/kg、Cu 33.479mg/kg。

（3）将标准化方法计算的环境地球化学基线作为评价因子，根据土地利用现状图斑建立评价单元，可以有效判别人为活动引起的土壤重金属异常边界。

参 考 文 献

[1] 滕彦国，倪师军，张成江 . 环境地球化学基线研究简介 [J]. 物探化探计算技术 . 2001, 23(2): 135-139.

[2] 张志强 . 国际科学界跨世纪的重大研究主题——国际全球变化研究实施十年进展与现状 [J]. 地学前缘，1997, (Z1): 255.

[3] Covelli S, Fontolan G.Application of a normalization procedure in determining regional geochemical baselines[J]. Environmental Geology, 1997, (1-2): 34-45.

[4] Sr C C. Evaluating baseline data for trace elements, pH, organic matter content, and bulk density in agricultural soils in Nigeria[J]. Water, Air, and Soil Pollution, 1996, (1-4): 13-34.

[5] 董岩翔，郑文，周建华，等 . 浙江省土壤地球化学背景值 [M]. 北京：地质出版社，2007.

甘肃省土地质量地质调查现状与展望

宿　虎，张　翔，冯备战，张　斌，胡永兴

（甘肃省地质调查院，兰州 730000）

摘要： 甘肃省先后共完成三个 1∶25 万土地质量地质调查项目，完成调查面积 3.46 万 km²，仅占全省农用地面积的 13.33%，全省还未开展过大比例尺调查工作。甘肃省土地质量地质调查取得了一定的成果，如发现了 2 个重度污染区、3 个轻度污染区，圈出了 18 个硒等有益及养分元素富集区。紧密结合国务院《土壤污染防治行动计划》等政策纲领，立足省情，展望全省，制定"1∶25 万土地质量地质调查覆盖全省主要农用地；1∶5 万土地质量地质调查评价覆盖优质土地、污染土壤和重点行业企业用地；1∶1 万土地质量详查、质量评估、抽查调查等精准到点，做到环境地质、农业地质与农业生产、人民生活的有机结合"的工作计划方针，全面规划，循序渐进，对甘肃省贯彻落实《土壤污染防治行动计划》、土地合理利用管理、推进"精准扶贫"等方面具有重要的意义。

关键词： 甘肃省；土地质量地质调查；现状；展望

1　基　本　情　况

土地质量地质调查是一项系统工程，包括对土壤环境质量、土壤污染状况、土壤质量类别、土壤地球化学特征、土壤地力、土壤肥力、土壤生态环境、农产品属性、地下水、灌溉水及大气等环境要素的调查评价[1]。"十一五"期间（2006～2010 年），国土资源部、中国地质调查局下达国家专项"全国土壤现状调查及污染防治"项目的子项目"1∶25 万甘肃省土地质量地球化学调查"，该项目由甘肃省地质调查院承担，先后完成兰州—白银、张掖—永昌、武威地区三个 1∶25 万土地质量地质调查项目，已经完成调查面积 3.46

作者简介：宿虎（1986—），男，甘肃会宁人，硕士，主要从事区域地质调查、区域地球化学调查等工作。E-mail：563824226@126.com。

万 km², 占全省农用地面积的 13.33%[2-6]。2016 年正在完成定西—静宁地区 1∶25 万土地质量地质调查, 面积 1.7 万 km²。

截至 2015 年年底, 甘肃省尚有 20.79 万 km² 农用地未开展 1∶25 万土地质量地质调查工作。全省还未开展过 1∶5 万和 1∶1 万土壤环境质量调查评价。与其他省区相比, 甘肃省土地质量地质调查面积比例极低, 工作相对滞后。

2 取得的主要成果

在兰州—白银、张掖—永昌、武威地区三个调查区, 取得了一定的调查成果。

2.1 全面系统地获取了调查区土壤生态地球化学资料, 评价了土地环境质量

系统地采集了调查区内具有代表性的土壤、岩石、灌溉水、饮用水、大气降尘、植物等样品, 利用大型精密仪器测定了土壤样品中的 54 项元素和指标, 获得了表层、深层土壤中各元素的平均值、背景值等地球化学参数, 基本查明了土壤中重金属元素的富集程度, 对土壤中 54 种元素地球化学分布规律进行了系统总结, 对调查区生态地球化学环境进行了科学评价, 对调查区土地质量进行了评估。

2.2 发现了 2 个重度污染区、3 个轻度污染区

通过调查, 圈定了白银地区 (Cd、Pb、Zn、Hg、As、Ag 等污染元素组合)、张掖市甘州区东园镇 (As、Cd、Cr 等污染元素组合) 2 个重度污染区; 兰州市 (Hg、Cd、Pb、Ag 等污染元素组合)、武威市 (Cd、Hg 等污染元素组合)、永昌县 (Pb、Cd、As、Hg 等污染元素组合) 3 个轻度污染区, 查明了人为因素引起污染的根源所在。

兰州—白银地区中-重度污染区面积为约 1600km², 白银厂、白银矿区、苦水等地区镉、汞、砷、铅等严重超标, 兰州市区未出现。污染元素为 Cd、Pb、Zn、Hg、As、Ag 等, 污染源主要为矿山废杂废水。

张掖市甘州区东园镇 (As、Cd、Cr 等污染元素组合) 重度污染区面积为 235.6km², 在污染区内主要为蔬菜及农作物种植基地, 出现了 As、Cd、Hg、Pb 等元素超标现象。张掖市北东向的造纸厂、硫酸厂、冶炼厂为主要污染源, 另外, 城市生活垃圾的堆放, 市郊种植区农药、化肥的不合理使用、污灌等, 也与污染有一定关系。

武威市 (Cd、Hg 等污染元素组合) 轻度污染区面积为 605.5km², 此污染区内多重金属污染元素 (Cd、Pb、Hg、Ag 等), 一方面说明该区地层沉积环境和母质层有关系, 另一方面与人类的生产生活有着密不可分的关系。通过采集植物样分析, 发现武威市城市周边小麦、玉米籽实中 Cd、Hg、F 有超标现象, 根据植物样的相态分析, Cd 主要以碳酸盐态存在, 但也有 14.83% 的水溶态及离子结合态存在, 因此容易受外界环境影响, 从而活化进入生态食物链, 这类有害重金属元素需引起重视。

永昌县（Pb、Cd、As、Hg 等污染元素组合）轻度污染区面积为 1019km²，主要分布在永昌县—新城子镇一带，污染面积较大。存在污染元素 Pb、Cd、As、Hg 等元素组合，主要反映城区人类活动、市郊种植区农药、化肥的不合理使用，使城区土壤受到了较严重的污染。

2.3 圈出了 18 个有机养分元素和硒等有益微量元素富集区

根据调查区表层土壤元素地球化学场的分布特征，结合区域地质、土壤类型、土地利用状况及地貌类型等进行地球化学分区，在河西走廊、陇中一带共圈出了 18 个有机养分元素和硒等有益微量元素富集区，分别位于张掖乌江镇、张掖东园镇、山丹县城西、山丹霍城镇—花寨子、山丹马场、永昌新城子镇、永昌县城、永昌杨家山南、金昌红山窑乡、武威朱王堡镇北、武威双城镇、武威武南镇、白银市平川区水泉乡、靖远县高湾乡北、兰州市河桥镇—红城镇、阿甘镇—榆中、永靖县徐顶乡等地区，面积约 1.38 万 km²。这些地区土壤中 N、P、K_2O、SiO_2、CaO、MgO、Al_2O_3、B、Mn、Mo、TFe_2O_3 等有机养分元素和 Se（硒）、Ge（锗）等有益微量元素明显高于其他地区，且有害元素 As（砷）、Hg（汞）、Cd（镉）、铅的有效态含量较低，易生产高品质的农产品。

3 调 查 现 状

全国土地质量地质调查评价工作开展的近十年来，沿海及东部省区走在了前面，它们的成果已广泛应用于土地资源管理、土壤污染防治、富硒土地资源开发利用等多个方面[7,8]。已成为政府立法决策、规划制定、产业发展等多方决策要素，有力地发挥了基础地质的先导作用；一批富含微量元素的优质耕地已经成为全国各地发展特色农业和生态农业新的增长点，这些地区开发富硒土地资源，建设富硒农副产品生产加工基地，打造富硒系列产业，带动了地方经济增长。另外，土地质量地质调查成果为《土壤防治污染行动计划》（简称"土十条"）[1]的制定、出台提供了基础数据和主要依据。"土十条"中第一条即提出要开展土壤污染调查，掌握土壤环境质量状况。围绕土壤污染状况调查中的具体要求，全面分析土地质量地质调查评价成果中的数据资料，圈定重金属超标区域，为土壤污染状况调查中的污染耕地地块清单调查提供选区依据，为"土十条"的全面实施提供最翔实的数据信息支撑。

3.1 甘肃省土地质量地质调查评价工作相对滞后

甘肃省尚有 20.79 万 km² 未开展 1：25 万土地质量地质调查工作，全省还未开展过 1：5 万和 1：1 万土壤质量调查评价工作。目前完成的 1：25 万土地质量地质调查项目，其资金均来源于国家投入，省级财政还未建立土地质量地质调查专项资金。与其他省区相比，甘肃省完成的土地质量地质调查面积比例极低。

3.2 已形成的土地质量地质调查成果未得到有关部门应用

兰州—白银、武威、张掖—永昌三个片区的土地质量地球化学调查，查清了调查区 54 个元素地球化学分布和分配特征，形成了大量的数据、报告、图件资料和研究成果。然而这些资料未应用于土地资源管理、农业结构调整、土壤环境防治等相关领域。

3.3 对污染区未开展进一步评价、治理和修复工作

甘肃省已发现了白银、张掖东园镇、兰州等 5 个地区 Hg、Cd、Pb、Ag 等元素超标，为人为污染区，这些污染区分布于人口密集区及城市发展区，对人民的生活和农业生产造成严重影响，但由于相关政策、技术、资金等未落实，至今未做进一步的详查工作，也未采取治理和修复措施。

3.4 甘肃富硒锗优质土地资源尚未开发利用

甘肃省富硒土壤面积较大，张掖、金昌、武威等河西地区、陇中—陇东地区，以及兰州周边几个乡镇都不同程度含硒或富硒，具有良好的开发前景，但目前尚未开发利用。结合甘肃省实际情况，在甘肃省富硒区域种植特色农产品是首选之举。根据富硒区域作物种植的种类和面积，按地理位置，在河西走廊、陇中、陇东等地区的川水地区及浅山地区，打造集富硒产品生产、加工、旅游、科研为一体的高原特色生态产业走廊，将真正做到农业地质服务农业生产，推动甘肃省农业发展。

4 调 查 前 景

开展甘肃省土地质量地质调查，对贯彻落实"土十条"、土地合理利用、推进"精准扶贫"方面等具有重要的意义。基于"土地地球化学调查工程"，以土壤学、地质学、地球化学、环境科学、生态学等现代地学理论为指导，以《多目标区域地球化学调查规范 1 ∶ 250000》（DZ/T 0258—2014）[2]、《土地质量地球化学评估技术要求（试行）》（DD2008-06）及《环境空气质量评价技术规范（试行）》（HJ 663—2013）等为技术标准，以地球化学调查为主要技术方法，以重要农业经济区基本农田区、建筑用地中污染土壤和重点行业企业用地为主要工作对象，以查明甘肃省土地质量"家底"、污染土壤特征、优质土地特性等为任务，根据土地利用现状，分阶段、分片区开展调查工作。

4.1 贯彻落实"土十条"方面

开展全省土地质量地质调查评价，是一次事关甘肃省整体布局和长远规划发展的大事，对于贯彻落实《土壤防治污染行动计划》具有十分重要的意义。土地质量地质调查

评价能够为建设土壤环境基础数据库、构建土壤环境信息化管理平台、健全法规标准体系、划定农用地土壤环境质量类别、土壤污染源防治、土壤修复和治理等方面提供基础数据和参考依据。

4.2　土地利用管理方面

甘肃省地处中国西北，大多数地区为旱地，土壤较为贫瘠，土地利用强度和产出率较低。甘肃省农用地总面积 25.95 万 km²，耕地面积 5.38 万 km²，建筑用地 1.75 万 km²。2012 年甘肃省粮食作物种植面积 2.84 万 km²，人均占有耕地仅 2.71 亩。因此，在主要农作区开展土地质量地质调查评价项目，划分农用地土壤环境质量类别，逐步建立分类清单，划定永久基本农田，合理规划利用，保障农产品质量安全，逐步落实高标准农田建设，为当地发展特色农业和绿色产业提供科学数据，为群众生产生活打开新道路。

甘肃省工矿企业等建设用地较多，类型较为复杂，在建设用地区开展土地质量环境调查评价，逐步建立污染地块名录及其开发利用的负面清单，合理确定土地用途，严格用地准入，防范人居环境风险。

4.3　推进"精准扶贫"方面

以甘肃省精准扶贫战略为契机，开展土地质量地质调查评价，查明富硒等优质土地的地块清单，为不同富硒农产品的种植区域提供精准定位，直接指导农民和企业利用富硒地块清单信息种植富硒农产品，为甘肃省"精准扶贫"做出专业技术支撑服务，达到带领群众脱贫致富的目的。

依托天然富硒特色资源优势，结合土地整治，以建设"新甘肃"的发展战略聚焦精准脱贫，积极引进企业，全力打造富硒支柱产业，带动农民再就业，使富硒产业真正成为带领群众脱贫致富的支柱产业。

5　调　查　展　望

紧密结合国务院"土十条"等政策纲领，贯彻土地质量地质调查服务，以甘肃省土壤环境质量防治和甘肃省农业发展为指导思想，立足省情，展望全省，全面规划。按"面上先行、由面到点、逐步深入"的工作思路，在以往未开展土地质量地球化学调查的地区分阶段、分片区开展 1：25 万土地质量地球化学调查工作，实现甘肃省主要农用地 1：25 万土地质量地球化学调查全覆盖。筛选出 1：25 万调查圈定的优质农用地、污染土壤等，开展 1：5 万土地质量地质调查评价工作。根据 1：5 万土地质量地质调查评价工作成果，针对重点行业企业用地、闭坑矿山等污染土地和富微量元素值较高、土地利用良好等优质土地，开展 1：1 万土地质量抽查调查、详查工作。另外，对转让、变更土地开展质量评估工作；对正在开采和生产的工矿企业用地开展风险评估工作；对重点建设用地、重点行业企业用地等开展土地质量定期抽查调查工作。做到农业地质、环境地质与农业生产、人民生活的有机结合，实现土地质量地质调查服务甘肃省经济发展，最终实现甘肃省土地资源的永续利用。

参 考 文 献

[1] 中华人民共和国国务院.国务院关于印发土壤污染防治行动计划的通知 (国发〔 2016 〕 31 号), 2016.

[2] 中华人民共和国国土资源部.多目标区域地球化学调查规范 (1 ： 250000)(DZ/T 0258—2014)[S]. 北京：中国标准出版社，2014.

[3] 国土资源部中国地质调查局.全国土地质量地质调查服务土地管理现场会工作总结[R]. 2015(内部资料).

[4] 甘肃省地质调查院.甘肃省兰州—白银地区多目标区域地球化学调查报告 (1 ： 250000)[R]. 2009(内部资料).

[5] 甘肃省地质调查院.甘肃省武威地区多目标区域地球化学调查报告 (1 ： 250000)[R]. 2011(内部资料).

[6] 甘肃省地质调查院.甘肃省张掖—永昌地区多目标区域地球化学调查报告 (1 ： 250000)[R]. 2011(内部资料).

[7] 黄淇,成航新,陈出新,等.北京市房山区富硒土壤调查与评价 [J]. 物探与化探, 2013, 37(5): 889-894.

[8] 曾明中,杨军,胡正祥,等.地球化学调查成果在湖北省土地污染质量工作中的应用思考 [J]. 资源环境与工程, 2015, 29(4): 427-435.

作物富集系数在农业种植结构规划调整中的应用
——以贵州威宁中部地区土地质量地球化学调查为例

孟　伟[1,2]，莫春虎[1]，何邵麟[1]，刘应忠[1]

（1.贵州省地质调查院，贵阳550025；2.贵州大学资源与环境工程学院，贵阳550025）

摘要：食物链途径的健康风险评估法可用于重金属高背景区生态环境调查评价，评价时要考虑不同地质背景的影响。在贵州省威宁县中部，同一地质背景下，作物中镉含量与土壤中镉含量存在线性关系，并且马铃薯对镉的富集能力比玉米强，调查可用于指导地方开展农业种植结构规划调整。

0　引　言

为农业种植结构规划服务是土地质量地球化学调查的一个重要方面[1]，本文关注于在重金属高背景区如何进行种植结构规划调整。

1　土壤及农作物样品的采集与处理

采集贵州西部威宁地区200km²内的样品，按照网格化方式采样，采样密度为1个/km²，样点布置在具有一定生产规模的土地上，土壤样品取自10m×10m正方形4个顶点和中心点，各取表层（0～20cm）土壤1kg，混匀后用四分法从中选取1kg土壤作为混合样品。采样过程没有与金属工具接触，土壤样品在室内风干，去除杂物，过20目尼龙筛，

作者简介：孟伟（1980—），男，河南省正阳人，化探工程师，主要从事地球化学调查工作。E-mail：396657964@qq.com。

备用；样品的混合、装袋、粉碎、研磨等处理均使用木头、塑料或玛瑙等工具；采集土壤样品的同时采集农作物样品，采集的农作物主要为玉米和马铃薯，主要采集玉米籽实和马铃薯块茎。

农作物样品预处理方法：玉米剥下籽实后晾干，马铃薯块茎用自来水反复清洗，去除附在其表面上的泥土，然后用去离子水反复漂洗，晾干。然后将马铃薯块茎用不锈钢刀切成小块，与玉米籽实一起在 60℃下烘干，粉碎待用。

2 镉的测定与质量控制

土壤样品采用美国国家环境保护局推荐的 US EPA 3050B 方法消煮，石墨炉－原子吸收光谱法测定镉[2]，分析过程加入国家标准土壤样品（GSS-1）进行质量控制。农作物样品采用 HNO_3-$HClO_4$ 方法消煮，石墨炉－原子吸收光谱法测定镉[2]，分析过程加入国家标准植物样品（GSV-3）进行质量控制，分析过程所用试剂均为优级纯，所用的水均为超纯水。

3 讨 论

3.1 土壤及作物镉总体分布特征

采集的 200 件土壤样品、118 件马铃薯样品及 82 件玉米样品的镉含量特征见表 1，由表可见，土壤中镉含量超标比较严重，作物中也存在镉含量超标现象。

表 1 农作物及根系土镉元素地球化学特征

项目	样本数	平均值*	最大值*	最小值*	标准偏差	变异系数 /%
土壤 Cd	200	1.66	4.03	0.368	0.825	49.74
马铃薯 Cd	118	0.11	0.37	0.017	0.049	45.29
玉米 Cd	82	0.10	0.94	0.0085	0.15	15.12

＊单位为 mg/kg

3.2 作物及土壤中镉的关系

作物富集系数定义为作物体内元素含量与对应土壤中元素含量的比值，其表达式如下：富集系数 $=\omega(crop)/\omega(soil)$；式中，$\omega(crop)$ 为玉米籽实、马铃薯块茎中 Cd 含量；$\omega(soil)$ 为对应土壤 Cd 含量[3]。计算富集系数时需要剔除极大值与极小值，剔除后作物与土壤中镉的关系如图 1 所示，其相关性显著。

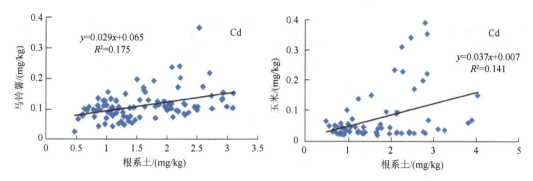

图 1　马铃薯与玉米中镉与土壤中镉关系

调查区主要为残坡积土，土壤与基岩关系密切，为查明影响镉富集的主要原因，按不同地质背景对土壤及作物中镉关系进行了研究（表 2），其中石炭系摆佐组中富集系数较小（图 2），区域土壤元素地球化学调查表明，石炭系摆佐组地层发育土壤 pH 较高，前人研究也认为[4]，酸碱度可能是作物镉富集能力降低的一个原因。

表 2　不同统计单元玉米与马铃薯镉富集系数

	成土母质地层	全部	$P_2\beta$	P_2q	P_2m	P_2l	C_3mp	C_2w	C_1b	C_1d
玉米	样本数	66	5	2	2	7	1	6	17	25
	平均富集系数 /%	4.26	4.62	4.04	2.67	5.55	24.9	3.84	2.01	4.71
马铃薯	成土母质地层	全部	$P_2\beta$	P_2q	P_2m	P_2l	C_3mp	C_2w	C_1b	C_1d
	样本数	94	6	5	5	8	4	7	21	43
	平均富集系数 /%	7.93	9.10	10.69	12.67	19.10	7.36	12.23	5.39	7.21

注：样本数为剔除 10% 极大值与 10% 极小值后样本数

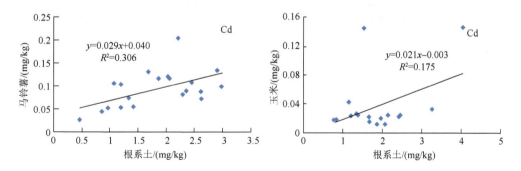

图 2　摆佐组马铃薯与玉米中镉与土壤中镉关系

3.3　应用

在生态风险评价中，重金属高背景区土壤环境质量基准是一个重要指标[5]，可采用元素在作物及土壤中的含量拟合相关性方程法，也可采用作物富集系数法（表 3）。富集系数法比较直观，可操作性强。

表 3   土壤环境质量基准比较

作物	限量值[*]	统计单元	拟合方程[**]	计算值 1[***]	富集系数	计算值 2[****]
马铃薯	0.1	全部	$y=0.029x+0.065$	1.20	7.93	1.26
		摆佐组	$y=0.029x+0.040$	2.07	5.39	1.86
玉米	0.1	全部	$y=0.037x+0.007$	2.51	4.27	2.34
		摆佐组	$y=0.021x-0.003$	4.91	2.01	4.98

* 据《食品中污染物限量（GB 2762—2012）》，单位 mg/kg

**y 为作物中元素含量，x 为土壤中元素含量

*** 据拟合方程求解，单位 mg/kg

**** 据富集系数平均值求解，单位 mg/kg

4   结   论

（1）在重金属高背景区，作物不同的富集能力可用来指导进行农业种植结构调整。

（2）马铃薯块茎对镉的富集能力高于玉米籽实，部分不适宜种植马铃薯的土地可调整种植玉米。

（3）研究也认为土壤酸碱度影响作物镉富集能力。

（4）不同土壤环境，作物镉富集能力不同，采用富集系数法计算土壤环境质量基准值时，需要对地质背景进行研究。

参 考 文 献

[1] 奚小环. 生态地球化学：从调查实践到应用理论的系统工程 [J]. 地学前缘, 2008, 15(5): 1-8.

[2] 杨惠芬, 李明元, 沈文. 食品卫生理化检验标准手册 [M]. 北京：中国标准出版社, 1998.

[3] 张红振, 骆永明, 章海波, 等. 水稻、小麦籽粒砷、镉、铅富集系数分布特征及规律 [J]. 环境科学, 2010, 31(2), 488-495.

[4] 赵转军, 南忠仁, 王兆炜, 等. 绿洲油菜根际土壤中 Cd,Pb 赋存形态特征及其互作影响 [J]. 干旱区资源与环境, 2013, 27(12): 93-99.

[5] 骆永明, 夏家淇, 章海波, 等. 中国土壤环境质量基准与标准制定的理论和方法 [M]. 北京：科学出版社, 2015.

土地质量地质调查成果在土地资源环境承载力评价上的应用——以乌蒙山区威宁县*迤那镇为例

陈 武，何邵麟，莫春虎，孟 伟

(贵州省地质调查院，贵阳 550025)

摘要： 土地资源环境承载能力是资源环境承载力的重要一环，在开展一定区域内土地资源环境承载力评价时，依据土地质量地质调查的成果，选择土壤中的有益元素——硒元素，以及土壤中八个重金属元素，对评价区内土壤环境背景和土壤环境质量进行评价。再结合产出的农作物相应元素含量情况，确定富硒农产品及被重金属污染的农产品分布范围，为农业产业规划提供依据，并得出相应的土地资源环境承载能力。本文以乌蒙山区威宁县迤那镇为例，阐述土地质量地质调查在土地资源环境承载力评价方面的应用过程。

关键词： 土地质量调查；资源环境承载力；富硒农业；重金属污染；乌蒙山区

1 土地质量地质调查与土地资源环境承载力

土地质量地质调查是紧密围绕国土资源管理中心工作开展的基础性调查，其成果将为土地利用总体规划、永久基本农田划定和保护等工作，提供全面、精确的数据支撑和技术服务。

资源环境承载力的提出是基于《中共中央关于全面深化改革若干重大问题的决定》（以下简称《决定》）所提出的建立资源环境承载力监测预警机制，对水土资源、环境容量和海洋资源超载区域实行限制性措施。其在国土空间开发保护中将起到重要的指示

---

* 威宁彝族回族苗族自治县，简称威宁县。

作者简介：陈武（1983—），男，湖南黔阳人，水工环高级工程师，地球化学专业在读博士，从事环境地质、农业地质、资源环境承载力、环境地球化学等方面的调查和研究工作。E-mail：272116232@qq.com。

作用，按照资源承载要素和环境承载要素两个方面，进一步细分又包括土地资源、水资源、矿产资源、水环境、大气环境和土壤环境等基本要素。土地资源承载力评价包括其资源属性方面，包括耕地开发和建设用地两个方面；土地资源环境承载力主要评价土壤质量背景和土地质量等级两个方面。

土地是由地球陆地部分一定高度和深度范围内的岩石、矿藏、土壤、水文、大气和植被等要素构成的自然综合体。土地质量直接影响到产出农作物的品质，间接上也会影响农作物的产出数量。为此，在综合评价土地资源承载力时，弄清土地质量，特别是相应的有害、有益元素含量及其形态，将对土地资源承载力评价提供依据。

乌蒙山区作为国家 18 个连片贫困区之一，随着社会经济及人口的不断发展，人地资源矛盾日益突出，成为阻碍地方社会经济可持续发展的关键因素 [1, 2]。作为岩溶石山地区，其土地资源分布不均，土层一般较薄，土壤质量差异显著，部分地区土壤污染现象较为严重 [3]。通过土地质量地质调查和土地资源环境承载能力评价，将有利于区域农业规划，提高国土资源综合利用水平。

2 土地质量地质调查成果

依据《土地质量地球化学评估技术要求（试行）》（DD2008-06）[4]，土地质量地球化学评估样品分为土壤样品、大气干湿沉降样品、灌溉水样品、农作物样品等不同种类，各类样品布置原则及密度不同，本次开展土地资源环境承载力评价主要选择土壤样和农作物样进行统计计算。

2.1 土壤样品

土壤采样点按照网格化布置，不同级别评估工作的样品密度为：国家-省级评估采样密度为 1 个 /km²，市-县级评估采样密度为 4 ~ 6 个 /km²，乡-镇级评估采样密度为 8 ~ 36 个 /km²，村-组级评估样点密度为 36 ~ 64 个 /km²。

2.2 土壤垂向剖面

土壤垂向剖面的布设，按照成土母质类型布置。其中，成土母质分布面积占评估区面积大于 20% 时，应至少有 1 条土壤垂向剖面控制；成土母质分布面积占评估区面积大于 50% 时，土壤垂向剖面数量应增加到 2 ~ 3 条，空间上要兼顾不同的地理地貌类型。

2.3 农作物样品

农作物样品采集密度需根据评价区土壤污染情况和农作物种植种类自行确定。农作物为能够代表评估地区 80% 以上农作物的大宗作物，威宁县境内主要包括玉米、土豆和萝卜三种。

3 土地资源环境承载力评价

根据中国地质调查局《资源环境承载能力评价技术指南（地质部分）征求意见稿》[5]，土地资源环境承载力评价分为本底评价和状态评价两项，前者为土壤质量背景，后者为土壤质量等级。

3.1 土壤质量背景

3.1.1 指标内涵

土壤质量背景考虑有利、有害两个方面因素，其中有利方面使用富硒土壤分布来表征，有害方面则通过深层土壤质量表征背景值。

（1）土壤硒等级。硒元素是世界卫生组织和国际营养组织确认的人体必需营养元素，摄入不足或过多均会危害人体健康。根据《土地质量地球化学评价规范》（DZ/T 0295—2016）[6]，土壤中硒元素等级划分为 5 级，分别为缺乏（$\leqslant 0.125 \times 10^{-6}$）、边缘（$0.125 \times 10^{-6} \sim 0.175 \times 10^{-6}$）、适量（$0.175 \times 10^{-6} \sim 0.40 \times 10^{-6}$）、高（$0.40 \times 10^{-6} \sim 1.00 \times 10^{-6}$）、过剩（$\geqslant 3.0 \times 10^{-6}$）。

（2）土壤环境地球化学背景。土壤环境地球化学背景采用对深层土壤中砷（As）、汞（Hg）、镉（Cd）、铬（Cr）、铜（Cu）、锌（Zn）、铅（Pb）、镍（Ni）八种重金属含量评价的结果。

3.1.2 方法与步骤

（1）土壤硒等级评价采用评价区内浅层土壤中硒元素含量数据，根据《绿色食品产地环境质量》（NY/T 391—2013）[7] 中的评价标准，圈划富硒土地分布图。

（2）土壤环境质量背景采用评价区内深层土壤样品数据（深层土壤样采样密度为 1 个 /4km²，采样深度为 150 ~ 200cm），依据《土壤环境质量标准》（GB 15618—1995）[8] 分类（Ⅰ类、Ⅱ类、Ⅲ类、超Ⅲ类），编制土壤质量背景分布图。

3.2 土壤质量等级

3.2.1 指标内涵

土壤质量等级评价是对砷（As）、汞（Hg）、镉（Cd）、铬（Cr）、铜（Cu）、锌（Zn）、铅（Pb）、镍（Ni）八种重金属含量的评价。

3.2.2 方法与步骤

土壤质量采用评价区浅层土壤样品数据（土壤样采样密度为 1 个 /km²，采样深度为

0～20cm），依据《土地质量地球化学评价规范》（DZ/T 0265—2016）中土壤环境地球化学等级标准，评价现状土壤环境地球化学等级，再进行土壤环境地球化学综合等级划分，其中Ⅰ～Ⅳ级分别对应Ⅰ类、Ⅱ类、Ⅲ类、超Ⅲ类土。

4　乌蒙山区威宁县迤那镇土地资源环境承载力评价

评价区位于贵州省威宁彝族回族苗族自治县西北部，距县城74km，土地面积205.36km²。境内地貌崎岖破碎，类型多样，平均海拔2140m，最高海拔2783m，最低海拔1700m。地层从下至上分别为上泥盆统、岩关组、大塘组、摆佐组、威宁组、梁山组、栖霞组、茅口组，以及古近系—新近系地层，岩性主要为碳酸盐岩，少量为碎屑岩（图1）。全镇耕地面积为11.72万亩，占土地总面积的37.87%，其中，坝地4.27万亩，占总耕地36.43%；山地4.1万亩，占总耕地34.98%；丘陵3.35万亩，占总耕地28.58%。林地面积11.47万亩，占土地总面积的37.6%；荒山草坡3.05万亩，占土地总面积的9.85%；其他用地4.71万亩，占土地总面积的15.22%（图2）。

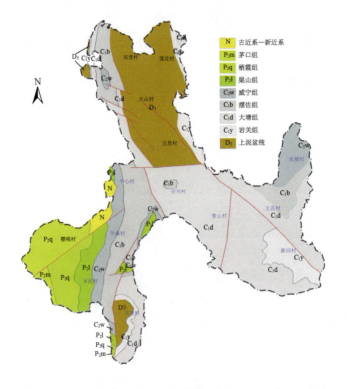

图1　迤那镇地质略图

2015年，依托"贵州乌蒙山特色农业区土地环境地质调查评价"（编号：12120113051300），贵州省地质调查院开展并完成了对迤那镇的土地环境地质调查工作，采集了浅层土壤样836件，土壤剖面48个，农作物及根系土样209件。

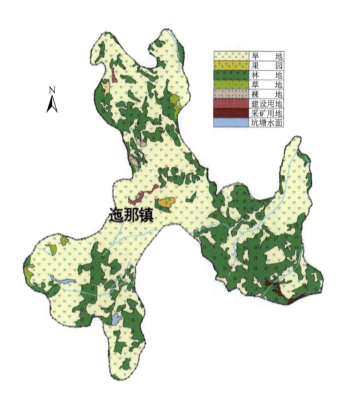

旱　　地
果　　园
林　　地
草　　地
裸　　地
建设用地
采矿用地
坑塘水面

图 2　迤那镇土地利用现状图

4.1　迤那镇土壤质量背景

4.1.1　迤那镇土壤硒等级

对所采集的 836 件浅层土壤样进行测试分析，根据 Se 元素含量数值进行统计分析，得出迤那镇硒元素含量分布情况（图 3）及富硒土壤分布情况。迤那镇境内表层土壤中硒元素含量大致呈现北部、南东部多，西部少的特征，主要在北部莲花村—大山村一带富集，硒元素缺乏地区主要为二叠系地层分布区。

根据评价区硒元素地球化学含量分布情况，再依据《土地质量地球化学评价规范》（DZ/T 0265—2016），得出迤那镇富硒土地分布图（图 3，图 4）。通过统计，土壤中硒元素含量表征为过量的土地零星分布于迤那镇南部茨营村，面积仅 0.04km²，占全镇总面积的 0.02%；土壤中硒元素含量表征为高的土地分布相对较少，在迤那镇北部莲花村—大山村，以及南部青山村、新田村、茨营村一带有零星分布，面积仅 6.41km²，占全镇总面积的 3.11%；土壤中硒元素含量表征为适量的土地广泛分布于迤那镇北部、中部及南部地区，面积达 151.97km²，占全镇总面积的 73.98%；土壤中硒元素含量表征为边缘的土地较集中分布于迤那镇西部中心村—中海村—樱桃村及东部文昌村一带，面积为 38.81km²，占全镇总面积的 18.89%；土壤中硒元素含量表征缺乏的土地主要分布于迤那镇西部中心村—中海村—樱桃村一带，面积为 8.20km²，占全镇总面积的 3.99%。可见迤那镇富硒土地（硒元素评价在适量以上的）分布面积广泛。

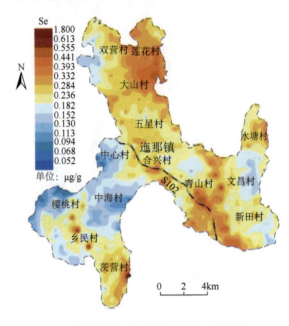

图 3　迤那镇表层土壤硒元素地球化学图

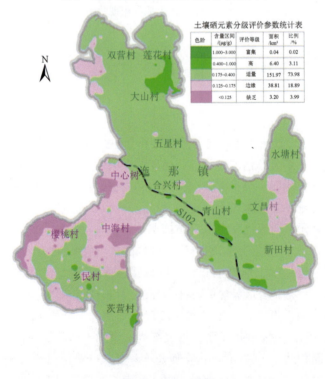

土壤硒元素分级评价参数统计表

色阶	含量区间/(μg/g)	评价等级	面积/km²	比例/%
	1.000~3.000	富集	0.04	0.02
	0.400~1.000	高	6.40	3.11
	0.175~0.400	适量	151.97	73.98
	0.125~0.175	边缘	38.81	18.89
	<0.125	缺乏	3.20	3.99

图 4　迤那镇富硒土壤分布图

4.1.2 土壤环境地球化学背景

根据《资源环境承载能力评价技术指南（地质部分）征求意见稿》的要求，将深层土壤样（150～200cm）的数据表征土壤环境地球化学背景。利用迤那镇土壤剖面数据，选择第 8～10 层样取平均值表征深层土壤样数据。土壤剖面主要选择农田（以旱地为主），并在对深层样进行取样时注意了对人为污染的避让，故深层土可以表征土壤的成土母质情况，而在相近的表生地球环境下，土壤中地球化学元素的含量及迁移富集规律受到成土母岩的影响，故对深层土进行统计分析时按照地层进行划分，相应统计数据见表 1。

表 1 迤那镇深层土壤样重金属元素含量

元素	Cd	Ni	Pb	Zn	Cu	As	Cr	Hg	pH
栖霞组（9 件）	0.38	106.2	37.93	112.8	89.18	18.9	223.27	0.22	5.31
梁山组（12 件）	0.26	20.09	32.38	31.68	17.32	9.43	65.83	0.04	5.59
威宁组（12 件）	0.23	36.72	44.88	93.36	24.29	13.67	79.30	0.07	5.52
摆佐组（21 件）	1.01	76.77	88.85	267.54	36.12	19.57	116.13	0.22	6.25
大塘组（48 件）	1.26	61.34	57.31	164.31	25.75	21.15	98.68	0.13	6.43
岩关组（9 件）	1.64	75	34	122.24	29.32	16.44	70.98	0.13	5.75
泥盆系（33 件）	0.46	89.97	96.33	307.05	53.67	29.92	111.34	0.21	5.82

土壤 pH 显示评价区深层土壤均为酸性土，其中栖霞组深层土 pH 最低（5.31），为强酸性土壤，梁山组、威宁组、岩关组和泥盆系深层土 pH 在 5.5～6.0，为酸性土壤，摆佐组深层土 pH 为 6.25，为弱酸性土。

利用表 1 中的数据，再根据《土地质量地球化学评估技术要求（试行）》中的土壤环境质量的划分标准，得到各样品的土壤环境质量级别（表 2）。

由表 2 可见，迤那镇深层土壤中镉、镍和锌三个元素的环境质量较差，大部分为三级。而针对地层而言，栖霞组和泥盆系地层的深层土中重金属元素含量相对较高，相应的土地环境质量相对较差。

表 2 迤那镇深层土壤样重金属元素环境质量等级统计表

元素	Cd	Ni	Pb	Zn	Cu	As	Cr	Hg
栖霞组	三级	三级	二级	二级	三级	二级	三级	二级
梁山组	二级	二级	一级	一级	一级	一级	一级	一级
威宁组	二级	二级	二级	二级	一级	一级	一级	一级
摆佐组	三级	三级	二级	三级	二级	二级	二级	二级
大塘组	三级	三级	二级	三级	二级	二级	二级	二级
岩关组	三级	三级	一级	二级	一级	一级	一级	一级
泥盆系	三级	三级	二级	三级	三级	二级	二级	二级

4.2 迤那镇土壤质量等级

迤那镇共计采集了 836 件浅层土壤样品，在剔除异常值之后，对浅层土壤样进行统计分析（表 3），并根据《土地质量地球化学评价规范》（DZ/T 0295—2016），编绘八种重金属元素的环境质量评价图（图 5）。

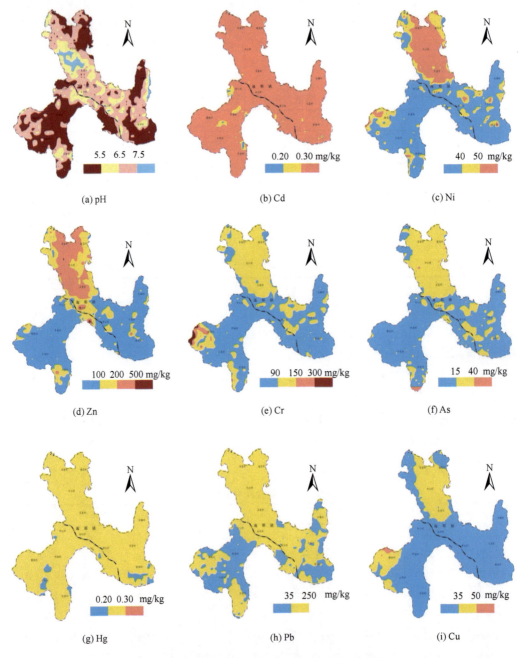

图 5　迤那镇浅层土壤重金属环境质量评价图

表 3　迤那镇浅层土壤八种重金属元素含量统计表

样品	As /（μg/g）	Cd /（μg/g）	Cr /（μg/g）	Cu /（μg/g）	Hg /（μg/g）	Ni /（μg/g）	Pb /（μg/g）	Zn /（μg/g）	pH
N（15 件）	5.50	0.31	49.31	21.26	0.04	10.87	25.26	39.61	4.87
P_2m（49 件）	8.52	0.65	131.58	75.69	0.11	51.8	32.18	90.14	6.355
P_2q（34 件）	9.59	0.65	78.74	33.73	0.09	33.81	31.78	73.51	5.8
P_2l（39 件）	7.08	0.40	53.28	18.87	0.03	13.3	30.17	48.38	30.17
C_2w（64 件）	9.29	0.50	58.74	21.33	0.06	18.02	29.79	56.11	5.26
C_1b（118 件）	13.91	0.65	76.47	25.02	0.08	35.52	42.98	101.8	5.72
C_1y（60 件）	14.59	0.58	67.72	24.57	0.08	37.64	36.69	91.14	5.75
C_1d（285 件）	13.9	0.64	76.96	20.18	0.06	32.13	40.04	82.29	5.91
D_3（170 件）	27.87	0.75	104.74	45.47	0.13	77.61	85.56	258.84	6.22

　　统计结果显示，迤那镇浅层土壤大部分为酸性土壤，通过质量评价，镇域浅层土壤中 Cu、As、Pb、Hg 和 Cr 元素的环境质量较好，除 Cr 元素在镇域西部樱桃村一带有Ⅲ类土及超Ⅲ类土分布外，其余地区均为Ⅰ级或Ⅱ级土地，且存在北部劣于南部的现象；Ni 和 Zn 两元素土壤环境质量也表现出北部地区多为Ⅲ级，南部地区主要为Ⅱ级，另外Zn 元素在中部地区存在零星的超Ⅲ类土质分布；Cd 元素土壤环境质量除南西部零星存在Ⅱ级和Ⅰ级的以外，大部分地区为Ⅲ级。相应元素土壤环境质量的差异与区域地质背景有着密切的关系，迤那镇北部地层主要为上泥盆统，岩性为灰岩夹白云岩，其深层土中相应重金属元素的含量也相对较高。

4.3　迤那镇土壤质量综合评价与农业产业规划

4.3.1　迤那镇土壤质量综合评价

　　在进行土地资源环境承载力综合评价时，参考《土地质量地球化学评估技术要求》，统计编绘迤那镇浅层土壤质量综合等级评价图（图 5）。

　　评价结果显示，迤那镇境内土地质量相对较差，浅层土壤环境质量主要为较差和中等两个级别，面积分别为 97.25km² 和 85.75km²，面积占比分别为 46.53% 和 41.03%，此外良好级和差等分别为 15.25km² 和 10.75km²，面积占比分别为 7.3% 和 5.14%。造成这一评价结果的原因主要为迤那镇境内浅层土壤中 Cd 元素含量普遍较高，其浅层土的环境质量等级大部分为Ⅲ级，由于在综合评价时采用了"就劣原则"，所以导致迤那镇土壤质量综合评价结果主要集中为较差-中等级。

4.3.2 迤那镇富硒农作物及高镉农作物分布情况

通过对迤那镇采集的 206 件农作物样品（包括玉米、土豆及萝卜）的测试分析，得出农作物当中 Se 元素的含量值，其中农作物中 Se 元素的允许最高含量依据《食品安全国家标准食品中污染物限量》（GB 2762—2012）[9] 中硒的限量标准，富硒农作物评价参考《湖北省地方标准》（DB 42/211—2002）[10]，对所采农作物中硒含量分布情况进行了综合评价。并将评价区内富硒或高镉农作物投到相应的评价图上（图 6），达到综合评价区域土地资源环境承载力的目的。

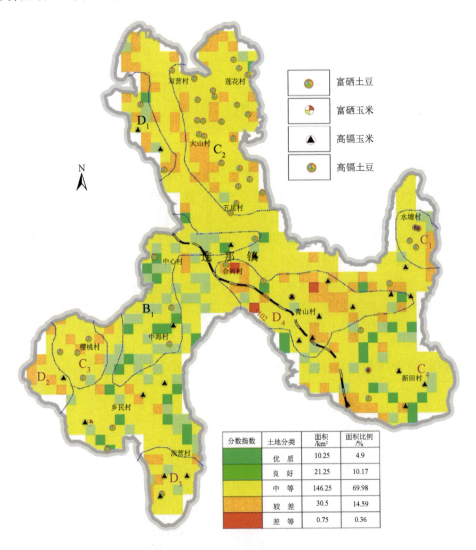

图 6　迤那镇浅层土壤质量综合等级评价及农业规划图

从图 6 可以看到，迤那镇土壤质量综合评价等级主要为中等，面积达 146.25km²，占总面积的 69.98%；其次为较差等级和良好等级，面积分别为 30.5km² 和 21.25 km²，分别占总面积的 14.59% 和 10.17%；优质等级和差等较少，分别有 10.25km² 和 0.75km²，分别占总面积的 4.90% 和 0.36%。

根据土壤质量综合评价结果及富硒或高镉农作物的分布情况，将研究区的土地资源环境承载力分为良好级（B）、中等级（C）和较差级（D）三个等级，分别描述如下。

（1）良好级仅有 1 个，为中心村—中海村土地资源环境承载力良好富硒土豆规划区，区内主要为旱地，以种植土豆为主，经检测发现有富硒土豆的产出，该区内可以考虑发展富硒土豆。

（2）中等级有 4 个。水塘村土地资源环境承载力中等富硒土豆建议区（C1）：该区以旱地为主，区内土壤质量综合等级虽然主要为较差 - 中等，但经检测发现有富硒土豆的产出，故可以考虑在规避重金属污染的前提下，发展富硒土豆种植。莲花村—双营村—五星村土地资源环境承载力中等富硒土豆建议区（C2）：该区以旱地与林地相间为主，经检测发现有较多富硒土豆产出，故可以考虑发展富硒土豆种植。樱桃村土地资源环境承载力中等富硒土豆建议区（C3）：该区主要为旱地，区内土壤质量综合等级虽然主要为较差 - 中等，但经检测发现有富硒土豆的产出，故可以考虑在规避重金属污染的前提下，发展富硒土豆种植。新田村土地资源环境承载力中等特色经果林建议区（C4）：该区以林地为主，农作物中发现有较多镉元素超标现象，为此，建议在该区域内发展特色经果林。

（3）较差级有 4 个。双营村西部土地资源环境承载力较差生态林保持区（D1）：该区以林地为主，农作物检测出存在镉元素超标现象，为此宜规划为生态林区。樱桃村西部土地资源环境承载力较差生态林场、草场保持区（D2）：该区以林地和草地为主，农作物检测出存在镉元素超标现象，为此宜规划为生态林场和草场。茨营村土地资源环境承载力较差生态林保持区（D3）：该区以林地为主，农作物检测出存在镉元素超标现象，为此宜规划为生态林区。合兴村—文昌村土地资源环境承载力较差生态林保持区（D4）：该区以林地为主，间有少量旱地，农作物检测出存在镉元素超标现象，建议在该区域内发展生态林或特色经果林。

5　评　价　结　果

（1）迤那镇境内表层土壤中硒元素含量大致呈现北部、南东部多，西部少的特征，主要在北部莲花村—大山村一带富集，硒元素缺乏地区主要为二叠系地层分布区。

（2）迤那镇深层土壤中镉、镍和锌三个元素的环境质量较差，大部分为Ⅲ级土；而栖霞组和泥盆系地层的深层土中大部分重金属元素含量相对较高，相应的土地环境质量相对较差。

（3）迤那镇浅层土壤中 Cu、As、Pb、Hg 和 Cr 元素的环境质量较好，绝大部分地区为Ⅰ级或Ⅱ级土地；Ni 和 Zn 两元素土壤环境质量也表现出北部地区多为Ⅲ级，南部地区主要为Ⅱ级；Cd 元素土壤环境质量除南西部零星存在Ⅱ级和Ⅰ级的以外，大部分地区为Ⅲ级。

（4）迤那镇境内土地质量相对较差，浅层土壤环境质量主要为较差和中等两个级别，主要原因是境内浅层土壤中 Cd 元素含量普遍较高，其浅层土的环境质量等级大部分为三级，在综合评价时采用了"就劣原则"，所以导致迤那镇土壤质量综合评价结果主要集中为较差-中等级。

（5）根据浅层土壤环境质量和农作物品质，将迤那镇划分为三等共计 9 个土地资源环境承载力评价区，并对农业开发提出了相应建议。

（6）根据《土地质量地球化学评估技术要求（试行）》，采集了农作物及其根系土样、水底泥样、岩石样和大气干湿沉降样等不同类型的样品，而这个在原有土地资源环境承载力评价技术规范中没有涉及，可以在以后的调查和研究中引入相关成果，不断丰富和细化土地资源环境评价内容，为土地资源环境承载力评价和国土空间开发保护提供更强有力的依据。

参 考 文 献

[1] 李旭东 . 贵州乌蒙山区资源相对承载力的时空动态变化 [J]. 地理研究 , 2013, (32) 2: 233-244.

[2] 邓伟 . 山区资源环境承载力研究现状与关键问题 [J]. 地理研究 , 2010, 9(6): 959-969.

[3] 杨胜元 , 张建江 . 贵州环境地质 [M]. 贵阳 : 贵州科技出版社 , 2008.

[4] 中国地质调查局 . 土地质量地球化学评估技术要求 (试行)(DD 2008-06)[S]. 中国地质调查局地质调查技术标准 , 2008.

[5] 中国地质调查局 . 资源环境承载能力评价技术指南 (地质部分) 征求意见稿 [S]. 中国地质环境监测院 , 2016.

[6] 中华人民共和国国土资源部 . 土地质量地球化学评价规范 (DZ/T 0295—2016)[S]. 北京 : 中国标准出版社 , 2016.

[7] 中华人民共和国农业部 . 绿色食品产地环境质量 (NY/T 391—2013)[S]. 北京 : 中国标准出版社 , 2013.

[8] 中华人民共和国环境保护局 . 土壤环境质量标准 (GB 15618—1995)[S]. 北京 : 中国标准出版社 , 1995.

[9] 中华人民共和国卫生部 . 食品安全国家标准食品中污染物限量 (GB 2762—2012)[S]. 北京 : 中国标准出版社 , 2012.

[10] 湖北省卫生和计划生育委员会 . 《富有机硒食品硒含量要求》(DBS42/002—2014)[S]. 湖北省食品安全标准审评委员会 , 2012.